高等学校广告学专业教学丛书暨高级培训教材

广告创意

王 健 编著

中国建筑工业出版社

本书是"高等学校广告学专业教学丛书暨高级培训教材"之一。"创意"最基本的含义是指创造性的主意，一幅广告的成败就在于创意。本书从创意是广告的灵魂这个高度叙述了广告创意的原则（独特性、实效性、真实性、艺术性、合理性），广告创意与民族文化、传统文化心理、消费心理的关系，广告创意的过程与方法，创意与广告策略，广告创意人的素质。

本书可作为高等学校广告学专业及相关专业培训班的教学用书，亦可供从事经济、商业人员及美术爱好者学习参考。

* * *

责任编辑　朱象清
责任设计　黄　燕
责任校对　张　虹

高等学校广告学专业
教学丛书暨高级培训教材编委会

主　任：吴东明　崔善江

副主任：张大镇　陈锡周

编　委：(以姓氏笔划为序)

　　　　丁长有　王　从　王　健　王肖生

　　　　尤建新　包淳一　乔宽元　吴　平

　　　　吴东明　吴国欣　张大镇　张茂林

　　　　陈锡周　林章豪　金家驹　唐仁承

　　　　崔善江　董景寰

总　　序

　　广告是商品经济发展的产物,同时广告的发展又促进了商品经济的发展。在现代社会中,广告业的发展水平已成为衡量一个国家或地区经济发展水平的重要标志之一。

　　随着我国改革开放的深入和社会主义市场经济体制的逐步建立,广告正发挥着日益重要的作用。作为现代信息产业的重要组成部分,广告不断实现着生产与生产、生产与流通、生产与消费,以及流通与消费之间的联系,成为促进商品生产和商品流通进一步发展的不可或缺的重要因素之一,推动着现代社会再生产的顺利进行。这种作用随着社会化大生产的发展及商品经济的发展将会变得越来越明显。

　　正因为如此,改革开放以来我国广告业有了十分迅猛的发展。截止1995年底,全国广告经营单位已有4.8万家,从业人员47万人,全年广告营业额273亿元。

　　但是,应该看到,我国广告学研究和广告专业人才的培养工作还远远跟不上广告业迅猛发展的实际需要。一则,作为人才密集、知识密集、技术密集型产业的广告业对专门人才有着大量需求,而目前的实际情况是,广告教育投入还比较薄弱,广告人才极为缺乏。再者,广告学作为一门边缘性、综合性的独立学科,国内的研究只能说是刚刚兴起。还有,为了适应整个广告业向产业化、科学化、规范化的方向发展,无论是广告从业人员的政治素质和业务水平,还是各种广告作品的思想性与艺术性,都亟待提高。

有鉴于此,在中国建筑工业出版社的支持下,我们组织编写了这套适合于广告学专业需用的系列教材,全套共十四本。《广告学概论》阐述广告学的研究对象、理论体系、研究方法等基本原理,及其在广告活动各个环节中的运用原则。《广告创意》在总结国内外大量成功的创意典范基础上,对广告创意作了系统、深入的理论探讨。《广告策划》结合中外广告策划案例分析,从文化、美学的层面上,重点论述广告策划的内容、程序、方法与技巧,揭示了广告策划的一般规律。《广告设计》、《橱窗设计》、《广告制作》不仅论述了广告设计、橱窗设计的一般程序、广告插图、广告色彩的表现形式和处理方法以及主要媒体的广告设计原则,而且还对不同种类的广告制作的材料、工具、方法、步骤等逐一进行阐述。《广告文案》在分析鉴赏中外广告大师杰作的同时,对广告文案的特征、功能、风格及其文化背景等问题展开研究。《广告传播学》全面系统地论述了广告传播原理、功能、传播过程、传播媒介、传播效果及传播媒体战略和国际广告传播。《广告心理学》阐述了广告心理学的基本理论及其在广告计划、广告作品、媒介计划等广告活动中的具体运用。《广告艺术》阐述了广告作为从现代艺术中分离出来的一种独特形式而具有的自身特点、表现形式和发展规律。《广告管理》结合我国国情,就广告管理的结构、内容、方法、及广告法规、广告审查制度和责任、广告业的行政处罚和诉讼等问题展开论述。这套系列教材中还包括《CI策划理论与实践》、《企业形象导论》及《广告与公关》,分别对CI的基本理论体系及操作程序、企业形象的要素和企业形象的传播与沟通,以及广告与公关的区别与联系等诸多问题作了系统的、详细的探讨。

统观这套系列教材,有三个明显的特点:其一,具有相当的理论深度。许多理论融中外广告大师的学说于一体,又不乏自己的独有见解,澄清了许多虽被广告界广泛运用却含义模糊的概念。其二,操作性与理论性兼备,相得益彰。系列教材集中外广告大师杰作之大成,又凝结着著作者的广告实践经验和智慧。其三,具有系统性。全套教材从广告学基本理论、到广告活动的各个环节,以及广告学与相关学科的关系,作了一一论述。它的内容不仅覆盖了广告涉及的各个方面,而且有着较强的内在逻辑联系,构成了一个完整的体系。

在系列教材编写过程中,由于广告专业这个门类正在随着实践的发展而不断深化,加上作者水平所限,编写的系列教材中不当之处在所难免,恳望同行专家、学者和广大读者批评指正。

高等学校广告学专业
教学丛书暨高级培训教材编委会

目 录

第一章 广告创意——一种生存智慧 ············ 1
　一、广告对人类社会生活的介入 ············ 1
　二、创意及其在广告中的位置 ············ 6
　三、广告创意的原则 ············ 15

第二章 广告创意与民族文化 ············ 24
　一、广告创意与文化背景 ············ 24
　二、文化差异性与广告表现 ············ 27

第三章 中国传统文化心理与广告创意 ············ 37
　一、中国文化的原生态特征 ············ 38
　二、中国文化的次生态特征与广告创意 ············ 42

第四章 广告创意与消费心理 ············ 90
　一、创意与接受心理 ············ 90
　二、创意与认知心理 ············ 115

第五章 广告创意的过程和方法 ············ 150
　一、广告创意的过程 ············ 150
　二、广告与创造性思维 ············ 154
　三、创意思维方法 ············ 168
　四、诱发创意的技巧 ············ 186

第六章 创意与广告策略 ············ 205

一、总体性创意策略·················· 205
二、表现性创意策略·················· 234

第七章 广告创意人的素质·················· 276
一、知识结构·················· 279
二、智能结构·················· 283
三、人格因素·················· 290

参考书目·················· 297

后　记·················· 298

第一章 广告创意——一种生存智慧

一、广告对人类社会生活的介入

在人类文明的进程中，几乎没有任何一种表达形式和话语系统能象广告一样，呈现出如此持久和强大的生命力，发展到20世纪，广告以非常高的速度渗透到了各个领域，并日益覆盖整个人类文明。无论是战争的叫嚣还是和平的呐喊，也无论是商场的撕杀还是教会的布道，可以说，从总统竞选到尿片推销的一切人类活动，几乎都打上了广告的烙印，事实上在当今社会你已经无法摆脱广告，就象无法摆脱你的影子。各种路牌广告、灯箱广告、车箱广告、传单广告连同报纸、杂志、电台广播、电视如潮水般刺激着你的视网膜，冲击着你的鼓膜，无论它带给你的是意外的惊喜还是无尽的烦恼，你都无法摆脱它。因为，在今天"广告就象我们日常生活中的空气一样到处存在着。"（日本柏木重秋语）现代都市社会与古代农业社会在外观上的最大差异就是广告。现代文明被广告严严实实地包装了，这就是20世纪，这就是20世纪的广告。也许它才是这个世纪的真正胜利者。

毫无疑问，广告的胜利并不是偶然的，除了由于商业社会的贪婪和人类的轻信外，更潜藏着强大的历史必然性。

首先，现代广告潮的出现是由于人类生产和交换性质的变化。几千年来农业社会落后的生产力条件和自给自足的自然经济所导致的长期匮乏的物质供应，缓慢的产品更新节奏和低水平的劳动交换频率，难以形成对广告强烈的社会需求。相反，工业革命所导出社会变迁才真正提出了对广告的产业要求，一方面作为工业资本圣经的低成本、规模化、流水线和分工强迫性地使机器疯狂运转，使产品充分涌流，人类财富急剧地膨胀，所创造的生产力"比过去全部时代的总和还要多还要大，"终于导致买方市场与卖方市场的历史性换位，买方市场形成。商品促销手段正式介入经济过程，广告发展终于有了产业上的要求。另一方面，科学和现代技术不但极大地刺激了生产的发展，更创造出日新月异的新产品、新工艺、新材料，随着科学技术的加速度进行，产品的更新周期越来越短，当各种前所未闻的新产品雪崩式地涌入我们的生活时，消费者与消费品之间的传统关系开始了逆转，即由过去对古代社会千篇一律、千年不变的产品的被动接受变为主动选择，对产品由熟悉变为陌生，由信任变为犹豫，于是向消费者大力宣传、推荐、介绍新产品便成为产品社会化过程的重要一环，当争抢第一时间为产品作宣传成为生死存亡的大事时，广告运动的崛起也就势在必然了。

其次，现代广告潮的出现，是和人类信息技术革命的发展同步的，信息技术的发展和广泛使用，对人类社会生活产生了深远的影响，也直接导致了广告产业的确立。一方面信息革命所引起的信息爆炸，使人们对泛滥成灾的信息产生了选择的必要，这就对信息发布质量提出了更高的要求，与此同时，全世界范围内各种不同的民族、种族和利益主体之间需要进行频繁的对话，甚至于渗透、影响，于是在这密集的政治、经济和文化信息的传递和交换中，如何提高信息发布的经济效益比，就必然成为信息时代的迫切课题，这样，信息发布的专业化就提上了议事日程。这种对政治、经济和文化信息发布的更科学、更艺术的专业化的要求一旦成为一种社会需要，反映这种需要的专业力量——广告产业就应运而生了。因此，从这一意义而言，广告业的产生和发展实际上是文明进步和社会分工的必然产物。另一方面信息技术导致全球通讯时代的到来也给广告业提供了强大的物质基础。随着信息高速公路和信息港的迅速发展，地球村的逐渐形成，与"鸡犬之声相闻，老死不相往来"的农业社会相比，人类信息传递的速度和范围已经发生了本质的变化，广告已成了真正意义上的广而告之。由于广告的受众面在理论上已接近全人类，因此，投放巨资进行登峰造极的专业广告创意设计和开展大规模广告运动,对广告主而言将可能是低成本的,这一经济利益的背景,这一由于受众面的巨大而使广告巨额投资仍可保证有利可图的市场前景,将是广告作为一项产业得以确立的经济基础。

象其它许多新生产业一样,广告产业一旦确立,便展现出它巨大的市场前景和无穷魅力,并对人类经济、社会和文化生活产生日益深刻的影响。

广告是新时代的兴奋剂。

广告刺激了人类的消费欲望,使"消费——生产——再消费——再生产"的良性循环得以形成。现代商品社会在本质上是消费主导型经济,是消费决定生产,需求决定发展,是人的消费需求在决定机器的转速。广告正是在这一循环的源头给社会注入了生生不息的活力。如果没有了广告,那么下面这一假设将是十分有象征意义的暗示:假如可口可乐不再做任何广告,那么一年后,可口可乐产品的销量将可能减少百分之三十,三年之后,将会丧失百分之七十的市场,十年以后,可口可乐将完全退出历史舞台,仅仅成为教科书中偶尔提起的案例。可见,广告对销售进而对生产的影响是何等深刻。所以邱吉尔才会说:"广告滋润了人类的消费力量,它为人们建立了改善其家庭的衣、食家居的美好希望,它刺激了个人独立以及生产力的扩张。"广告促进了社会生产中不断涌现的新材料、新工艺、新技术的社会化。广告的力量是一种普及的力量,可以把一切还暂时处在萌芽阶段的新生命推荐给社会,只要这个生命是有市场前景的,那么它就不会再重演历史上一切新产品所经历过的漫长的市场化的过程。它可以借着广告的超时空力量,一夜之间成名,从而迅速打开和占领市场。广告是生产和科学进步的吹鼓手,是文明的加速器。把人类的新创造不断地在第一时间推出是广告的天职。

广告鼓励了优胜劣汰的自由竞争,使商品的质量和服务不断优化。广告以公开承诺的形式把产品的性能和特点透露给社会,使企业和产品的竞争变成为一种前所未有的擂台赛,市场不承认强加的垄断,千百万消费者才是最直接最公正的评委,由于"人民是不会被贿赂的。"(卢梭语)。这就逼使企业"丢掉幻想，准备战斗"——提高产品的质量，降低产品的价格，优化产品的售后服务。

由此可见，广告在增益社会生产力方面具有无可争议的积极意义。这种积极意义甚至在广告产业中的每一个历史发展阶段上都同步地显现出来，以至于广告在某一地区和国家的发展程度也将同步地折射出该国的综合经济水平。诚如美国历史学家 D·M·普特所说："假如我们探寻富裕造成的制度，就可以发现在历史上无论哪种形式，在这以前都不存在。美国所以能造成比西欧文明更加富裕的社会，其主要特征就是近代美国的广告制度。"

广告是世界的摇滚乐。

"摇滚乐"一词在西方的语言系统中通常被当作反叛、叛逆、革命、创新的代名词。广告被称为世界的摇滚乐正恰如其分地诠释了它的文化本性。正如 C.A. 莱克所说："广告创造不满的念头，并在实际上创造出了不满。但不满不是玩具，它成了各种各样革命的根源。"广告的外在目的是商品的，但广告的最终结果却是文化的。广告是一种经济活动，但同时又是一种意识形态，广告煽动起热情，热情演变为时尚，时尚形成了潮流，潮流再推动文化的变迁。因此，广告的社会影响是巨大的。美国历史学家大卫·波特说："现代广告的社会影响力可以与具有悠久传统的教会及学校相匹敌，广告主宰着宣传工具，它在公众标准的形成中起着巨大的作用。"现代广告对人们文化心理的影响主要表现在：

广告增强了人的选择性，鼓励了个体的竞争。整个 19 世纪以前，人类生活节奏是缓慢的，生活方式是恒定的，社会所提供给人的机会是有限的，这种生活秩序并不需要人们具有特别的选择力。进入 20 世纪，工业和科学把人类带入了新的境地，排山倒海的产品和铺天盖地的广告把人类逼进了选择的时代，"在这样的时代，任何事情，从选择一种宗教信仰一直到选择一种香烟，都处在川流不息的宣传中。"广告宣传每天都在把成千上万种产品展现给观众，把各种各样的生活方式和价值观、审美观推荐给大众，以至在这样一个选择的时代，每一个人要想有所作为就必须进行选择，在现实的每一个问题上选择自己的立场和态度。而选择的前提是选择主体的意志自由和在产品面前人人平等。因而在客观上，广告增进了人类的自由和平等意识，广告正是通过人们对物的态度进而影响到人们对生活方式的理解，并最终影响了人们的思想方法和价值观。

广告促动着人的创造性。广告在不断地把生活中的创造性成果介绍给大众的同时，已不知不觉地把一种对创造的理解给予了人们。在广告的世界里，人们发觉了一种完全不同于过往时代的新的进化原则，生活中每天都在出现新的内容。不论是一种新饮料的诞生，还是新健身器材的发明抑或是一种新广告语的流行，都似乎在用一种最直观的图象语言提示人们，生活的本质是更新和创造。只有不断创新，品牌才能立足，只有不断创新，企业才能生存，只有不断迎接创造性的生活，生命才有意义。可见广告好象在用最感性的语言为恩格斯的一段话作注解："一切僵硬的东西溶化了，一切固定的东西消散了，一切被当作永久存在的特殊东西变成了转瞬即逝的东西，整个自然界被证明是在永恒的流动和循环中运动着"。因此，存在就是创造。

广告刺激了人的叛逆感，每一则诱人的广告（特别是电视广告）都像是一次魔鬼的诱惑，用那极富质感但又可望而不可及的形象语言引诱你一步一步远离现实，在虚无飘渺的向往中产生对生活的叛逆感，想抛弃旧的生活，追随一种新的完全陌生的生活，这种诱惑每时每刻都在大量地不知不觉地进行着。一旦你不能清醒地认识到广告所提倡的生活与我们普通人真实的生活是隔得那样遥远时，不满和叛逆将与日俱增。美国60年代出现反叛的一代就是一个例证。他们经常被称为电视的一代，广告的一代，摇滚的一代和垮掉的一代。他们是人类历史上第一代电视族，在他们的世界观尚未成熟的整个青少年时期，遭遇了史无前例的广告运动的袭击，电视广告大声地号召他们去享受新的生活，而现实又不能完全提供这种新生活的承诺，二者的反差，导致心理的失衡，于是爆发了60年代的青年反叛运动。疯狂的享受，疯狂的反叛，当时的颓废派宣言就直截了当地说："电视机、立体声、汽车、性交都不能使我们快活,有什么能使我们找到真正的快活呢?摇滚乐、摇滚乐、摇滚乐。"事实上正如一位历史学家所说,当时"我们所见到的逆主流文化,从服装、发型、性生活、吸毒、摒弃理智,到寻求标记和奇迹,无一不是和摇滚乐联系在一起的。"摇滚乐成了西方"广告的一代"的活的图腾,成为他们生命的象征符号和叛逆传统文化的大旗。从这一角度而言,广告又像是文明的鸦片。所以英国工党领袖安奈林·比尔才会说:"广告是罪恶的勾当。历史哲学家阿诺德·汤因比甚至认为"想不出在什么情况下广告能不是邪恶了。"然而,就广告的文化影响而言,仍然有不同于他们的看法,卡尔文·柯立芝说:"广告既是一种鼓舞和推崇商业世界的强大的动力,更是有利于拯救人类及其更新换代的一大要素"。美国罗斯福总统也心平气和地认为:"在过去半个世纪中,假如没有广告的力量来传播改善生活的知识,则各民族普遍上升的现代文明标准将变为不可能。"也许人们对广告的社会作用还将持久地争论下去,但有一点却是不可怀疑的,那就是:"无论好坏,广告已经并且将会更加深入地介入我们的生活,正像美国人安·E·韦斯所说:"无论好坏,广告是我们高消费经济的基本要素,也是美国人生活的组成部分,是我们生活和现实社会政治经济制度中不可缺少的组成部分。"

二、创意及其在广告中的位置

一个成功的广告最本质、最核心的因素是什么呢?

绝大多数的广告人几乎都给出了同样的回答——创意。

杨·鲁比公司的创作口号是:"抗拒平凡的创意。"

李奥贝纳公司的创办人李奥贝纳认为:每一种广告都有潜在的戏剧性,都可以启发出一个大创意。

杜利·丹·伯恩贝克公司创办人伯恩贝克极力主张广告必须有新颖的创造力,他提出:"我认为广告上最为主要的东西就是要有独创性与新奇性。""我们没有时间和金钱,不断重复广告的内容,我们呼唤我们的战友——创意。"

詹姆斯·韦伯·杨认为:"广告本质上是发挥创意,运用一组设备与技术,去从事传播的一种艺术。"

大卫·奥格威在他著名的"神灯"里,对广告的新手提出了最重要的十一条戒律,其中第二条就是:"若你的广告的基础不是上乘的创意,它必遭失败。"

为什么创意在广告人心目中具有如此崇高的地位呢?我们应该如何看待创意呢?

1. 什么是广告创意

创意(Idea),它的最基本的含义是指创造性的主意,一个好点子,一种从未有过的东西。哈佛大学西奥多·莱维特认为:"创造性是指能够想出新东西。"所谓"新东西"不是指无中生有,而是将原有的经验材料组合出新的意义。S.阿瑞提说:"神学家和宗教信徒一般都认为上帝 es nihilo(从无有之中)是从空间和时间的虚无中去进行创造的,而人的创造力则是运用早已存在的、可以利用的材料,用无法预料的方式去加以改变。"广告人李奥贝纳说:"所谓创造力的真正关键,是如何用有关的、可信的、品调高的方式,与在以前无关的事物之间建立一种新的有意义的关系的艺术。"当这种新的组合在苦思冥想的广告人的脑海里象闪电般划过夜空时,一个激动人心的点子出现了,一个将来甚至可能发展出伟大的广告运动的生命胚胎诞生了,广告人如获珍宝,以至有些人"宁可自己死掉,也不肯抛弃他们呕心沥血想出的点子。"(英国设计家保罗·阿登语)

2. 广告创意的特征

一个好的创意如果暂时撇开它的终极目的——购买行为,而仅从艺术效果看,通常具有三个特征:

(1)从发生学意义看,表现为极为丰富的想象力。

创意需要有强大的创造力。美国一家报纸曾登出一则广告:"我处出租1966年出厂的完好的机器人,该机器人会打扫房间,遛狗遛猫,能买食品,会干小型家务,具有会话能力,举止端庄,外表喜人。"一对中年夫妇相信了这个诱人的广告,然而,出现在他们面前的却是一个20多岁的小伙子,这使他们大为震惊。转而一想，又不得不为他惊人的想象力所折服，于是决定试用这个高智能的"机器人。"想象力是人区别于动物的最重要的标志之一，拿破仑甚至直言不讳地说："想象统治着人类"。列宁说："甚至在数学领域也是需要想象的。"广告是一门高度创造性的行业，是智慧密集型的行业，广告创意中应含有比科学创造更大的想象的自由度。英国哲学家休谟说过："世上再没有东西比人的想象更为自由，它虽然不能超出内外感管所供给的那些原始的观念，可是它有无限的能力可以按照虚构和幻想的各种方式来混杂、组合、分离、分割这些观念。"美国广告教科书经常提到的想象案例是《时代》周刊的征订广告，画面是猎人把双筒猎枪扔在地上，竟在野外悠然自得地读起《时代》杂志来了。更妙的是，一只高高的梅花鹿也带上眼镜，在猎人的背后偷看起杂志来。画意一目了然：《时代》杂志太精彩、太有诱惑力了，竟然使猎人忘了打猎，使鹿忘了吃枪弹的危险，只要有了《时代》周刊，世界的一切都可以忘却。这一案例告诉我们，好的创意的第一要素是丰富的想象力。

（2）从外在属性看，表现为强烈的视觉（听觉）刺激进而提高注意力。

美国百威啤酒是美国销售最多的名牌产品，为了确立"第一位"、"高大的百威"之形象，广告构图以超现实的想象营造了系列组画，其中（如彩图1）在俯视大草原的雪山白云之间，出人意外地耸立着一巨大的百威啤酒罐，一组飞机绕过啤酒罐冲向蓝天，草原上鲜花和野生动物以及高悬的明月共同烘托着如山体般高大的百威，给人的视觉以强烈的冲击。日本先锋音响的创意构图更加奇特（见彩图2），设计师将两个完全处于不同空间的事物组合在一起，创造了令人惊叹不已的画面视觉效果，让美国与加拿大边界世界著名的尼亚加拉大瀑布，从美国纽约的摩天大楼群顶上倾泻而下，声势浩大如世界末日，如宇宙创生，使人产生梦境般的震撼，人们仿佛可以从无声的画面中感受到了宇宙颠覆般的巨大的声波，强烈的视觉冲击转化成了声觉撞击，不由得你不产生瞬间的全身心注意，这就是优秀创意广告的外在效果。正如美国彭立克所说:"要使观众在瞬间发生惊叹,立即明白商品的优点,而且永远不会忘记,这就是创意的真正效果"。

(3) 从内在特质看,要有让人为之心动的力量。

一个好创意,一个出乎意料之外的奇思异想,除了第一步能给人以感官上的冲击外,第二步就应有一种非逻辑的,但却是智慧的冲击,直接深入到人们的内心,与人们内心深处潜藏着的生活逻辑相契合,从而产生一种从未有过的感觉,艺术上称之为会心,禅宗称之为觉悟,也即广告所提示的智慧和境界,与人们内心深处对这种智慧和境界的无意识期待耦合了。这就是人们常说的"有了感觉"。好的创意的最高标准就是使人突然间产生一种感觉,这是一种不同于感官知觉而又高于知觉的心灵感应。上海奥美广告公司所创意的霸伏助动车广告即为一例(图1-1)。

图 1-1

美国克利夫兰的 WYSE 广告公司艺术指导汤姆·史密斯为 YRW 集团公司设计的广告也充满了感人的创意,他将 YRW 集团公司定位为"一个广纳建议的好公司"

史密斯以极简单的摩德廉型设计,利用直线隔成多个矩形的格子,每个格子有一个正在熄灭过程中的电灯泡(图1-2)。此设计及由查克·威斯罗（Chuck Wihrow）写的简洁的广告词指出：通常好的建议由于有许多反对者介入而不被采纳。

图 1-2

YRW 公司宗旨后面真正的目的是：YRW 靠建议而生存，并要促成建议实现而不是抑制它们。广告词解释道："因为我们寻找有好建议的人及支持有好的建议的人。"

这是一则精彩的公司广告，它不仅使 YRW 公司博得客户、潜在顾客和财团拥护，而且它已成为一个很好的雇员招聘工具以及提高雇员士气的手段。

回到 20 世纪四五十年代，许多有创造性的广告都沿用了荷兰画家皮特·摩德廉（Piet Mondrian）的形式。因为当时研究表明,这种形式能吸引更多的读者。

实践证明:这则广告获 27000 次重印申请。它已收录在汤姆·彼特(Tom Peters)和罗伯特·沃特曼(Robet Waterman)的著名的最畅销《寻求杰出》中,并作为一项公众的服务在《读者文摘》中免费登载。

广告文字说明:

(1)"我有个主意……"

(2)"必须谨慎从事……"

(3)"有点太激进……"

(4)"我个人喜欢它,不过……"

(5)"我们一度试着那样干过……"

(6)"让我挑点毛病……"

(7)"那不是我们……"

(8)"但愿这主意那么容易……"

(9)"哦,它仅仅是个想法……"

(10)它仅仅是个想法。

(11)好建议是很脆弱的,将它熄灭比让它发挥作用要容易得多。

台湾一则广告也做得十分感人。1990 年台湾庆祝"母亲节"广告是这样做的,在"母亲的伟大、母亲的爱"这一主题下,在广告牌上方排列了近 24 位世上伟人的照片,下面的广告词是:"在妈妈的心中他们只是孩子。"广告牌下方又排列了 24 个新出生的婴孩,配上的广告词是:"在妈妈的心中,他们都是伟人。"短短二行胜过千言。可见好的创意,不但要触动人,更应该打动人。

3. 如何理解创意在广告中的位置

如前所述,在构成广告的诸要素中,广告大师们最推崇的就是创意,把创意看成是广告的灵魂,这是基于如下理由:

(1)创意能使广告达到超值的关注。

在当今的市场经济社会中,广告通过报纸、电台、电视、户外标牌等等一切形式每日每时都在冲击着我们的感官。仅以美国

《纽约时报》为例,它的星期天版由于被各种广告充斥竟重达7.8磅。

在这广告的世界中,人们每天要受到无数次的刺激。国外一项调查认为,每个人一个工作日中平均要受到560次广告的冲击。由此看来,从广告主角度而言,而对汪洋大海般广告潮的挑战,要想使你的广告不被无声无息地淹没掉,唯一的办法就是吸引受众的注意力。要想吸引注意力就首先要做到与众不同,要想与众不同,唯有发挥广告人的非凡创意。大卫·奥格威的经常被人引用的一句箴言对此作了最好的注解:"要吸引消费者的注意力,同时让他们来买你的产品,除非你的广告有很好的点子,不然它就象快被黑夜吞噬的船只。"

创意在广告中的作用,其更为可比的情形是:当花费同样的钱,在同样的媒体上,以同样的版面或时间登出广告时,你的富有新意的广告能脱颖而出,赢得消费者的注目和兴趣,这无异于提高了单位时间的广告效果,也就等于获得了超值的广告效应。相反,缺乏创意的广告就往往是负值的,是一种无效的投资。广告大师伯恩巴克对此深有体会:"你没有吸引力使人来看你的这页广告,因此,不管你在广告里说了什么,你都是在浪费金钱。"

可见,创意在广告中的作用首先表现在广告的第一层次的要求上,即刺激注目、引起兴趣、促使购买。也就是说,由于广告的作用,某种产品获得了比其同类产品更多的销售机会。

(2) 创意能使广告对象产生文化增值。

一个成功的创意性广告不但能够满足广告主第一层次的要求,就是让商品顺利地进入流通,并实现它的价值。而且能使商品产生增值的价值,换句话说,广告的作用不但体现在告知、说服、进而满足消费者的需求上,更可能通过广告的精神投入而创造需求,并且在这一过程中,产生附加的价值。这种附加的价值来源于广告的创造性劳动,它和产品生产过程中的劳动一起构成了产品的最终价值。也就是说,一个经过广告创意包装的商品,它的实际价值等于该商品原先的使用价值与由广告所营造出来的精神价值之和。《美国新闻与世界报道》曾报道了这一价值附加现象:"一些科学家发现,消费者就算在购买功能最好的产品时,通常也会被产品的感性与文化价值所吸引,而不会太在意这产品的耐用、易用等'理性'价值。"所以,1984 年美国可口可乐公司信息研究经理乔尔·S·杜鲍才把行为主义心理学领导人伊凡·帕夫洛夫推崇为"现代广告之父"。杜鲍曾在全国广告协会组织的一次广告研究会议上说:"伊凡·帕夫洛夫鼓吹的是形象化的描述,给你的是另加上的价值。这难道不是我们现代广告形象所正要追求的吗?"在商品社会里,商品消费欲望是具有传染性的,消费者是从来不会满足的,既然商品并不完全是物质性的,商品消费就和精神状态有关。后现代主义大师杰姆逊就认为:食欲和性欲并不完全是属于肉体的,它还有某种精神的因素。这就是说,商品并不是完全依靠物质性使人满足。由李奥贝纳广告公司代理的美国烟草公司的万宝路香烟广告策略,就是一个典型的事例。在万宝路香烟广告中,主人公常常是体魄健壮、气宇不凡、刚劲坚毅、勇于进取、沉默寡言、目光深邃的美国牛仔。一张饱经风霜的脸上,严肃中透出美国人的幽默;还有那套着坚实绳索的高大俊美的马匹,背景往往是美国西部的旷野,意境豁达。整个广告传递的是粗犷的男性概念,使受众感到生命的强度和力度,体现美国大地上大多数移民对事业的狂热追求。因此,万宝路香烟在消费者心目中,总是和消费者一心向往的西部风光、马背上的好汉、辽阔的空间联系在一起,这样就产生了不同于其他的精神商品,甚至可以说是一种"物神"。这个独特的形象造成了消费者认定的万宝路香烟独有的味道,并使之在品味万宝路香烟的同时,获得了真正的男性精神这样一种享受。万宝路香烟广告的成功,使其成为世界上销售最多的香烟,每年在世界上销量近 3000 亿支,世界上每抽掉 4 支烟,其中就有一支是万宝路。为什么世界上有这么多人偏爱万宝路香烟呢?为了搞清这个问题,美国金融权威杂志《富比世》专栏作家斯特鲁特·布洛尼克1987 年与助手调查了 1546 个万宝路爱好者。许多被调查者明白无误地说,他们喜欢这个牌子是因为它的味道好,烟味浓烈,使他们感到身心非常愉快。可是布洛尼克却怀疑。真正使人迷上万宝路的不是它与其他香烟之间微乎其微的味道上的差异，而是万宝路广告给香烟所带来的感觉上的优胜感。万宝路的硬汉牛仔广告使万宝路香烟罩上一层男子汉的气概，而消费者购买万宝路香烟也正是为购买这些气概，以及这种感觉上满足。

　　布洛尼克在调查中发现：当他向每个自称热爱万宝路味道、品质的万宝路的瘾君子以半价提供简装万宝路时，只有21%的人愿买（尽管这些人知道这些简装，外表看不出是万宝路的香烟确是货真价实。因为厂方证明这些香烟确为真货并保证质量和店里出售的万宝路香烟一样）。布洛尼克说，这也许可解释为这些人要的是万宝路广告、包装所带给他们的满足感，简装的万宝路口味质量同正规包装的一样，但不能给吸烟人带来这种满足感。在调查中，布洛尼克注意到这些万宝路爱好者每天要将所抽的万宝路烟拿出口袋20～25次。说明万宝路的包装和广告所赋予万宝路的形象已经象服装、手饰等各种装饰物一样，成为人际交往的标志；而万宝路烟的真正口味，在很大程度上是依附于这种广告所创造的美国牛仔形象之一的一种附加因素，并不是人们真正购买万宝路的动机。

　　可见，商品的物质因素，也即它的直接使用价值有时并没有厂商想象得那样重要，商品之间使用价值的差异也并非如厂商们吹嘘得那样大。伦敦广告代理机构"创意部"经理、啤酒厂同盟会市场部的前经理迈克·德特西尼手下掌握着4种贮藏啤酒。他说：许多在竞争中的啤酒品种，它们在味觉、颜色和储运上实际是一样的，哪怕是专家，在喝了二三品脱之后也说不出他们之间的差异。因此，我认为，消费者所喝的简直可以说不是啤酒，而是广告，因为广告就是品种。广告将某一个品种从无数同类商品中分离出来，再加上令人炫目的光环，让消费者在享受中不知不觉地体验一种乌托邦式的幻觉。可见，消费者实际上是购买了配含在商品中的两种价值：机器生产的使用价值和广告生产的精神价值。

　　(3) 创造是人类精神劳动的本质，是人类文明发展的内在动力。罗曼·罗兰说："生产的第一行动是创造行为。"人类和动物最大的区别就在于人是智慧的动物,人主要是靠智慧而不是靠体力去战胜自然的。随着人类文明的进步,特别是科学和技术日益发达的今天,机器和计算机正在逐步取代手的功能和部分脑力劳动。智慧和创造在文明的发展中更加具有本体的意义,相反,作为技术和工具性的操作越来越退为从属的地位。因此可以说"在文明的社会里,唯有智慧才是真正的力量"(布郎基)。在当前时代,人类的一切财富在本质上都是精神的创造,智慧和创造力正在日益成为财富的真正源泉。事实上我们已经看到,在人类精神劳动的许多领域(包括广告制作),随着摄影、摄像、电脑设计以致电脑喷绘等技术的不断完善,人类几千年来所造化出的手工制作的灵光将被逐渐抹去,正如一百多年前马克思所说:工业革命以后"资产阶级抹去了一切向来受人尊敬和令人敬畏的职业灵光",于是,一切文化艺术(包括广告)创作的核心问题便随之凸现,那就是创意、创意、创意,正如爱默生所说:"智慧的标志是能够在平凡中发现奇迹"。而这一点,是计算机永远也无法取代的,因此,创意在广告中的位置是不言而喻的。

三、广告创意的原则

一切科学和艺术都有自己的发展规律和创作原则。广告创意作为一门科学性和艺术性高度统一的学科,作为一门正在形成的具有很强的实践性的学问,也有它自己的运作规律和创作原则。广告创意的原则主要有以下几方面:

1. 独特性原则

广告创意是广告诸要素中最有魅力的部分,一个广告与另一个同类广告之间最大的差异就是创意不好,也就是说,作为一种原创性的劳动,其最终的劳动成果应该具有独创性、独特性,或者是创意思想的独特,或者是表现手法的独特,或者是传播方式的独特,或者是销售主张的独特,总之,必须要提供一个个性鲜明与众不同的主意。文学家 Roy Whittier 说得好:"在广告业里,与众不同就是伟大的开端,随声附和就是失败的起源"。只有与众不同,才能达到出奇制胜的效果。

有一则征婚广告词是这样的:

××男、26岁,1.72米,山钟风骨、水毓灵秀。三年军旅生活,炼就一身孔武,六载银行工作,依然一片冰心,主张事业和爱情互生互补,相依相长。悠悠呼唤,几多共鸣?……。显示出与一般征婚广告不同的文采。

伦敦一家药店在推销生发剂时,竟一反常理,雇了10位非常英俊的秃头汉推销,在他们光亮的秃头上贴上条子,上写"P.K.D.生发剂",此举一下惊动了新闻记者,记者将此事在杂志、电台上作专题报道,一时竟成了伦敦街谈巷议的新鲜事,广告取得了意想不到的轰动效应。

独特性最明显的一个反证就是不可重复性和不可模仿性,无论你重复和模仿的对象是一个多么伟大的创意,只要是模仿,必然成败笔。当奥格威设计出一个戴黑眼罩的男子后,这一伟大创意就具备了空前绝后的性质,你不可能再设计一个戴红眼罩或别的什么遮挡物,因为任何类似的模仿,不但是失败的,而且几乎是可笑的,这就是广告创意独特性要求所具有的残酷性。

奥格威神灯中十一条告诫的最后一条写的是:

"十一、不要当文抄公。"

拉迪亚德·基普林写过一首关于一位自我奋斗发家的航运大亨安东尼·格罗斯特爵士的长诗。老人在弥留时回顾自己一生的历程以诫示自己的儿子。他鄙夷地谈到他的竞争对手:

无论他们怎样抄袭我,

可永远抄袭不了我的思想。

由他们剽窃、盗用吧,

费尽了心机,他们依然是望尘莫及。

若是你有幸创作了一套很了不起的广告方案,你就会看到,不久另一家广告公司便会盗用。这确实令人恼火,可是你千万不要烦恼,还没有什么人由于盗用别人的广告而树起了一个品牌的。

模仿可能是'最真诚不过的抄袭形式',但它也是一个品德低劣的人的标志。"

2. 实效性的原则

1865年,诺贝尔在汉堡建立了诺贝尔公司,并在德国易北河畔的克鲁梅尔的山谷里,建造了一座炸药厂,产品远销澳洲、美洲和欧洲各国。后来他又在瑞典、英国、日本等9个国家兴建了工厂。为了消除人们对其产品的恐惧心理,他采用了到施工现场进行爆炸示范的广告宣传。1866年,诺贝尔带了炸药和他发明的雷管来到一个采石厂,指挥助手做好准备工作,并通知所有的人远离爆炸点。一会儿,只听惊天动地的一声响,一阵浓烟冲天而起,硝烟过后,矿工们围拢过来一看,巨大的岩石被炸成一块一块的,使开采极为方便,也减轻了工人劳动强度。人们也看到,炸药只要注意操作,是安全的。通过诺贝尔的现场爆炸示范,许多矿主认识到了炸药的用处,消除了顾虑,纷纷购买。广告取得了极大的实效。

可见所谓实效性,就是能带来现实的广告效果,能给广告主带来实际的收益。广告商是为广告主服务的,广告主出资购买广告商的劳动,是一种经济行为,是一劳动交换行为,等价交换的结果应该是广告主得到百分之百的服务。通俗地讲,作为商业广告,广告主得到的服务(广告)应当是百分之百的为了促销而不是什么别的目的。评价一个广告创意是否是优秀的,其标准究竟是什么,通常有三种看法:(1)广告界、消费者、广告主都认为是好的。(2)既能导致促销,又受到广告界、消费者和广告客户的广泛好评。(3)促销,但并没有引起舆论对广告本身的兴趣。对此,奥格威坚决地认为他是第三派,他认为:"能够促销产品,而不是把人们的注意力引向自身的广告才是一则好广告。"他饶有兴味地例举说,马斯特雪也持类似的看法。他认为:"广告应当反映的是广告主,而不是广告公司,我们没有,也不想有某种程式;我们没有,也不想有某种风格。我们全力以赴,集中精力寻求的是:什么才是广告的真正目标,什么样的传播战略才是最佳战略。因此,我们要为客户创作广告。广告是客户的,而不是我们自己的。"

实效性原则还可以从广告的定义得到证明：美国小百科全书认为："广告是一种销售形式，它推动人们去购买商品、劳务或接受某种观点。"

格林沃尔德认为："广告是为了达到增加销售额这一最终目的，而向私人消费者、厂商或政府提供有关特定商品、劳务或机会等消息的一种方法"。日本川胜久认为："所谓广告，是为了预期的最大利益，以劝说买方为目标的大众情报宣传"。这样我们就看到，广告创意的最终目的只能是实效，表现在商业领域就是促销。英国广告人埃里克·克拉克直截了当地说："广告就是卖东西。"对此广告大师伯恩巴克更毫不犹豫地声称："广告中的任何人，如果说他的目的不是销售所广告的商品，他就是一个骗子"。

综上所述，可以得出结论：实效性应当是广告创意的最高原则，它是广告所产生的根本原因，它也是广告之所以存在和蓬勃发展的唯一理由，它更是检验广告优劣的重要标准。

3．真实性原则

如果说实效性是广告的最终目的，那么，由实效性所决定的真实性则是广告的生命。广告的真实性原则可以从二方面理解：(1) 实事求是，也就是讲真话。讲真话不讲假话既是人类生活的根本准则，又是社会主义市场经济成熟形态的必然要求，也是一切文化艺术创作的基本前提，当然也是广告创意被消费者最终接受和促销的重要根据。列宁说："我们应当讲真话，因为这是我们的力量所在"。(2) 讲事实，通俗地说，就是摆事实讲道理，这不仅是广告创意的内在根据，也是广告促销的有效策略。奥格威十一条戒律的第三条就是"讲事实"，所谓讲事实，一方面，应强调广告的内容比表现内容的方法更重要。一个广告之所以能站立，最根本的是该广告所陈述的事实具有强大的说服力，而不是语言本身的技巧，日本和英国谚语"空袋子立不起来"讲的就是这个道理。日本松下集团电池广告，整个画面上半部是山间的水库，下半部用电池垒成水电站，广告语十分准确地说："松下一年生产售出的电池，相当于×××万瓦的发电站某年发电的总量"。用事实来说明松下电池的销量。奥格威为罗斯——罗伊斯所写的第一个广告用了719个字讲了一个事实，而没有一句夸张。他说："我为罗斯——罗伊斯汽车做的广告全是事实。没有形容词，也没有'高雅的享受'这类夸张的承诺。"但广告却获得了非常大的成功。纽约大学查尔斯·爱德华博士说："讲得事实越多，销售得也越多。一则广告成功的机会总是随着广告中所含中肯的、商品的事实数据量的增加而增加的。"相反，没有事实作为内容的广告，外在的夸张反倒成了累赘。正如克劳德·霍普金斯所说："高雅的文字对广告是明显的不利因素。"另一方面，讲事实就是应尽可能地给消费者以实际的承诺。美国西屋公司的广告创意是：一间卧室里，准备睡觉的妻子对正在读报的丈夫说："快点关灯吧！"丈夫随即摁下了台灯的开关，可灯泡仍光亮如初，于是丈夫把插头拔了下来，但灯泡还是亮着。无奈之下，他把灯泡取下放进木箱里，可灯泡依然发光。妻子不耐烦地催促丈夫，这位"无能的"丈夫无计可施，只是手执发光的灯泡呆呆地站在那里，这时，画外音响起："西屋公司的灯泡较其它的灯泡的寿命长几百小时以上"。广告虽然夸张，但'几百小时'却是具体的承诺。实事求是的承诺是赢得消费者信任的重要前提，所以奥格威说："信不信由你。真正决定消费者购买和不购买的是你的广告内容，而不是它的形式。你最重要的工作是决定你怎样来说明产品，你承诺些什么好处。两百年前约翰逊博士说过：承诺，大大的承诺，是广告的灵魂。"

4．艺术性原则

如前所述，广告创意虽然必须遵循实效性和真实性原则，但广告毕竟不是产品说明书，广告还应有很强的艺术感染力。广告的艺术性原则是由广告的说服功能决定的。现代广告不仅仅是告知，更是一种劝导和说服，而劝导和说服是不能搞简单化的。"广告应有让别人停下来看它的力量"（埃利奥特·扬语），这就决定了广告原则上是一门艺术。正如伯恩巴克所说："我奉劝你一句，……切勿相信广告是科学！""广告在基本上是说服，……而说服的发生并不是科学而是艺术"。

美国纽约大都会博物馆作为世界现代艺术的神圣殿堂，就赫然展出了一件令人震惊的艺术品：世界名牌 Levis 牛仔裤的 pop 广告，这是一个没有牛仔裤的牛仔裤广告，整个画面用照相写实呈现出一个全裸的充满古典浪漫美感的臀部，只用虚线构勒出牛仔裤口袋的形状，传达了一种无与伦比的感受：Levis 牛仔裤象你的皮肤一样体贴。这种创意所表达的不仅仅是商品信息，更是一种美仑美奂的艺术智慧，给人以极大的视觉冲击和精神的感染，完全称得上是艺术品，而且是艺术中的上品。

广告创意的艺术性也是由广告传播的特殊性决定的，与其他许多信息发布形式相比，广告发布的时空效益比最大，也就是说广告应当是用最少的钱在最有限的空间中传达出最高效的信息。如报纸广告必须在高度密集、目不遐接的广告群中，用有限的版面创造出一鸣惊人过目不忘的作品。电视广告更是真正瞬间的艺术，几十万乃至上百万宏篇巨制（如香港普通的广告片制作费为 30 万港币，而像云丝顿、总督、万宝路、健牌、特醇轩尼诗、马嗲利等动辄就需百万以上）被高度浓缩在几十秒的瞬间内，这就不得不对广告的创意设计和制作提出了极高的艺术要求。事实上，广告片的拍摄利用比是非常高的（如香港广告片多数是用三十五厘米底片拍，底片割舍比例比其他电视片高，曾经有过拍摄一万尺底片才取四十多尺的记录。而通常一部电影几大本也不过九千尺。正常情况下，电视纪录片为 1∶5，而电视广告片要达到 1∶100。可见破费之巨，令人震惊。）这也就对广告片的艺术质量提出了近乎残酷的要求，而这要求首先就反映在广告的创意上。

广告创意的艺术性更是由广告的文化价值决定的。广告通过艺术象征营造出一种令人神往的疑似情境，将人们带入一种如诗如梦的艺术境地，再经过广告的重复播出，如水滴石穿一般，让人们在不知不觉中接受广告的象征性暗示，从而产生对某一特定产品的广阔而超时空的联想。这样，艺术象征性的本质："某种东西的含义大于其本身"便淋漓尽致地在广告创意和传播中获得了注解。

广告，只有在它具备了高度的艺术性时，才可能实现它的造梦功能，才可能达到它超值的传播价值。

5．合理性原则

广告创意是一种创造性劳动，需要发挥人类最伟大的天赋——想象力，用最大胆、最异想天开的手法去创造奇迹。然而，这种想象力和创造力又不是无节制的、荒谬的，它还必须遵循一定的规律，掌握一定的分寸，这就是广告创意的合理性原则。也就是说，广告创意既要遵循广告本身的特殊规律，又要遵循艺术创作的一般规律，还要符合人类思维的普遍规律。任何违背生活逻辑的胡思乱想都不能算是真正的创意。诚如美国波立兹调查公司总经理阿夫朱德·波立兹所说："想象力是一项基本的及必要的条件，创作力则表示着高深的想象力，只不过要严守规则及顺时应变才能发挥而达到目的。"

有一则电视广告：

画面上是一个笑嘻嘻的汉子与一个古装美女在一起劝酒、饮酒的情景。

电视画外音是：

"月儿明，月儿亮，月光照在酒瓶上。酒香飘进月宫里，嫦娥闻到好欢喜。嫦娥姑娘下凡来，硬要和我喝一台。你一杯，我一杯，喝得脸上红霞飞。啊亲爱的××酒，嫦娥逮到不松手。为了永远喝此酒，干脆结婚不要走！"

这种看似将想象力发挥到了天上，竟然还妄想与嫦娥结婚的广告，实在低劣无聊之至，这种过份随意的想象往往起到适得其反的效果。

正如 R·雷斯所说："否定原则，就会倒向随意性。特别是那种用'原则性'包装的随意性，恰恰是'广告中最危险的字眼'"。

可见，广告确实需要大胆想象，但还需要小心表现，胡适当年"大胆假设，小心求证"的思想方法在广告创意制作上同样是适用的。香港广告名人黄霑就非常认同这一点，他提出了自己的座右铭："胆大不妄为"。

这里所说的"不妄为"主要指合理性，要符合生活真实和艺术真实。即使是一些超现实的想象，只要是在合理生活逻辑范围内，就也可能是一个成功的好广告。

荷兰名牌电视机——菲利浦曾制作了这样一则电视广告：

一只逗人喜爱的小猴子，对着电视屏幕中黄橙橙的香蕉，显得那样垂涎欲滴，整个过程没有声音，也没有文字说明，但此时无声胜有声，电视机的高质量被淋漓尽致地表现出来了。

1996年戛纳广告节获奖作品中有一则电视广告也很富有创意，画面上一个人正在做惊险的"飞刀"表演，其目标为人的活生生的手掌，只见刀光箭影中，一把把锋利的刀直插手指缝。最后一把刀不偏不倚，竟深深插入手背，正当人们为之震惊之时，另一只手伸过来将一张报纸连同被刀插入的手掌一起揭开，原来这是一张惟妙惟肖的复印件。给人以意料之外的惊叹。

有一幅音乐会的招贴广告，简短醒目的标题下方有一个洁白如玉的石膏女子头像，色彩流畅的五线谱悠然飘过双耳，她那神圣庄严的脸上挂着一颗晶莹的泪珠——激动人心的音乐竟然使石膏像感动得流泪了。作品的高明在于，石膏像流泪在现实生活中是不可能的，但这超现实的想象又恰恰在艺术夸张的情理之中，它符合了人类的内心情感，因而也是符合艺术真实的。人类的想象力虽然是无限制的，但想象一旦转化为现实的艺术表现却不能是随意的。广告创意不但要符合艺术真实，更要顾及广告本身的特殊限制，有些在艺术中公认的手法，在广告中不易随意借用。

例如含蓄、神秘、朦胧在艺术表现中是最被推崇的，罗丹说："神秘好像空气一样，卓越的艺术好像浴在其中"。法国现代派诗人彼埃尔·让·儒夫在《一个诗人的辨解》中为诗作这样的艺术注释："任何一首诗，只要它是真正的诗，那么它就永远是一个谜"。然而，广告却永远不能象谜一样让消费者坠入雾中。

西安南洋公司精心设计了一家珠宝店的路牌广告，画面朦胧而优美：远处是耸立的埃及金字塔，近处是一队游人骑在骆驼上，缓缓走向沙漠深处的远方。整个画面充满了异国风味，洋溢着古色古香的情调，充满了远古的神秘感，很有艺术境界。只可惜画面完全不能让人联想到金银首饰和珠宝玉器，因为画面上根本没有出现任何所诉求的商品，也没有文字提示，虽然该创意获了奖，但却丝毫没有促销效果，大多数行人从这幅广告下走过时，只是赞叹广告的朦胧美境，却没有人想到珠宝店，因此，无论这个广告有多么深远的意境，它仍然是失败的，还是奥格威说得有道理："不要和读者捉迷藏"，而应该"把广告诉求对象的注意力引向产品"。

可见，广告永远只能是广告，它既要尽情发挥人类的天才想象，又必须认识到自身的特殊性，把二者有机的结合起来，需要有一个度，需要掌握合理性原则。

总之，广告既是一门艺术，又是一门科学，广告创意必须同时遵循艺术创作和科学认识的规律，只有有机地把握和灵活运用广告创意的五项原则，才能做到"从心所欲不逾矩"。才能真正把现实主义和浪漫主义结合起来，创作出不朽的佳作，让广告具有"感动人信仰的力量"。

第二章 广告创意与民族文化

广告是一种文化现象，具有二重性。一方面，作为商品生产和市场经济的必然伴随物，广告具有全世界的共性；另一方面，广告又总是针对特定的，具有共同的地域、共同的经济生活、共同的语言和共同的文化心理素质的消费群体，以特定的话语进行传播的。因此广告常常具有鲜明的民族个性。一个好的广告创意就象一个好的艺术创作一样，必须深植于民族文化的土壤，用最鲜活的民族语言，透过人类共同的心理表层，打入根深蒂固的深藏在人的潜意识背后的"民族记忆"和"种族记忆"，从而达到一种妙传神会的效果。因此，深入研究广告受众的文化背景，并通过这一背景准确地把握消费者的生活方式、消费习惯、价值观念、审美倾向和表达方式就显得十分重要。

一、广告创意与文化背景

广告所面对的每一个消费者都是在给定的文化环境中成长并且在给定的文化背景中生活的。这种背景文化将在语言形式、思维习惯和价值观念三个层面上构造人的文化性格，并进而影响消费者的生活方式、消费习惯、审美感受和价值判断。由这一庞大的无所不在的观念系统和价值系统所煅造出来的每一个人，都将打上深深的自己文化的烙印，以至于在每一种欲望形式和每一次购买冲动的背后，都可索引出深藏着的文化基因。欲望本身可以是物质的，但欲望的实现形式却永远是文化的，广告创意必须善于发掘和引导欲望背后的文化动机。

什么是文化？近代第一个在文化人类学中引用"文化"（Culture)这个名词的是英国人泰勒,他在其1871年出版的《初民文化》一书中,开宗明义地说:"文化乃是当个人为社会一份子时所获得的包括知识、信仰、艺术、道德、法律、风俗及其它才能习惯等复杂的整体"。美国实用主义者杜威在《自由与文化》中也说:"人类日常生活上的联系和共同生活的条件,这一种错综和复杂的关系,我们总称之为'文化'",这种"文化是一个错综的风俗习惯的结晶体,具有维持现状的倾向。"功能学派大师马林诺斯基则在《科学的文化论》中认为:"文化显然是完整的全体,其中包括器具与消费货物,各种社群的宪章,人们的思想与工艺,信仰与习惯等。"

国学大师钱穆在《文化学大义》中提出文化是七大要素的配合,他说:"我们屡次说过,文化是指的人类生活之总体,而人类生活则是多方面各种部门的配合。人类文化逐渐演进,则方面愈广,部门愈杂,但扼要分析,我们仍可将人类生活之诸形态分划成七个大部门,我们此刻称之为文化七要素。古今中外各地区、各民族一切文化内容,将逃不出这七个要素之配合。………此文化要素,一经济,二政治,三科学,四宗教,五道德,六文学,七艺术。此已包括尽了人类文化所能有的各部门与各方面。"

综上所说,可以看出,第一,文化是整体性的。它是多种要素的综合整体,这一整体的内涵极其丰富,大致可以分为四个层次:

(1) 器物,这是文化的物质层面,是人类文明的物化形式。

(2) 行为方式,包括人与自然的关系和人与人的交往方式,以及反映这些关系的全部法律和规则体系。

(3) 价值系统,即深藏在行为方式以及各种规则、规范等符号背后的观念,包括世界观、人生观、道德观、审美观。

(4) 思维方式,这是文化的内核,它影响并决定着人们的行为方式和社会价值系统。

第二,文化是有差异性的。由于人类种群所面临的生存环境不同,由这一环境(首先是地理气候环境)所决定的文化也不同。马林诺斯基在"什么是文化"一文中说:"无论我们考虑一个非常简单的初民文化,或者是一个极其复杂而高度发展了的文化,我们都曾碰到大量的设置,一部分是精神的,一部分是物质的,这些设置都是人们用以应付他们所面对的种种具体的特殊问题。而这些问题则都起于人具有隶属于各种器官需要的身体,和他所居的环境。这环境一方面是他的至友,因为它为人类的创造提供了原料,一方面又是他的敌人,因为它也庇护了许多与人为敌的力量。"由于各自所面临的自然环境不同,所要解决的问题和问题的解决方式不同,先民们在各自的生存环境中,经过百万年前赴后继的抗争和磨难,自然形成了各具特色的文化类型,各种文化类型之间既有共同性的一面,又存在着极大的差异。对文化类型进行划分有着不同的标准,大致可分为二种:

一种是从性质上进行划分:如英国人甄克思(Jenks)在其《社会通鉴》(A history if politics)中将文化分为游牧文化、农耕文化和工商文化三种。素罗金则把文化分成感觉的、理觉的、混双的。从宗教角度可以划分为基督教文化、佛教文化和伊斯兰教文化等。

一种是从地域上划分,也就是通常所说的文化圈。文化圈有范围之大小,最早汤因比把人类文明(亦可理解为文化)分为20多种,其中又可归纳为 7 种母文明,即安第斯文明、玛亚文明、埃及文明、巴比伦文明、克里特文明、印度文明和中国文明。近现代大都以生存空间划分,表现为:

大文化圈:以洲别划分为亚洲文化、欧洲文化、美洲文化、非洲文化等。

文化圈:以各国家为单位分为中国文化、日本文化、印度文化等。

亚文化圈:以地区和民族聚居为单位划分为各种特色文化。

随着历史的发展,科学的进步,人类交往的加强,地域概念逐渐被淡化,文化圈又有了新的内涵,又出现了次文化圈和亚文化群的概念,依据信仰、年龄、性别、阶级、阶层、职业、教育、爱好等划分为不同的群体,并以此进行社会学和经济学上的量化研究。这种细分对广告策略的设定同样具有重要的参考价值。

然而,广告除了要研究小范围的、具有特定消费需求的受众外,由于现代广告借助科学手段所形成的传播特点,又决定了广告必须对受众面有一个常态的界定。也就是说,应当在大文化圈和亚文化群之间寻找一个合适的受众范围,使之既不因范围过大而丧失可操作性,又不因范围过小而失去受众特点的稳定性。从这一角度出发,似乎应当将这一范围限定在以国家为边界的民族文化层面,这种民族文化与外部文化之间有着明显的差异性,而在本民族内部,又具有极大的文化上的共性。就共性而言,广告应当认识到某一民族的文化对其每一个体的影响极其深远。文化不仅为人们提供了共同的语言,还为人们提供了看待问题、解决问题的基本观点、标准和方法,文化不仅使人们建立起是非标准和行为规范,还为人们预设了对事物的反应方式和机制。这种本民族文化内部的共性,又恰恰造成了本民族文化与外部文化的差异性,而文化之间的差异以及由这种差异所导致的心理偏见有时是十分强烈的,这就要求在文化交往包括广告宣传中必须重视这一差异,甚至文化禁忌,做到"入乡随俗,入境问禁"。

二、文化差异性与广告表现

1. 民俗习惯

在长期的历史发展过程中,由于生存环境的不同,各民族自然而然形成了自己独有的风土人情、民俗民约。广告创意如果是建立在对一个国家的风俗民情充分了解的基础上,往往可能产生事半功倍的效果。电影《红高粱》在美国评奖展映时,中国的创意策划人员想出一个巧点子,在电影院门口向每一位电影观众免费发放一件红布做的中国古式小马褂,每件成本仅1.5元,但宣传效果奇佳。因为每一位得到小马褂的美国人都兴高采烈地当场穿上,电影院即刻成了一块红高粱地,给人强烈的视觉冲击,特别是电影放映结束后,一股红色巨流涌到街上,又成了一片红色的海洋。美国人个个都成了红高粱的义务宣传员。这一创意之所以成功就在于它抓住了美国人猎奇和爱好表现的民族情趣。（对内向的中国观众来说，也许没有人会傻乎乎地穿上这种小马褂）。因此，民风民情用的巧，可见奇效，但没把准，也可能搞砸。美国骆驼牌香烟有句吹遍全球的名言："我宁愿为骆驼行一里路"，即为了此烟，宁可走到鞋底见洞。画面是烟民在镜头前高跷二郎腿，皮鞋底赫然洞穿。然而这一广告做到泰国，便出了问题，美国人本想适应当地风俗加点泰国的情调，就选泰国最驰名的佛庙做为背景，让"骆驼人"穿着见底的破鞋悠然吸烟，谁知在泰国的风俗里，腿底乃是最污秽之处，绝不可在人前如此高跷，脚底朝天更是肆无忌惮，无礼之极。更何况佛庙乃至尊圣地，高扬洞穿之鞋简直是大逆不道。广告一出，泰国人举国激愤，骆驼牌只得落荒而逃。有些民俗看似小事，但常常会引起特别的反感，如狗在许多国家是惹人喜爱的"正面人物"，有人还为它写过一篇感人肺腑的《狗的礼赞》，用小狗做广告在西方国家屡见不鲜，甚至还可用拟人手法让狗开口说话。但是，如果这样的广告出现在南非，则可能闹乱子，甚至可能引起民族暴乱，因为南非不仅在广告上，即使在漫画里，如果用动物仿人讲话，有人就会认为是妖怪。这种对某一事物的特殊看法常常使不明就里的广告招致失败。中国兔牌樟脑在澳大利亚的受挫也是由于这一原因。

2．宗教信仰

在各民族的文化差异中，宗教信仰上的差异是最深刻、最持久因而往往也是最敏感的，它也是文化禁忌的主要根源。稍有不慎即会酿成大错。1985年3月3日，埃及内政部长下令，查收并全部销毁市场上出售的中国鞋。这是天津鞋厂生产的白鸽牌女鞋，因为鞋底的防滑图案花纹与阿文"真主"二字极其相似。与此类似，90年代初，美国一家电器公司在泰国做广告也触了雷，广告为了夸张地表现收录机的音响效果，竟然创意出让泥塑木雕的释迦牟尼佛祖被美妙的音乐陶醉得睁开双眼，手舞足蹈起来。美国人自以为独出心裁，妙趣天成，可是信奉佛教的泰国人却难以接受自己的至尊佛祖如此轻狂，这简直是极大的污辱，是对泰国人神圣宗教感情的亵渎,这一广告理所当然地遭到了泰国人的强烈抗议,导致立即停播广告并向佛教徒和泰国人民公开赔礼道歉的结果。

宗教信仰所导出的禁忌是细致而广泛的,有时会深入到许多生活事件的内部,对现实产生影响。欧洲冻鸡出口阿拉伯就因为有血和用机器宰杀而被全部退货。当然,宗教信仰作为一种文化,由于它对宗教信徒的影响巨大,因而,只要创意得当也可收到奇效。比利时一地毯商突发奇想,在其制作的地毯中央嵌入一块精致的指南针,只是这指南针既不指南又不指北,而是专门指向伊斯兰教的圣地——麦加,这一招自然大得圣徒们的欢心,买地毯者趋之若鹜。日本精工公司曾推出一种穆斯林表,该表最富创意也最能打动教徒心的是,这种表把世界114个城市的当地时间转换成穆斯林圣地麦加的时间,并且每天定时鸣叫五次,提醒教徒按时做祈祷,由于这一创意准确地把握了穆斯林宗教生活的内在需要,终使产品大开销路。

3. 语言习惯

语言是民族文化的基本元素。各民族的语言在长期的使用过程中逐渐积淀下了许多符号之外的隐喻和象征意义,这就给语言之间的转译带来了困难,某句话或某个单词一旦脱离了原先的语言环境,就可能在新的语言环境中被赋予新的意义,有时则会被误读。日本的"We Love V.D"广告画之所以在美国闹出笑话,就是因为"V.D"虽可看作是录像设备的英文缩写,但在美国话语系统中第一反应出的信号则是 Venercal Dieose——性病的略语。同样,美国克莱斯勒汽车公司也曾犯过类似的错误,他们把在美国国内很有号召力的广告主题口号"达特就是力量"(Dantiopower)直译为西班牙语,从而使自己在西班牙几乎无地自容,因为西班牙人认为这句话是表示购车人缺少性活力而竭力想获得这种活力。名表 Rolex 的中文翻译在香港没有获得预想的效果,也是因为转译问题,中文译为"劳力士",直取其音,而忽略其意,直觉上使人觉得劳力士是劳力人士戴的手表,这与一些香港人对身份、地位较为看重的时尚不相合拍。当然,要想有一个好译名确实不易,特别对汉语这一博大精深的语种,加之又有各种谐音,甚至地方语言的谐音及其无数的引申意义,更是难上加难,有时鱼和熊掌无法兼得,如美国饮料 Tseven 被译为"七喜",似乎颇合中国人意,但"七喜"的谐音在上海地方口语中却是一个十分不雅的称呼,应算是忌语。

4．价值观念

由于各民族在政治制度、宗教信仰、生活方式等方面有着差异,这些差异经过长期的历史积淀,逐渐内化为一种观念。不同文化背景中的人们由于观念不同,对事物的理解和反应方式也就不同。作为大众传媒手段的广告一旦跨跃了文化圈,就可能发生不同的价值和意识形态间的碰撞。一些看似极其微小的事情也可能导致大相径庭的理解。英国总督香烟进入香港时,其创意口号是"想做就去做"。广告的内容从广告界的眼光看,似乎并没有什么特别的错误,其中一个广告描写一对年轻夫妇,过惯了烦闷的城市生活,跑去了乡间,小俩口享受返朴归真的恬静世界。另一个广告是三个年轻人,抛开枯燥的刻板工作,联袂去学跳伞。广告主题刻画出年轻人应有一股冲劲:想做就去做,暂且忘记一切凡嚣俗务去追求自己的理想。广告的原意似乎是给予观众一个短暂的逃避和幻觉,带他们进入一个脱离现实的环境,以便松弛一下生活重负下的心灵。然而香港社会各界特别是教育界、宗教界以及各种妇女儿童组织却对此做出了不同的理解,认为"想做就去做"这一口号内含有一种无原则、无责任、无道德的极端个人至上主义的倾向,在年轻人思想观念尚未完全成熟,各种行为准则尚未确立的情况下,"想做就去做"无异于是一种煽动,可能会对年青人产生不良的导向。当时在整个社会掀起了一场抗议风潮,导致在电检处的干预下,终于使总督香烟的广告标语在 1983 年 1 月 1 日起改用"应做就去做"。见图 2-1。

可见,不同的文化有不同的价值观。在广告传播的过程中,有一个价值观导入的问题,每一种文化都有自己的价值理想,也都会有一个对外来文化及其价值观的"市场准入"问题,对广告而言,创意本身也必须考虑跨文化的市场接受度。

图 2-1

5. 审美感受

人类的审美感受既有共同性又有差异性，不同的文化圈，由于思维方式、语言形式、哲学精神的不同以及由此而导出的神话体系、艺术特质和美学原则的差异会在很大程度上影响到人们的审美判断，使审美感受带有民族的差异性。例如在艺术上西方重表现，中国重再现，西方人讲究形，中国人追求"意"，叫做得意而忘形，中国的审美理想不太欣赏那种赤裸裸的质感暴露和惨不忍睹的杀劫。表现在绘画上，中国作品的平和淡雅、得意忘形，迥然不同于西方的浓雕重彩，充满物性主义的感官刺激。正如中国的茶叶广告往往以冲和恬静来营造一种文化氛围和审美境界，这种审美境界断难接受西方某冰镇饮料以令人毛骨悚然的骷髅来刺激口感的审美趣味。正因为审美感受存在着明显的民族差异，广告创意必须顾及。有时这种审美差异仅仅表现为细微的不易察觉的感受，如美国的高路洁牙膏在中国的电视广告，其中一个电视片是以人头扮一个个牙齿，确实极富创意。但笔者曾对一

31

些牙膏的直接买主——家庭主妇进行随机了解，其中一些人认为这则广告虽然新奇，但并不能给人带来审美快感。牙齿本应清洁、整齐漂亮，但涂满白色粉沫的人头以及张开血口说话的镜头却并不能给人带来清洁舒爽的感觉。这种冷荒诞的艺术处理手法在西方后现代艺术中是常用的，但在中国特别在口腔中，这种表现手法仍需谨慎提练，以适应受众的审美习惯。同样道理，中国的审美趣味所认同的形象在西方人眼里又可能大打折扣。一般而言，中国情趣不太欣赏那种坚硬的粗糙的岩石（如古希腊雕塑），而更喜欢娇小、光滑的玉石，西方则相反。这一审美差异表现在广告上，西方人就难以接受中国的"雪蛙牌"食品，对中国人来说，也许这小巧玲珑，嫩绿滑爽的青蛙是可爱的，但西方人却不这样理解，他们觉得出没于阴冷的黑色土地上的青蛙，那青苔似的，冷冰冰、滑溜溜、粘糊糊的外形跟癞蛤蟆差不多，令人产生肮脏的感觉。

6．色彩偏爱

人类对信息的接受主要通过听觉和视觉。研究表明，视觉又是信息来源的主渠道，大约80％以上的信息是经由视觉得到的。视觉信号主要由色彩和图象构成，其中色彩又是最具差异性和刺激性的，因为色彩在人的视觉中造成的刺激最为丰富。法国学者盖伊．墨奇说："要是你对一件很平常的黄衣服看上一眼，那怕只是一秒钟，那么，在短短的一刹那，你的视网膜中的电子大约要振动500万亿次——这个振荡数要远远超过四大洋的波涛在4000年里冲击世界所有的海岸的次数总和"。可见色彩在视觉接受中的重要性。因此，色彩在广告中具有重要的象征意义，是广告制作和传播过程中最值得注意的因素之一。

托马斯·B·斯坦利曾列出七种理由来解释为什么在广告画中要运用色彩：

（1）吸引人们对广告的注意力。

（2）完全忠实地反映人、物、景。

（3）强调产品或宣传内容特定的部位。

（4）表明销售魅力中的抽象质量。

(5) 使广告在第一眼就给人以良好的印象。
(6) 为产品、服务项目或广告作者本身树立威信。
(7) 给人们记忆里留下更深的视觉印象。

这里，斯坦利更多地是从工具和技术意义上阐述了色彩对人的刺激注意功能，然而色彩还有第二大功能，即情感调适功能，这也许是更重要的功能。如果说第一大功能更多表现为全人类的共性的话，那么第二大功能即情感调适则明显地呈现出人类的差异性。不仅不同的性格、年龄、教养、性别，会导致不同的色彩观，而且不同的阶级、不同的民族和人种同样会对颜色表现出不同的好恶和情绪反应。

广告创意需要研究的是二个方面：

第一，技术上的共性。即色彩怎样引起人们的注意和反应。如彩色为什么通常比黑白更引人注目，在诸多彩色中为什么黄色又格外抢眼。怎样把握冷色暖色对人的情绪调动的度，如红色为什么会刺激起人的攻击性，怎样把握它所激起的进取、冲动、反判乃至革命的度。

第二，文化上的差异。即色彩怎样适应这种消费意义上的差异并有效诱导人们的情感。如果说人类对红色的共性反应是人的自然属性决定的话，那么，中国古代社会对黄色的高度敬畏则主要是社会因素决定的。这时色彩已经和其他语言符号一起构成了大文化体系，具有了一种强烈的象征意义。全世界各民族由于生存环境、奋斗经历和文化构造不同，各种色彩就具有了文化上的差异，广告创意必须了解和适应这种差异。

如美国可口可乐商标一直以自己鲜明的红色波纹在全世界传播，多少年来人们几乎产生了对红色波纹的特殊敏感，只要一看见这种颜色的波纹，就会条件反射般地联想到可口可乐。应当说红色作为可口可乐的象征色已经基本定位。然而，可口可乐在阿拉伯地区竟然不得不放弃自己长期坚持的传统特色，改换绿色为包装色，以适应阿拉伯人对绿色的偏爱。因为对在沙漠地区生存的民族来说，绿色代表绿洲，是生命的原色。广告的色彩只得无条件服从受众的特殊心理需要。又如中国的爆竹一般是用来喜庆和驱邪避灾的,当然是以中国人特有的吉祥色——红色作包装,然而,中国的爆竹出口德国时,就被要求改换成灰色包装,因为灰色是德国文化所习惯的颜色。

总之,各民族文化的差异性在色彩观上也有明显的表现,广告创意应当了解和熟悉这些差异,只有准确地适应和表达这些差异,才能恰到好处地达到广告宣传的目的。

我国各民族色彩爱好与禁忌见表 2-1;世界各国颜色爱好与禁忌见表 2-2。

我国各民族色彩爱好与禁忌　　　　　　　　　　表 2-1

民　族	爱　好　的　颜　色	禁忌的颜色
汉　　族	红、黄、绿、青	黑、白多用于丧事
蒙 古 族	桔黄、蓝、绿、紫红	黑、白
回　　族	黑、白、蓝、红、绿	丧事用白
藏　　族	以白为尊贵颜色,爱好黑、红、桔黄、紫、深褐	淡黄、绿
维吾尔族	红、绿、粉红、玫瑰红、紫红、青、白	黄
朝 鲜 族	白、粉红、粉绿、淡黄	
苗　　族	青、深蓝、墨绿、黑、褐	白、黑、朱红
彝　　族	红、黄、蓝、黑	
壮　　族	天蓝	
满　　族	黄、紫、红、蓝	白
黎　　族	红、褐、深蓝、黑	

世界各国颜色爱好与禁忌　　　　　　　　　　　表 2-2

洲别	国家与地区	爱　好　的　颜　色	禁忌的颜色
亚　洲	中　国	红、黄、绿	黑、白
	韩　国	红、绿、黄、鲜艳颜色	黑、灰
	印　度	红、绿、黄、橙、蓝、鲜艳色	黑、白、灰色
	日　本	柔和色调	黑、深灰、黑白相间
	马来西亚	红、橙、鲜艳色	黑
	巴基斯坦	绿、银色、金色、鲜艳色	黑
	阿富汗	红、绿	

续表

洲别	国家与地区	爱好的颜色	禁忌的颜色
亚洲	缅甸	红、黄、鲜明色	
	泰国	鲜艳色	黑
	土耳其	绿、红、白、鲜艳色	
	叙利亚	青蓝、绿、白	黄
	沙特阿拉伯		
	伊拉克		
	科威特	绿、深蓝与红白相间	粉红、紫、黄
	伊朗		
	也门		
非洲	埃及	红、橙、绿、青绿、浅蓝、明显色	暗淡色、紫色
	贝宁		红、黑
	博茨瓦纳	浅蓝、黑、白、绿	
	乍得	白、粉红、黄	红、黑
	利比亚	绿	
	毛里塔尼亚	绿、黄、浅淡色	
	摩洛哥	绿、红、黑、鲜艳色	白
	尼日利亚		红、黑
	多哥	白、绿、紫	红、黄、黑
	(其它)	明亮色	黑
欧洲	挪威	红、蓝、绿、鲜明色	
	瑞士	红、黄、蓝	
	丹麦	红、白、蓝	
	荷兰	橙	
	奥地利	绿	
	爱尔兰	绿	
	捷克	红、白、蓝	黑
	斯洛伐克	红、白、蓝	黑
	罗马尼亚	白、红、绿、黄	黑
	瑞典	黑、绿、黄	蓝
	希腊	绿、蓝、黄	黑
	意大利	鲜艳色	
	德国	鲜艳色	
北美洲	美国	无特别爱好	无特别禁忌
	加拿大	素静色	

续表

洲别	国家与地区	爱好的颜色	禁忌的颜色
拉丁美洲	墨西哥 阿根廷 哥伦比亚 秘鲁 圭亚那 古巴 尼加拉瓜 委内瑞拉	红、白、绿 黄、绿、红 红、蓝、黄、明亮色 红、红紫、黄、鲜明色 明亮色 鲜明色	黑紫、紫褐相间 蓝白平行条状色 红、黄、蓝

第三章 中国传统文化心理与广告创意

国际广告学会会长亚历山大·希罗弟曾说过:"中国是世界上人口最多的国家,一个有着多种繁杂的社会习惯和商业作法的国家"。显然,要想做中国的广告,要想在骨子里打动亿万中国消费者,没有对中国文化和中国人心理的一点了解是无从入手的。美国运通公司的中国广告就特别注意了这一点。通行世界的美国运通公司信用卡在中国正式推出前,虽早已通行全球,但中国市场对之并不熟悉,然而,这一次运通公司的广告策略,并不采取通行的大张旗鼓大吹大擂或者特邀名人做推销等办法。他们细心地研究了中国高层消费市场的特点,发现了中国社会特有的公费消费阶层,特别是公费出国者。决定以这部分人为重点,展开了有极强针对性的广告宣传:

画面:三张中国人(以汉语拼音将姓名印在卡上)使用的运通卡,成品形排列。

标题:小小一张卡,能比黄金更珍贵吗?

正文:黄金固然珍贵,然而当您出国公干时,拥有美国运通公司信用卡,将远胜携带黄金和现款。美国运通公司信用卡,处处备受欢迎礼遇,既方便、安全又有保障,实在是身在外地时不可缺的财力及信用凭证。

对公司组织而言,美国运通公司信用卡正是处理公干消费事宜的最佳方法。因为采用美国运通信用卡的单位,将会按月收到"月结总览表",所有公干和业务应酬的消费记录将详列表内,精确齐全。此外,选用美国运通公司信用卡,更毋须事先准备大量现金以供雇员公干消费,令资金可灵活运用。既安全,又方便。

美国运通公司信用卡更是个人荣誉及身份的象征,会员所享

有的专有权益与服务,远非其它信用卡所能比拟,包括:

全球各地超过 200 万家以上的特约商号接受使用运通公司。公司包括饭店、餐厅、商店、百货公司、医院、汽车租赁公司及航空公司等,使您一卡傍身,世界通行。在国内,现已超过 1500 家商号接受使用,分布 27 个省市及自治区的 120 个城市内。

美国运通在全球超过 130 多个国家设有 1500 多个旅游办事处,为会员提供全面性的服务,包括提供应急现金,补发新卡及各种旅游服务等,完善周到。

⋮
⋮

美国运通信用卡,
　　一卡傍身,世界通用。

通篇文字平淡无奇,实质摸透了中国人的心思,金卡既照顾了公费出国者携带、报销、过海关的方便,又为公费消费的隐蔽性提供了保障;既设想到了在国外的礼遇、待遇,又满足了中国人爱慕虚荣,追求身份的传统心理;最后还不忘告诉一声在全球 130 多个国家设有 1500 多个旅游办事处,几乎句句打到要害。不说别的,单就运通公司本身的目的而言,这则广告创意是成功的。成功的要诀就是了解中国的文化,打动了部分中国人的心理。那么,什么是中国文化?中国文化又有哪些特征?由这些特征所决定的中国人的民族心理又有哪些特点呢?

一、中国文化的原生态特征

每个民族文化都深藏着并从多方面显示出自己的特征,这种特征是从深厚的民族生活的土壤里生长出来的。就中国传统价值观的源头而言,中国古代文化的基本特征可以从三方面理解:

1. 大陆文化

从文化或文明产生的初始条件看,地理环境常常起着决定性的作用,它是一个民族的文化形成某种特定类型的前提性因素。

从地理环境的差异看，人类大致可以区分为大陆民族和海洋民族，希腊、罗马、斯堪底纳维亚诸国、英吉利、日本都是典型的海洋国家。

海洋国家的生存环境是：小小的海岛提供给他们的生存资料是非常有限的，这就强迫地要求他们向外扩展生存空间，而大海又给他们对外扩展和交流提供了十分便利的条件。这样，一方面拓展空间的历史需要养成了海岛民族的扩张性和外向的性格特征。

另一方面，长期频繁的民族和国家间的交流又导致了商业社会的形成，由商业文明又促成了自由、平等、法制的萌芽，进而又加速了都市文明的形成，科学、教育、文化和公共事业逐步兴旺起来。总之，海岛文化系统始终处于一种比较动态和开放的状态。如埃及、巴比伦与希腊间，希腊与罗马间，就古代而言，就曾多次发生规模巨大的文化交融现象。而中国的情况却不同，中国处于半封闭的地缘环境，东濒茫茫太平洋，北临茫茫草原，西北横亘漫漫戈壁，西南耸立着世界上最险峻的青藏高原。这种一面临海，其它三面陆路交通不便利，而内部回旋余地又相当开阔的环境，造成了与外部世界相对隔绝的状态，这对中国文化类型的形成，其影响是巨大的。

由于中国古文化系统从半封闭的大陆性地理环境中获得了比较完备的"隔绝机制"，所以，虽然从秦汉到隋唐，中原文化曾与中亚、西亚的草原文化以及南亚次大陆的佛教文化进行过颇有声色的交流，但中国古文化始终保持着自身的风格和系统，而没有出现类似印度文化因雅利安人入侵而被摧毁，埃及文化因亚力山大大帝占领而希腊化，罗马文化因日尔曼蛮族南侵而中绝那样的"断层"。

由于中国古代文化始终保持着独立的、一以贯之的发展系统，加之古代中国人对外部世界知之甚略，这使得中国人直至19世纪中叶以前仍把自己的国度当作世界的主体。这种特定的氛围，使中国人形成了颇富尊严感的"自我意识"，铸造了独具风格的世界观念和文化心理。古代中国的哲学、文学艺术和科学技术，无不受到这种世界观念和文化心理的制约。

2. 农业文化

中国的温带背景和东南季风性气候以及天造地设的二大水系，使中国先民的主体早在大约六千年前后，就逐渐超越狩猎和采集经济阶段，进入了以种植经济为基本方式的农业社会。"禹、稷躬稼而有天下"(《论语·宪问》)。中原地区的古代部落常能够统治天下，是发展农业的结果，这与游牧民族的酋长靠硬弓骏马制驭诸部大异其趣。后来，中国更素称"以农立国"，列朝统治者都把"重本抑末"作为"理国之道"。这就铸定了中国古代文化在很大程度上是一个农业社会的文化。中国文化若干传统的形成，都与此相关。例如民族心理的务实守常、中庸等精神，便是从农业社会派生出来的一种趋向。"国民常性，所察在政事日用，所务在工商耕稼，志尽于有生，语绝于无验"(《章太炎政论选集》下第689页)。章太炎的这一描述，刻画了以农民为主体的中国人"重实际而黜玄想"的民族性格。正是这种民族性格，使中国自周秦以后的两千余年间虽有种种土生的或外来的宗教流传，但基本上没有陷入全民族的宗教迷狂，世俗的、入世的思想始终压倒神异的、出世的思想。而中国封建文化在十五六世纪以前所取得的高度成就，也不能不归因于中国农业社会的发展与成熟，归因于中国农民和士人非宗教的理性主义精神。

农业社会的生存方式又导致中国特有的政治秩序和政治观念的形成。由千百个彼此雷同、极端分散而又少有商品交换关系的村落和村镇组成的社会，需要产生高高在上、君临一切的集权政体和统治思想，这便是所谓的"东方专制主义"和儒家意识形态。这对后世文化价值观产生了极大的影响。

3. 宗法文化

荷马史诗生动地展现过古希腊发生过的奴隶主民主派推翻氏族贵族统治的斗争。而中国关于上古社会的历史记述以及神话传说却表明，我们的先民跨入阶级社会的门槛，是氏族首领直接转化为奴隶主贵族；以后，又由家族的奴隶制发展成宗族奴隶制，而不是象古罗马那样由家庭奴隶制转化为劳动奴隶制。这样，氏族社会的解体在我国完成得很不充分，因而氏族社会的宗法制度及其意识形态的残余大量积淀下来。又由于自然经济的长期延续，特别是农业社会长期定居式的生存方式和繁衍方式，给宗法制度、宗法思想的继续流衍提供了丰厚的土壤。

氏族社会的宗法制度本来是一种习惯的历史的事实，但进入阶级社会以后，却由统治阶级及其知识分子加工改造，使之理论化、固定化，铸造成一整套宗法制的政治伦理学说，深刻影响了中国人的国民性和两千多年的文化。

这种宗法制度下的文化首先表现为对血缘关系的高度注重。中国人亲属间称谓的区分之细，在世界上是罕见其匹的。中国历代皇朝都依照"立子以贵不以长，立嫡以长不以贤"的原则继位，便是从宗法制度派生出来的血缘至上的继统法。

宗法制度下的文化又表现为对祖先的顶礼膜拜。"天地君亲师"五位一体，是中国人普遍敬奉的神主，但"天地"是虚设的；对"君"的崇敬是从对"父"的崇敬中引申、借代过来的；至于"师"，也享有类似父亲的尊严，并且师还是"孝亲"观念的灌输者。因此，"天地君亲师"的核心和枢纽在于"亲"，"孝亲"成为中国道德的本位。正是在这一意义上，黑格尔把中国文化的主旨概括为"家庭精神"。

宗法制度下的文化还表现为对传统的极端尊重——政治上讲"正统"，思想学术上讲"道德"、"心传"，文学上讲"文统"，艺术学派乃至于手工业行帮也讲"家法"、"师法"。从积极方面而言，这大大强化了中国历史和中国文化的延续力，使得中国历史和文化成为世界上少见的不曾中断过的典范；从消极方面而言，一味迷恋传统的宗法意识造成了中国人向后看的积习和守成的倾向，造成了对传统、正统、正宗的迷恋和对先王圣者的盲目崇拜意识。正如巴尔扎克所说："中国人在他们的发明上是静止的，对五千年以来获得的东西是保守的"。

由上述中国古代文化原生形态的特征，又决定了中国文化的次生形态的价值特征，并进而影响了中国人的民族性格、思维方式和语言形式，构成了中国人价值观念和行为方式的整体系统。

了解这一系统及其各子系统的特征，对于广告的创意和制作来说，是不无裨益的。

二、中国文化的次生态特征与广告创意

1. 人伦价值观——群体取向

中国与西方人伦价值观的最大分野就是西方以个体为中心，强调个人自由、个人奋斗和个人责任，并以此建立起相应的法律制度、宗教精神和自由经济机制。强调个人为自己的行为负责、个人直接向上帝负责、个人服从全社会的公共契约。中国却是以群体（家庭、家族、团体、阶级、政党、民族、国家）为中心，强调群体利益、群体团结和自我牺牲，并由此建立起以仁爱为核心的社会道德系统和以等级服从为前提的社会规范体系。这种以群体利益为取向的价值体系有许多表现形式，从广告关照的角度而言，主要有：

（1）重视家族人伦，偏爱情感广告

中国伦理政治的核心是仁，中国社会结构的基础是家。"格物致知，诚心正意，修身齐家治国平天下，"标示了中国人通达理想境界的道路：由格物——修身以达到"仁"，并以此齐家治国平天下，以达到小家与群体大家（国家）的理想统一，因此，中国人对"家"有着特殊的感受。

1）家的存在需要子嗣的继承和延续，中国人对传宗接代，扶养和教育孩子有着比其它民族更强烈的意识。孩子的消费是家庭中最大的成本投资，以孩子为主导的广告特别能吸引中国父母的注意和认同。

针对中国人对孩子特别的关怀甚至溺爱，许多国外公司进入中国之后，便很快改变自己的广告和营销策略。如美国肯德基炸鸡店，在世界其它国家并不是以孩子为主，但在中国却改变了主攻方向，专门围绕孩子进行营销和广告宣传，几乎每个月甚至每个星期都推出新奇的能吸引孩子的贴纸、手表等小玩艺，孩子再拿到学校和小伙伴们交流，又做了义务小广告员，带出滚雪球似

的消费效应。正因为肯德基公司迎合了中国人过分溺爱子女的民族心理,才使他们获得了意想不到的惊人效益。

又如有一则广告是这样的:

画面:一小学生在大巴士前跑过。

正文:每天,晨曦初上,
你背着沉重的书包,
揉着惺松睡眼,
踏上了未知的征途。

每天,黄昏初临,
你拖着疲惫的身体,
怀着愉悦的心情,
奔向了温暖的家中。

每一段路,都不易走,
而你必须独行,
每一个路口,
都使你如同受惊的小鹿,
不知该逃向何处。

孩子,我衷心的盼望,
有一天,
你能慢慢地走。
人人开车礼让,创造和谐明天。
福特六和关心您!

通篇用类似公益广告的形式,以淡淡的伤感打动了天下父母心,最后一句才点出主题,让人在深有同感的情怀中接受广告。台湾一则推销钢琴的广告更使人心悦诚服:"学琴的孩子不会变坏"。一句话,激起和契合了父母对子女的潜在期望和深深的爱。培养孩子是中国父母最大的心愿,广告就必须去满足受众的心理需求。

2）家庭伦理中，父母对孩子的爱又是以孩子对父母长辈的孝为回报的，因此，以孝为诉求点，同样是中国广告的特色之处。

上海一家房产公司在众多让人看腻了的自吹自擂的房产广告中，独出一枝，设计了一则以孝为主题的情感广告，给人以深刻的印象，见图3-1。

只 求 报 恩

图 3-1

面对含辛茹苦把自己拉扯大的现在已经风烛残年的亲人，拿什么回报呢？对成功人士来说，结论是不言自明的。

威力牌洗衣机广告在这一主题的创意上同样是感人的：

画面上女儿从城里回来了，给母亲带来了威力洗衣机，配上诗一般的语言：

"妈妈,我又梦见了村边的小溪,梦见了奶奶,梦见了你,妈妈,我给你捎去一件好东西"。

——威力洗衣机献给母亲的爱。

作为家的象征,母亲、母爱在所有人伦亲情中是最深刻、最具体的。用母爱暗示产品的功效只要比喻得当,常常也能打动人。如儿童鞋的广告:"象母亲的手一样柔软";资生堂护手霜:"妈妈的手,爱心的手",都属此类。

3)家的外延进一步引申,由小家到家族到更大的群体。中国人对故乡、故土、朋友之谊、师生之情又别有一番情感,使唯情主义的广告诉求有了强大的民族心理基础。表现在广告上,使孔府家酒的"家"变成一种心灵深处的家乡情怀。台湾兄弟大饭店借一位去台老兵孤独地思念着故乡的心情,推出以乡味乡情为感情诉求点的广告颇得人心:

> 我们的心,永远记得故乡的口味,
> 一如我们的脸,
> 总是重复读着故乡的书信,
> 我们的眼,永远辨得出故乡的口味,
> 一如我们的脸,
> 总在梦里,对着故乡的情人,
>
> 我们的嘴,永远熟悉故乡的口味,
> 一如我们的心,
> 总像流云,朝着故乡的方向,
>
> 我们的舌,永远恋着故乡的口味,
> 一如我们的心,
> 总在夜里,缅怀故乡的亲友。
>
> 四个月,四年或四十年,转瞬消逝了,
> 或许,故乡的人、事、物,已不复往昔,
> 但是,熟悉的乡味与乡思,

依然扣人齿颊，怀念不已。

中国群体社会的人伦之情，又常以墨子的"兼相爱"而推广到"老吾老以及人之老，幼吾幼以及人之幼"的全社会范围，使人伦之情有了更广的释义。好的创意往往会抓住人心中尽管潜藏已久，但只在瞬间萌动的一丝爱意，一丝怜悯。下面这则广告较能体现这种情况：

《谁来陪伴他们》

画面：草地，远山，长椅上坐着一老翁孤独地面对着远方。

大标题：谁来陪伴他们？

正文：有一天，你也将垂老，

有一天，你也将卸下生活的征袍，

数着寂寞长日，

度过漫漫晨昏。

如果，你愿意放慢匆促的脚步，

品啜一下纵横交错的人生，

方知英雄迟暮竟在咫尺之间。

如果，你愿意挪出年轻的关怀，

即使屈指片刻，

换来的殷殷相嘱，

更让您亘久难以纾遣，

SONY 高级收录机，

CFS-71S 音质超卓，功能杰出。

总之，在中国人心中，家是神圣的，它既是小家，又是我们族类的大家，它既是具体可感的，又是朦胧地潜藏在人们灵魂深处的一种渴望，因此，"家"是最能唤起中国人某种感动的符号。北京印象公司的《回家》做到了这一点：

"或许你因为终日忙碌而没有时间回家，别忘了家里还有年迈的母亲在等着你回去，哪怕你只是抽空给她打个电话……。"

1993年母亲节前夕北京地铁的车门上突然贴出这样一则广告，画面上，夕阳中母亲形象的剪影，洋溢着温馨和慈爱，引得行色匆匆的乘客不由得低头陷入沉思。可以肯定地说，当天晚上他们中许多人都会送一份意外的礼物给自己的母亲。一位晚报记者感动之余，马上采访了制作广告的北京印象广告公司。许多人看了广告、看了报纸，谁能不感激这份无偿的关怀呢？谁心里不揣上一种春风拂面的暖意呢？谁又不感激和记住"北京印象广告公司"这个名字呢？

（2）从众行为

从众行为是指在群体的影响下，改变个人意见而与多数人取得一致的行为。从众行为的根源主要有：

1) 对群体的信任，2) 对偏离的恐惧，3) 群体意见的一致性，

4) 群体的规模， 5) 群体的专长， 6) 群体的内聚力。

从众行为是人类的一种普遍行为，然而中国人的从众倾向远较西方人强烈，这主要是由于：1) 几千年群体社会的生存方式使中国人对群体有了一种适应力；2) 长期的集体主义的伦理教化使脱离群体的个体行为失去了道德支持；3) 个人在群体中可以逃避责任并借以获得"法不责众"的心理保护；4) 封建专制条件下特别严酷的生存环境使人产生巨大的偏离的恐惧。因此，中国人由政治上的从众发展到思想观念的从众和风尚习俗的从众，进而发展到生活方式的从众和消费方式的从众。在中国，看热闹、凑热闹特别风行，人群的集聚往往是以集聚本身为号召的。元曲《货郎担》也说到当时的广告："无非是赶几处沸沸腾腾热闹场儿，摇几下桑琅琅蛇皮鼓儿，唱几句韵悠悠信口腔儿"，人就自然集中起来了。直至今天，一见流行就跟上，一见排队就疯抢，这样一种无个性消费的社会心理基础就是从众心理。过去这种心理是被动的，是由偏离的恐惧造成的。那时的逻辑是：大家都这样干，大家都这么说（文革中），大家都在买（1988年上海抢购吸尘器等），我也只能这样。现在这种心理是主动的，其逻辑是：这是当前流行的，一定是时髦的，所以必须跟上潮流。其实时髦在本质上应是一种求异，是对大众化的反判。但在中国，时髦是一种趋同，是对大众流行的模仿。因此，在中国做广

告特别青睐"流行"二字，什么"今年流行款式"、"国际流行发式"、"最新流行减肥药"，只要一说流行，似乎就赶上了潮流，就有了感召力。

新民晚报1996年9月10日登出："'今年婚礼流行'花园别墅开派对，12888元××宾馆。"其实大家心里明白，这种派对婚礼，全上海仅此一家，可他们竟敢用"流行"二字，实在是他们太摸透国人的从众心理了。由此看来曾国藩所谓："众之所趋，势之所归，虽有大力，莫之放逆，故日挠万物者，莫疾乎风，风俗之于人心，始乎微而终不可御者也"，似乎更像是在说中国人的消费从众心理。

(3) 崇尚礼节

与西方相比中国民间有着浓厚的送礼传统，其特点是：

1) 送礼对象广泛。从朋友之间的迎来送往，到婚丧嫁娶的礼金收受，从师生间的真情传递，到官场和生意场上的贿赂和利益交换，无不以"礼"的形式出现。

2) 送礼的物质份量重。在西方，送礼往往只是一种表达友谊和理解的辅助形式，常常只具有一种象征意义，因此礼品的物质价值并不一定很高。中国人互相之间送礼的物质份量与其实际的支付能力相比，却大大高于西方和世界其它民族。在送礼之前，人们往往首先考虑的是礼品的贵重程度和它所要达到的实际效果的平衡。也就是说，中国人更多地注意礼品的物质意义而忽略了象征性的感情交流和传达。

造成中国人过分崇尚礼节的主要原因是：

1) 中国农业文化长期稳定的群体生活与西方商业社会颠沛动荡、飘流四方的个人奋斗为主的生活方式相比，更多了一份人伦感情。西方海岛国家风云变幻的自然环境逼使人们与自然抗争，把争取人在自然界中的位置看得高于一切。中国农业社会相对稳定聚居的生活方式导致人与人的关系高于人与自然的关系，以礼寄情成为加深人伦关系的重要形式，如养生堂龟鳖丸就以"礼重情更重"作为宣传。

2) 宗法社会以血缘为纽带的社会组织形式，在早期艰难贫困的生存条件下更需要也更易于实现人与人之间的互相帮助，因此，在诸如婚丧嫁娶等人生重大事件面前，送礼本身已经更偏重一种借贷、预支的社会集资功能。经过长期的历史发展，这一功能被继续保存了下来。另一方面，宗法血缘社会的家族制和家长制形式与海岛商业利益原则相比，在利益的分配上更多了一层模糊的感情关系，与西方社会家庭内部吃饭算钱、住宿结帐相比，在中国，无论是父母长辈对晚辈的感情表达，还是晚辈对父母的孝敬，实际上常常是以"礼"的软形式来对财富进行重新分配。这是一种朦胧的带有感情色彩的权利和义务的特殊实现形式，是一种中国特色的结帐方式。

3) 长达二千多年的封建专制传统，和中国特有的政治生活方式对民间社会生活的强大影响，使盛行于官场的"送礼"风习毒化了整个社会风气。从国与国之间皇帝对所谓番属国的恩赐到番属国对宗主国的进贡，从上级对下级的赏赐到下级对上级的"孝敬"，无不是以"礼"的形式，进行的权利与物质的互换和利益的重新切割。使送礼本身逐渐失去了它的情感载体作用，而异化为一种无所不入的全社会的利益交换方式。

正是基于此，当今中国消费的很大一部分才会以礼的形式来实现。导致许多商品将广告创意的基点定位在"礼"上：如金帝巧克力在"送礼精品"的定位下，创意设计了"最佳瑞士风，只给最爱的人"的广告题，使产品在群雄争霸的巧克力市场占据了一个位置。这与巧克力在西方销售时，更注意强调"只溶于口，不溶于手"的使用功能是大异其趣的。

上海东方商厦的定位策略在众多的商厦中就显得很富有创意。由于东方商厦是上海著名的以销售进口高级名品为主的商场，其销售水平与中国当前的平均支付能力有着明显的差异。但是，如上所述，中国又是一个礼品消费的超级大国，在人情和面子的强烈氛围中，唯有作为礼品时，中国人的消费才可能是不惜代价的，因此高级进口名牌只有在礼的包装下才具有市场潜力。正是基于对中国这一民俗的深刻认识，东方商厦才以"礼在东方"进行战略性创意定位，所有的电视、报纸、招贴、POP广告、礼品包装、马夹袋的设计等均以"礼在东方"一统江山,这在万商云集的上海,是十分别致的,这一创意给东方商厦的整体造型带来了特色,也带来了实际销售效果。

(4) 道德追求

与西方高度离散型的个体社会结构相比,中国群体社会人际关系的调适方式与西方截然不同。西方是以法制和宗教二大手段进行调节,而中国则是以道德来调节,侧重于唤醒人的内在良心。几千年来,中国儒家伦理的道德出发点是内圣,由内圣到外王。唯有进行内在心灵的道德超越,达到灵魂的尽善,才能外服百姓万邦。因此,内在道德是外在征服的根本途径。中国的商家同样深谙此道。旧时的广告、店招,常常以仁义诚信标榜,如"同仁堂"、"普善堂"、"积善堂"、"博善堂"、"功德林"、"仁济医院"等等。都想以仁字来冲淡商业的铜腥,给消费者以好感。因为中国人有一种本体上的对道德良知的认同和渴望。

直至今天,广告中的温情总能打动消费者内藏的道德情感,从而对该商品产生好感。江中草珊瑚含片电视广告的创意设计就内含了这种温情主义道德观,让人产生一丝感动,再通过移情作用,将这份感动自然地过渡到广告的真正主角——草珊瑚含片上。

上海奥美广告公司创意设计的"百服咛"以找一个做好事不留名的人为题,演绎了一则中华民族传统美德剧,同样触动了人们在唯利是图的商业社会中内心仍然保存的一份对人类互助友爱、默默奉献的感激之情。所以这则广告才会获得1996年上海优秀广告电视、广播一等奖和报纸二等奖的殊荣。见图3-2、图3-3。

可见,恰到好处地表现人类的善良美德,比较容易被中国消费者接受,也比较能使人对产品本身产生信任感。

2. 社会价值观——权威意识

与西方民族相比,中国人具有较强的权威崇拜和等级观念。这是由于:

一方面,相对封闭的地缘条件限定了中国人的世界意识。长

图 3-2

图 3-3

期以来,人们一直在一种"普天之下莫非王土,率土之滨莫非王臣"的地理背景中生存,导致对国家、王权、等级的千古不变的统治秩序的认同。

另一方面,封闭定式的大河农业生活是专制集权帝国产生的温床,出于对外族入侵的防御要求,和对整个黄河水系整体治理的历史需要,中国大河农业文明很早就完成了对民族力量的集结,产生了中央集权的统一帝国,而没有走上西方海岛国家政治经济多元化的道路。由此,长期在一种强大的、先定的政治秩序和相对稳定的农业方式下生活,中国人的社会历史观和社会价值观就不可避免地打上了权威意识的烙印,这一烙印的特点是:

(1) 权威意识

一切凌驾于单个个体之上的组织形式及其派生物都成了中国人的崇拜对象。这种崇拜是一个整体,包括:国家崇拜、皇权崇拜、圣人崇拜、书本崇拜、正统崇拜、历史崇拜等。其中对广告创意而言,特别值得注意的民族崇拜形式主要为:

1) 国家崇拜

古代中国的国家崇拜表现为对国家上层建筑的震服和恐惧。随着文化的发展和近现代革命的洗礼,中国人的国家意识转化成了对故土,对国家和民族的强烈感情,对国家和民族尊严的终极关怀。广告创意若能契合中国人这一深层心理,往往会产生意想不到的效果。美国通用公司雪佛莱"子弹头"进入中国时,广告标语一反常态地既不讲雪佛莱的高性能、高质量,又不吹嘘自己的销售额和售后服务,而是打起了"感谢你,中国"的大旗。这一创意的原始主意是美国通用公司在中国的广告代理——奥博公关公司北京代表处的张必宏出的,当他把这个主意告知美国总部后,通用总部的答复是:妙极了,立即照办。这一巨幅标语在北京和天津打出后,获得了极大的轰动,很快成了新闻媒介关注和市民议论的焦点。一位广告界人士说,美国"通用"这一招既赚了钱,又赢得了中国人的心,真是一个绝妙的好主意。事实上,国外许多产品广告进入中国时都很善于运用这一题材,以满足中国人对国家和民族尊严的心理保护。西门子移动电话通信公司的中国广告词为:

古老文明,人类共创,

西门子通信技术,
人类共享。

长城烽火,
传信万里,
西门子移动电话,
一触即发。

新技术对中国文明的进入并不取咄咄逼人之势,而是迂回地将中国文明的伟大创造融入字里行间,这确实是明智的。施乐复印机的电视广告之所以在第 34 届纽约国际广告节上,从来自 47 个国家的 7000 多条电视、电影广告作品中脱颖而出,获得决赛权并进入前四名,其主要原因之一,也是由于把历史和现实、光荣与梦想融进了同一个画面:

经年累月伏案抄写经文的中国古代和尚——发明活字排版印刷术的宋代科学家毕升——1938 年发明静电复印技术的美国人切斯特·卡尔逊——身披袈裟又手提公文包的"当代和尚"在宇宙里自如地操作复印机。古今中外,上下几千年,纵横数万里,被如此举重若轻地组合在短短几十秒的画面之中。看似不经意,却明明白白地展示并阐明着"古代文化与科技的继承和发展,中外文化与科技的交流与融汇"的观念。从画面之间明畅如行云流水一般的衔接转换,到画面的袈裟与公文包、宇宙与复印机、画中有话,其中暗喻的是中国与世界,古代文明创造与当今技术革命间的历史逻辑,令人回味无穷。这则广告无论创意还是表现技巧,都堪称大手笔。

总之,从接受心理学角度观之,中国人对上述特定广告表现手法的接受,正是因为这些广告暗含着可能被中国人创造性接受的条件,即从这种暗示中获得一种深层的心理联想,这一心理正像中华牙膏所巧妙表达的:"四十年风尘岁月,中华在我心中"。

2) 权威崇拜

由国家崇拜而导出的对国家权威及其派生物的崇拜是中国人权威意识的一大特点。这种崇拜包括:

① 对国家的人格化身——皇帝的崇拜。几千年来皇帝或皇权崇拜在中国有着深厚的社会基础,比之西方及全世界大多数的宗教国家,由于我们没有创造出自己的宗教神——上帝,因而世俗权力的最高代表就被赋予了人格神的光圈,既代表了国家和法律,又成了民族意识和精神凝聚的象征,具有了宗教的偶象功能。这种具有宗教性质的皇权崇拜,使皇帝的个人意识和好恶成了世俗社会一切价值和审美的终极标准,从古代社会的"上求材,臣残木;上求鱼,臣千谷,城中好高髻,四方高一尺,城中好广眉,四方且半额",到文化大革命中服装、发型、颜色的全国一统,无不印证着这一传统。直至今天在商业以及广告的宣传和包装中,仍然大量充斥着皇帝、皇品、龙等标牌甚至宫廷用膳和用品的大量假性复制。在旅游业,皇帝以及名人足迹和题词更是中国特有的旅游资源,是广告发掘的金矿。

②对国家权力及其派生功能的崇拜。由于几千年中国的官营官商传统和几十年政企不分的经历,中国经济生活中未能发育出健全的民间行业组织和专业协会及其评价系统。因此商品的性能和质量认证在古时常常是以皇帝和名人的随机评价为转移。在今天,则大量地通过政府权威部门的鉴定。消费者由对国家权威的崇拜而认可国家权威部门的指证。(这样可以减少受骗上当的几率),因而导致企业和产品的广告宣传过多的依赖于此。许多广告的最实质部分都是宣传该产品曾获得省级、部级鉴定、得到省优、部优、国优产品的称号,并以此获得产品本身的权威和品牌效应。如某汽车厂新推出的卡车电视广告,以一枚巨大的"国优"奖章开始并作为衬托伴随数秒钟;广东产的"××"床垫广告也一口气列出五个奖证;某酒广告也以"第29届布鲁塞尔金奖"结束。此类现象中恐怕得以"××牌"洗衣机广告最为突出,它用较大的篇幅列出了这些证书、荣誉:××市第一家洗衣机出口基地、轻工业部优质产品证书、国家经贸委优秀新产品奖、××市名牌产品称号、××市优质产品证书。这种处理看上去似乎增加了产品的可信度、权威性,但究其原因还是崇上心理与借势压人的官本位意识作祟。

③ 对国家意志的载体——传媒的崇拜。由于历史和现实原因，中国传媒大都是以国家和组织形式主办的，正是基于这一点，人们对这些传媒的商业内容抱有很大的信任度。因为在人们的观念中，报纸、电台等是国家办的，是代表国家的，报纸上说的总没错。报纸、电台等传媒所代表的行政级别越高，可信度就越大，广告的效果也越好。因此，在高级别的传媒上作高投入的广告，其效果往往是成正比上升的。西冷冰箱在文汇报的头版整版广告和酒类广告在中央电视台黄金时段的疯狂竞标就充分说明了中国人对传媒的认同程度。

④ 中国人的权威崇拜由于是非宗教性的，本质上不是一种信仰而是一种迷信。这种源于对权威的恐惧和寻求安全需要的社会迷信，从早期的生存策略逐渐发展演变为一种思维定势。受此影响，中国人的崇拜对象辐射到了社会生活的各个方面，不仅有对皇帝、皇权、国家、圣人、名人的崇拜，更有对历史、传统、正统、正宗的观念崇拜，近代以来，又逐渐形成了对西方文化及其物质载体的崇拜。这种崇拜在社会的各个层面都有表现。在理论界学术界，只要说某种观念或理论正是当今西方学术界风行的，就似乎得了尚方宝剑，立刻也风行起来。而要想贬损某一理论，只要说这种理论在西方正在走下坡路或已经过时，对方就受到了致命的打击。在社会生活中，许多人更是唯西方是从，早些年魔方的风行和牛仔裤的大规模流行便是一例，甚至可乐的风行，从某种角度而言也是青年人对美国文化的认同。正如怀特所说："可乐代表美国的精华，喝一口可乐就等于把这精华罐注于体内，可乐瓶装的是美国人的梦。"年青人对可乐的接受正是由于可乐广告对美国文化的造梦功能契合了年青人潜意识中的对美国文化的崇拜。为了迎合和利用这一盲目的崇洋心理，许多广告就着意刻画和营造一种西方气氛和风格，以达到对消费者的某种诱导。如房产广告中对所谓的欧陆风格大肆渲染，汽车、高尔夫球、健身器材、服饰、化妆品以及旅游、饮食等广告中对西方生活方式和审美观念的无原则推荐，都有意无意地利用了一些中国人的崇洋心理，甚至在商品包装设计上，明明是中国产品，也硬

以英文字母标出。至于商品、商场、店家的冠名中用所谓的哈立克、曲奇、拿破仑、克里斯汀等洋名洋招者更是铺天盖地，如汪洋大海。以至于连中国自己的中秋月饼竟也出现了洋名，什么"圣爱娜广月"、"维邦月饼"、"日本式迷你月饼"，不一而足。这里，不仅有广告创意对民族心理的适应问题，更有一个对正确消费观念和文化意识的引导问题。

(2) 等级观念

中国封建专制统治的政治架构是极其森严的等级秩序。这种等级秩序由秦而下，历经两千余年，为各朝所承袭，并愈演愈烈，到晚清时期，等级秩序及其观念已经渗入了政治、经济、文化和社会生活的一切领域，逐步衍变为一种深刻的文化存在。以至世间的一切，无论星辰日月、飞禽走兽还是花卉鱼虫，只要被摄入这一政治架构的视野，便成为特定的等级符号，具有特殊的等级意义，成为等级尊卑的识别工具。

明洪武二十四年（139年）朝廷规定，各级官员朝服上所绣鸟兽图案必须严格按尊卑秩序排列，凡文官，均绣禽鸟，一品绣仙鹤，二品绣绵鸡，三品绣孔雀，四品绣云雁，五品绣白鹇，六品绣鹭鸶，七品绣鸿鹄，八品绣黄鹂，九品绣鹌鹑，杂职绣练鹊；武官则绣猛兽，一品绣麒麟，二品绣狮，三品绣豹，四品绣虎，五品绣熊罴，六品和七品绣彪，八品绣犀牛，九品绣海马。可以想见，这种等级尊卑的象征符号历经500多年，将会如何地在意识深层形成人们对禽兽的等级偏见，以至于今天的广告及企业标识大都用上品级的仙鹤、绵鸡、孔雀、凤凰等，而鲜有用黄鹂、鹌鹑、练鹊的。

严酷的封建秩序及其对符号的垄断也强化了颜色的等级观念。隋代制定的"品服衣"制度，以后一直为各代所袭用：最高统治者——皇帝的礼服为"拓黄"，平时服朱，三品以上服紫，四、五品服绯，六、七品服绿，八、九品服青，一般庶民则只能穿白衣、青衣（蓝色或黑色的布衣），所以童仆又称"白衣人"，婢女称"青衣"。

在生活起居上，封建等差更是森严。如轿子，在清代，凡亲王坐的明轿,其定制必须木质、镏金、不置帷幔,盖、辕、杆均漆成朱红色。清初还规定到如此详细的地步,亲王明轿只能宽3尺3寸,直杆、横杆、撑杆各只能2根,不得超出。其余各品级的官也都有相应的标准,就连抬轿的人数也作了规定,郡王以下、贝勒以上用8人相抬,铺国公以上则允以4人相抬。

同样,清时的伞扇之制也极为严格。亲王用红罗绣四季花伞、红罗绣金瑞草伞、红罗绣四季花扇、青罗绣孔雀扇各二把;郡王则无四季花伞,其余同亲王;贝勒无红罗绣金瑞草伞、红罗绣四季花扇,其余同郡王;镇国将军用杏黄伞、青扇各一把,五品以下的外官用蓝伞、青伞各一把;杂职与武职六品以下则无伞。不同地位的人,所用伞、扇的颜色、质地、形式各有区别,不可僭越。

在封建社会,中国也是世界上仅有的以建筑形式区分人的等级的国家。就住宅名称而言,皇帝的称宫,以下按人的等级分别称为府邸、公馆、第、宅、家。各等人住宅的间架、高度、屋顶、彩画、装饰都有不同的等级规定,就是一组建筑之内,正、侧、厢、耳、门、厅、廊、偏各房也各有等级,不得次高于主。如明清二朝规定,六品官以下至庶民,住宅正房只准三间,五品六品五间(所以北京城内大片住宅区里大都是三五间的房屋)。至于五品以上的高官,其府第更是等级森严,甚至连门钉都有规定,门钉数量越多,等级越高。如清代规定:皇家宫苑门扉金钉9路,每路9颗(至今紫禁城内各门门钉都是横竖9路),亲王府的门扉金钉竖9横7。往下逐级减少,到候一级就横竖各5颗了。

人活着如此,人死了也不例外,在坟园占地面积、坟丘高度、墓碑形制、神道石刻以至棺椁祭器都有相应的等级规定,如据《白虎通·崩薨》记载:"天子坟高三仞,树以松,诸侯半之,树以柏,大夫八尺,树以栾,士四尺,树以槐。"又据《唐六典》载:"五品以上之碑,螭首龟趺,趺上高不过九尺,七品以上立碣,圭首方趺,趺上高不过四尺。"

几千年森严的等级秩序及其外在的符号系统强化了中国人的

等级尊卑观念。这种等级观念在新的社会环境中仍然残留着它的影响,在商业消费和宣传中,也常常暴露出这种深层的民族心理,在轿车广告和房产广告的宣传上,等级塑造和诱导往往成了重要的促销手段。有些商品为了争上等级,更不惜以价格作最后的手段,以强行制造等级。

如极品沪洲老窖 2888 元一瓶、一瓶五粮液 10000 元、上海男士令衬衫 5999 元一件,中国昆明"高丽"时装店更是推出了标价百万元一件的羊毛大衣,以示其商品及其店家在中国羊皮销售上的至尊等级。这种做法已经破坏了正常的商品和广告竞争,是封建等级观念的恶性发展。

(3) 强烈的博采心理

在中国,搓麻将的人口占总人口的比例已经达到极为惊人的数目,特别在台湾、香港以及较为富裕的我国东部和南部省区,麻将已经演变为某些成年人业余生活的主要形式。造成好赌的原因是复杂的,从历史上看,主要起因于:

1) 严酷的专制和封建等级制极大地限定了人们的生存方式,以血缘为纽带的宗法继承关系和官官相护、裙带风、世袭制强化了森严的封建等级秩序,这就历史地阻断了下层千百万劳动者以自己诚实劳动和智慧改变自己命运的机会,结果就形成了一种强烈的社会渴望,人们希望平等、自由,希望摆脱那种先天的血统束搏,而赌博正是渲泄这一愿望的最好形式。因为在赌博中,参于搏奕的双方暂时是平等,骰子的运转是随机的、自由的,它并不遵循先定的秩序和安排,它不承认万古不变的血统和与生俱来的压迫,它蔑视一切必然性的力量,它用令人心动的转动冲击着历史给人的不公正的命运,它暂时地唤醒了沉睡在人类意识深处的被群体观念长期窒息了的个体的尊严和对平等、自由的内在渴望。因此,赌场成了铁板森严的等级社会的一块飞地,成了平复人们心灵创伤的精神圣地。

2) 与海岛国家可以向外扩展寻求新的生存空间和草原牧业文明通过迁徙发现新的牧场相比,中国农业文明的生存空间是既定的,因为土地是不可能被发明和创造的,只能一代一代继承,这种相对限定的生存方式，影响了中国人对财富和利益获取方式的看法，既然不能以勇敢和智慧向大自然索取，那就转而向内从社会夺得，于是人与自然的矛盾就转化为人与人的矛盾，在财富（如土地）总量限定的情况下，人们转而追求财富的重新分配。而赌博就是在不增加总量的前提下对利益的重新分割。以此理解，赌博在本质上可以看作是早期农业文明财富分配方式的缩影和预演。

在这两个背景下所形成的中国人的赌性，经过数千年的延续和积淀，仍然强烈地影响着现代的人们，致使许多商业推销和广告宣传就大量迎合着这种民族心理，无限制地推出各种令人目不暇接的金奖、大奖、特别奖。上海著名的大千美食林刚推出"吃月饼，赢金牌——9999千足金"，超级麦溶片又打出"每周五人大奖摇、摇、摇"，各奖3000元。

百事可乐一推出"七喜摇钱数万家，百事多福迎财神"的300万元"天天对奖，天天重赏"的设计，可口可乐马上应战，搞出"金奖连环迎奥运，二十连环大抽奖"的宣传攻势（图3-4）。各行各业，各种商品似乎唯一的销售思路就是大奖，NEC寻呼机"幸运旋风重重奖"，刚一露头，波密订货热线就连续八周打出"8888波密发狂奖不尽，多媒体电脑大出击"的旗号……。

这种千篇一律、铺天盖地的以奖促销，不能不说是对中国人赌博心理的迎合，这其中虽也有新思路不断涌出，但从整体上看，却是对广告创意智慧的扼杀。

3. 自然价值观——天人合一

与西方海洋文化人与自然的敌对关系和征服关系不同，中国温带的农业文明及其长期稳定的自然耕作方式是以人与自然和谐相处为前提的，反映到哲学上，中国哲学的终极理想之一是追求天人合一的境界。这种天人合一观认为：首先，自然与人，物与我在本质上是属于一体的。程明道说："天人本无二，不必言合"，因此，"天道人道只是一道"。其次，认为天地万物按照自己的本来状态发育发展，生灭循环，这是宇宙的根本之道，是万

图 3-4

物之本性，人只能体认自然的本性，而不能加诸自然。庄子的"无为"自然观就提出："不以人助天"（《庄子·大宗师》），"无以人灭天"（《庄子·秋水》）。第三，师法自然而后相辅，最终归顺自然。老子提出"人法地，地法天，天法道，道法自然"。《周易大传》中《象传》说："天地交泰，后以裁成天地之道，辅相天在之宜，以左右民"。《文言传》说："夫大人者，与天地合其德，与日月合其明，与四时合其序，与鬼神合其吉凶"。都是强调人与自然和谐相处，向自然学习，依照自然的规律。这种天人合一的自然观对中国人心性的影响是深刻的。

(1) 崇尚自然

中国人天人合一自然观，视自然宇宙及万物皆为有情，即所谓"天地含情，万物化生"（《列子·天瑞篇》）。对自然抱着一份心心相印的感情，庄子的"观鱼之乐"，苏轼的"其身与竹化"，辛弃疾的"我见青山多妩媚，青山见我亦相似"，以及程明道因窗前茂草而见"造物生意"等，都反映了中国古人对自然宇宙有情的看法，反映到文学艺术上，以自然为表现主体，将人的感情溶入自然景物之中以达到主客交融，物我合一，天人无隔的大境界是中国文人的最高追求。陶渊明的"采菊东篱下，悠然见南山"，元好问的"寒波澹澹起，白鸟悠悠下"，以及王右军的"兰亭集序"等都是中国古代文学中"天人无隔"的典型，体现了中国特有的审美价值。此外，梅、兰、竹、菊、鹏、鹰、燕、草、木、霜、雪、高山、流水等一切自然物均跃然纸上，成为艺术家的重要题材。"明月照积雪"、"大江日月流、澄江静如练"、"玉绳低建章"、"池塘生春草"、"秋菊有佳色"等等，"俱千古奇语，不必有所附丽"。顾恺之有《鹅鹄图》、《筒图》、《鸳鸟图》等名作，都是独立的花鸟画。甚至一块石，一株草、一棵藤，一抹淡云，一缕青烟，一座古桥都成为立轴的好材料。可以说，中国画自六朝以来均以"自然"为主要题材，以物为点景。尤其在山水画中，间或在溪畔或桥上描一人物，这只是点缀而已，其目的在描写广大无限的自然风景，这与西方以"人物"为主要题材，以"自然"为点景恰成鲜明对照。西方绘画艺术从希腊时代一直到文艺复兴时期，没有一幅不以人物为主题，间或人物背后描一点树木景物，亦不过点缀而已。相反，中国艺术，无论诗、词、赋、画，都强调物我一律的"自然观照"。反映到今天的广告创作上，以自然美景传达出天地造化的力量以唤起人对这一造化的无限深情，往往能起到特殊的效果。如《深圳特区报》有篇《广告美谈》的文章，内中一段说：

最近，电视台播放过一则企业广告，画面是湍急的河流、巍峨的高山、繁茂的森林和广袤的草原，伴奏音乐则给人以深远辽阔、如诗如梦的感觉。图象和音响效果的完美结合，牢牢地抓住了观众的注意力，以为这是一部波澜壮阔的历史剧的片头，于是急切地等待着剧情的展开。谁知这"剧情"却只有一句含义深刻、令人回味无穷的话："原野：最初也是最后的选择"。"剧"的结尾道出的庐山真面目是：

"深圳原野实业股份有限公司"。

整个广告过程，通过音乐和画面，仿佛把人引入了朦胧遥远的生命诞生地——原野大地。让人重新体悟到一种生命的创生和对生命的母体——自然宇宙的感激之情。

　　生灵和大地原本一体，心性自然是相通的。如张载说的："天地之塞吾其体，天地之帅吾其性，民吾同胞，物吾与也"（《张载集·乾称篇》）；朱熹谓"天地以生物为心者也，而人物之生，又各得夫天地之心以为心者也。……此心何心也，在天地则盎然生物之心，在人则温然爱人利物之心，包四德而贯四端者也"（《仁说》）；王阳明谓"仁人之心与天地万物为一体，䜣合和畅，原无间隔"（《答顾东桥书》）。广告所唤起的正是这种心物合一的境界，也只有这种境界，才能领略自然宇宙的生物气象，得到天地的仁爱与广大，使人的生命趋于至善，使人的精神得到提升。而这一人生与自然相和谐的境界，一直是中国人文精神所追求的目标。

　　(2) 和谐安祥

　　正因为在人与自然的关系上不是外向的、扩张的、攻击性的，受此影响，中国人的内在精神在总体上是平和的，安祥的，表现为：

　　1) 静态的。长期相对平静的农业生活方式熏陶了中国人的心智，道家的"无为"观和禅宗对外部物质生活的精神超越养就了中国人对一种宁静生活秩序的爱好，中国人不太习惯剧烈的外部冲突和动荡，更适应一种内在心境的安宁。中国人的审美趣味不太欣赏太阳的大动，而更喜欢月亮的宁静。与这一民族心态相适应，无论是中国的电影、电视、MTV，还是广告的表现方式，都与西方截然不同。我们不太习惯那种令人目眩的对画面的瞬间切换和声嘶力竭的呐喊，我们更欣赏一种静态的、渐进的、唯美的画面和音乐表达。我们不太习惯那种超现实主义的恶性刺激。如西方一则宣传专治乳腺炎的药品的电视广告节目，让一个患乳腺炎的妇女找医生看病，电视中出现了这位流着脓血发烂的乳房的镜头，画面又是以大特写推出，高度质感的腐恶被直观放大，令人恶心。更突出的令人恶心和恐怖的是一幅将一只大毒蜘蛛放在人脸上的照片（图 3-5），虽然达到了刺激注目的效果，但却毁灭了人心中的美感。

2）祥和的。正因为中国不是向外追求冲突与对抗，而是向内寻求灵魂的安宁与平静，因而中国人并不欣赏那种血淋淋的暴露和惨不忍睹的屠杀。一个鲜明的对比是：西方的上帝——耶稣被钉在十字架上鲜血淋漓，遍体鳞伤，奄奄一息；而中国的菩萨却雍容尊贵，气宇轩昂，红光满面，一副乐呵呵的样子，二种完全不同的民族象征符号，暗示着二种文化不同的民族心理。西方文化强调的是万死不辞的进取和悲剧性的毁灭，中国文化追求的是

图 3-5

以柔克刚的融合和生命的安祥。表现在广告上，中国人对喜庆氛围有一种偏爱，不管是皇品排骨鸡面对人声鼎沸的老式茶馆、饭店气氛的营造，还是喜临门酒对鼓乐齐鸣的婚礼场面的渲染，都是以一种特殊的祥和热闹的气氛作为背景来烘托的。在这喜剧文化氛围的背后，是人们对早期群体人伦生产方式的向往和对吉祥命运的祈祷。祥和不仅是一种外在的氛围，更是中国人对幸福和生命本质的认识。既然不能通过外在的征服获得欢乐，就只有向内祈求命运的如意，与这种心理相适应，中国的广告中有着大量的以吉祥为诉求的作品。

如上海有宝大祥布店、协大祥布店、大鸿运饭店、永顺祥礼品店，北京则更有特色，中药店有"同仁堂"，烤鸭店有"全聚德"，饮食业有："鸿宾楼"、"又一顺"、"东来顺"等等。由于店铺对这方面名号的需求很旺，清人朱彭寿干脆在其著作《安乐康平室随笔》里把名目繁多的吉祥字号取义，编成一首七律诗：

顺裕光隆瑞永昌，
元亨万利复丰祥。

泰和茂盛同乾德,
谦吉公仁协鼎光。
聚益中通全信义,
天恒大美庆安康。
新春正合生成广,
润发洪源厚福长。

直至今天,国内广告仍喜欢以吉祥招睐顾客,上海豫园商城的黄金首饰广告就以"老庙黄金给您带来好运气"作宣传。法国人头马进入中国也用"人头马一开,好运自然来"招睐顾客。麦当劳更是以"六六六大顺!你就是其中之一"这种中国人对命运特有的祈祷语作宣传,以切入中国人的心理。

4. 知识价值观——思维方式

思维方式不仅指思维的形式和方法,更是与每个时代实践活动的对象、目标相一致的思维的内容与形式、结构与功能的统一体,是由一系列基本观念所规定和制约的,被模式化了的思维的整体形式,是特定的思维活动形式、方法和秩序的总和。各民族由于所处的生存环境和所面临的问题不同,对问题的反应方式也就不同,由此而形成的总体的思维方式也就不同。以西方作参考,中国人的传统思维方式主要有如下特点:

(1) 功利性思维

中国古代学问与西方学术相比最大的特色之一就是"致用"原则。早期希腊人探究世界最大的目的是好奇,他们有一种对思维和理性的爱好,对智慧本身的热情,而不太注重学术成果的功利价值。中国人潜心学问的最终目的,不是建立抽象的知识体系,而是为了"经世致用"。儒家理想主义者格物致用的最终目的是为了修身齐家治国平天下,以达到一种全社会的功用,因此,中国智慧追求的是知识和学问的结果——实际的使用价值。这种知识论上的功利主义逐渐形成了一种追求实惠的功利主义价值观。受这种价值观的影响,中国人的消费心理比较容易接受一种小恩小惠的、琐碎的、相对节俭和实利型的推销宣传。如上海

冠生园的广告:
> 星期六的吃法
>
> 星期六是上海社会里一个很快活的日子,也是游、宴的最适当的时候。等闲的虚度了,那是很不值得的。假使我们在这天,亲友中没有什么玩意儿,我们还是讲求实惠,图谋口福为佳。但是口福怎样去图谋呢?喏,最好到南京路冠生园饮食部去,任意拣些;
>
> 广州酒菜,经济菜品,太空食品,诸侯卤味,三蛇龙凤会,奶粉猪油包,星期美点,或广州锅饭,伊府大面,水饺馄饨,或牛奶可可,电炉浜格,香蕉夹饼,冬令原盅补品等。
>
> 随意吃吃,或腻友小叙,或宴会亲友,尝尝天下至味,这真是再快乐没有的啊!

广告恰到好处适应了中国市民社会特有的智慧,撩拨了一种具有较大普遍性的市民趣味。1991 年 11 月 26 日《报刊文摘》上的《现代家庭报》广告更表达了一种贴心的实惠感:

> 现代观念现代风　　现代知识现代味
>
> 　　想想:实用!　　现代家庭报
>
> 为民办报,心系万千家,发行量在全国同类报刊中领先。她专门研究各种家庭多层需要,精心设计近百个栏目,使人一报在手,收益似多报。
>
> 　　品品:实在!　　现代家庭报
>
> 以心换心,得道自多助。首家实行评报有奖,月月公布,集中社会智慧办报,这是她广受欢迎,连年载誉全国十佳报纸行列的重要原因。
>
> 　　算算:实惠!　　现代家庭报
>
> 率先实行偿报于民,报坛传佳话,凡保存全年报纸无损缺,按七折回收,这样一年只需半包烟钱,就可以全家享用。
>
> 　　多姿多彩　　　　独家特色

(2) 具象性思维

中国人不太习惯那种抽象的演绎逻辑，不愿意进行希腊式的永无止境的纯粹的概念推理。中国人更习惯于用一种非逻辑的通感直接把握事物的本质。这种思维方式不需要对事物进行概念的提取和抽象，只借助于对具体物象的整体性把握，从而获得一种高于逻辑的直觉体验。因此中国人更容易对一种非抽象的经验事实发生兴趣，并直接推出判断。

在食品广告中，中国人对所谓"挡不住的感觉"，就感觉很玄。相反，宋代诗人苏轼的"馓子"诗，作为一种广告体却更易引起中国人的食欲：

纤手搓来玉色匀，
碧油煎出嫩黄深。
夜来春睡知轻重，
压扁佳人缠臂金。

诗中不但展现了先"搓"、后"煎"、再"缠"的生产过程，更具体地将"纤手"、"玉色"、"碧油"、"嫩黄"等极富质感的色彩呈现在人们面前，"夜来春睡知轻重，压扁佳人缠臂金"，更是用拟人的手法将馓子描绘美丽佳人的玉臂，而且这香酥的玉臂在"芙蓉帐暖度春宵"中更别有一种伸手可触的精神上的实感。

台湾《联合报》一则以《捐血》为题的广告诗同样是以具象化的语言，将人类崇高的行为"视觉化"。

让自己的血球，
在他人的心脏脉管内
感动太阳的生命。

献血永远和高尚、奉献、爱、生命联系在一起，本来是有一定的抽象性，但这则广告诗却把这种充满爱的液体生命量化为一种更有实感的血球，在他人的心脏和血管里脉动，给人一种强烈的生命与生命互相交融的震撼感。

5. 性价值观——中西差异

性是广告特别值得重视的课题之一。许多国际性的广告组织和广告商，通过大量的广告实践及对广告心理的研究，得出的结论是：性、美女、金钱是对人的视觉最具冲击力的三大要素。印度哲学家奥修认为，人类对性不仅有最高的注意，而且有着最深刻、最持久的记忆。他说：如果追问你许多年前在火车上曾遇到过一个人，你可能已经忘记这个人的名字、相貌、衣着、国籍、年龄、地位……但你永远不会忘记他的性别。为什么所有的东西最终都可能从记忆中抹去，唯有性别保存下来了呢？那是因为对性的知觉根深蒂固地深植在你的灵魂里，就这一点而言，性观念及其民族差异在广告表现中具有重要意义。

中西性观念的差异主要表现在：

(1) 对性的基本态度

西方人重视性行为本身，强调性行为的运动过程，即获得性快乐。中国人重视性行为的结果——生育，把性行为作为手段，认为只有以生育为目的的性行为才是道德的。

由于性是人类得以生存和繁衍的基本条件，就终极意义而言，人类的生命是通过无数个体间的性活动得以延续的。因此人类的目的是性活动的结果——生育，至于个体间的性生活和由此带来的快感则只是人类的手段。中西性观念的本质差异在于：在中国，个体的目的与人类（群体）的目的是同一的，都是将生育作为目的；而在西方，个体并不认同人类的目的，个体往往是将人类的手段（即性活动及其快感）视为目的，而生育和由此而带来的种群的繁衍只是性活动的自然结果。一个意外的收获，并不重要，重要的是个体是否快乐。

二者的差异表现在婚姻观上，西方认为婚姻的首要目的是性。康德对婚姻的定义颇具代表性，康德提出："婚姻是男女双方性的相互作用的法律协定。"这种把性本身作为婚姻的终极目的的价值观暗示了西方社会对性的哲学认识："性是性的目的。"正是基于这种价值观，黑格尔才会说："性关系客观上是有生命的自然界的顶点。"费尔巴哈也才会说："自然界的美全都集中于、而且个性化于两性的差异上。"

相反，中国人认为婚姻的首要目的是生殖。在中国人的词汇中，不但很少涉及性，更具有象征意义的是，把性器官（Sexual Organs）称为"生殖器"，这并非文化之笔误，它深刻地反映了一种潜藏着的性观念,即性器官的全部功能仅仅是生殖。反映到刑法上,《孝经·五刑章》规定"五刑所属三千,而罪莫大于不孝",而"不孝有三,无后为大",于是"无后"便顺理成章地成了万恶之首。

因此,中国人很难接受广告中出现不利于传宗接代的词汇和暗示,更难以理解英国人竟将吉菲牌避孕套的广告做到撒切尔首相父母的头上,这其中的性观念差异是巨大的。

(2)在性爱的投入程度上

西方常陷入本体性的狂热,置其它一切人生目标于不顾。中国人常表现出策略性的冷静,在人生目标的抉择上易将性爱作工具性权衡。

西方对性爱的超功利投入甚至在最具保守性的圣经中也难隐其端,《旧约》(《雅歌》第八章六至七节)就直言不讳地说:"爱情所发出的电光是火焰的电光,是耶和华的烈焰。爱情,众水不能熄灭,大火也不能没"。也许,正因为有包括宗教在内的西方文化为性爱提供道德上的庇护,有整个西方为美丽绝伦的海伦掀起的一场长达十年之久的战争所树立的历史样板,英国爱德华八世才有勇气去完成一场宁要爱妻不要社稷的"革命"。这场"革命"也恰到好处地为叔本华的宣言作了注脚,叔本华说:"爱情事件是和平的原因,也是和平的目的"。

相反,在古代中国,除了生殖,性本身并不具有本体性价值,从历史角度看,它更具有一种工具意义。因此,西方可以为女人挑起战争,中国却宁愿用女人换取和平,昭君出塞、西施献身就是这一性爱观念的逻辑结果。

在西方,当罗素在自传中说:"对爱情的渴望,对知识的追求,对人类苦难不能遏制的同情心,这三种单纯但又无比强烈的激情支配着我的一生"时,他无意间表达了一种西方的价值顺序。

相反,中国人常将爱情和事业割裂,并牺牲爱情以成全事业。大禹十三年治水三过家门而不入的寓言,所透出的集体潜意识就是一个象征。于是在中国,为了成全事业,将爱情作抵押便衍变为一种广泛的社会行为准则,并被中国道德所认可;当事业和爱情不能两全时,"舍不得娇妻,做不得好汉"便成为一种极端的伦理导向,并塑造出特定的中国人生哲学,即"好男儿不近女色",因为"情之溺人甚于水。"因而在中国人的广告中,将爱情、性作为人生最重要的追求目标来宣传是不合国情的,因为它有悖于中国人的传统价值观。

(3) 在性的表达方式上,西方崇尚直率、暴露,中国偏向含蓄、回避。自从希腊时期把性从神学中解放出来之后,西方社会便提倡一种轻松愉快的给人带来肉体和精神享受的性观念和性活动方式,西方的绘画、雕塑、音乐、舞蹈以及社会生活的各个方面对展示性特征表现出持久的热情。如雕塑,当中国的作品还在宗教题材和五权的象征符号(如狮龙)之间徘徊时,西方兴趣早已集中到充分发掘和展示人类的性特征上,并特别突出了胸部、臀部和腹部的造型,以至达到了登峰造极的高度。与此成强烈对比的是,两千年后的中国,军阀孙传芳竟还禁止美术学院的学生看"不穿裤的姑娘"。这就提示了一个与西方截然不同的传统,即中国意识并不鼓励暴露性特征,倾向含蓄,常用娴静、端庄、文雅等具有羞涩含意的语言符号赞美女性,甚至提出"若要俏,常带三分孝"。这种审美感受更潜藏着深深的性回避意识,即不直接表现性特征,否则就是一种淫恶。

表现在广告上,西方热衷于大肆暴露性特征,一则"说得到做得到"的广告倒是颇富创意,一幅巨大的海报,上面画着一位穿着三点式游泳衣的漂亮女郎,向过路行人微笑,身旁写着"第二天我把上边的脱去",当好奇的人们第二天去看时,果然上面的已被脱去,露出健美的胸脯,女郎身旁又有一行新的说明:"两天以后我把下面的脱去"。两天以后,人们再来到这一海报面前时,映入眼帘的是一个转过身的女郎,已经一丝不挂,修长的身材在晨曦中闪过健美而富有性感的光芒。下面又出现一行字:"未来的海报广告公司说得到,做得到"。这种广告也只有在西方性文化背景下才能说得到,做得到,正如澳大利亚某旅游广告,可以将自己国家拟人化为美女,在招贴画上印着一个胸脯丰满的裸体女郎,并配上相应的文字:"澳大利亚真美丽"。相反,中国广告,即使是女性商品广告,也不能坦而言之,而以含蓄的方式表达,则更宜被接受。如恒安实业有限公司生产的安乐牌卫生巾广告,就是以"我是谁?我要做什么?决定在我"这种特有的中国方式来表达,虽然过于含蓄,但中国智慧理解起来并不困难。陕西的一种妇科药品"三八妇乐"进京销售,在媒体上做广告时,为了避免直露而绞尽脑汁,终于想出一句广告口号:

你知道我在等你吗?

这则朦胧的广告同样引起了广告评论界的注意。

总之,性是一个民族最敏感的神经之一,它隐隐地但又极其深刻地影响着人们的生活方式和历史进程。西方文艺复兴是从冲破中世纪宗教禁欲开始的。中国"五四"新文化运动初期,"冲破礼教束缚,争取恋爱自由"的口号,同样成了人性解放最具感召力的旗帜。各民族文化之间的交流,性观念的碰撞常常是最具冲突性的,在广告的创意制作上,必须充分注意它的敏感性,如中国人一般比较忌讳中国女影星与西方男子过于亲热的广告镜头,这其中孕含的深层心理是值得仔细探究的。

6. 语言文字——中国文化的重要特色

语言和文字是人类经过悠悠岁月而发展成的社会工具。它是一个民族文化得以发展延续和承传的直接载体,同时也是民族共同体(不是种族的、也不是部落的)的重要标志之一。由于它是伴随着人类实践活动而产生的,因此在一个民族的语言文字中凝聚着这个民族的心血与智慧,我们可以从中窥见该民族发展的历史以及这个民族文化的基本特征。

中国的语言文字从全世界范围看,具有极为鲜明的民族特色,仅以中国文字为例,其炯然异趣的个体特征为广告创意提供了最鲜活的土壤。

(1) 字形

就字形而言,几乎世界上所有的原始绘画文字,都已发展为拼音的音符文字了,只有我国的文字还保存着比较原始的状态。每一个图画形式的方块字,经过几千年的演变一直延续到现代,基本上的象形块状结构被保留了下来,这在全世界是绝无仅有的。它一方面给中国文字的现代操作带来了困难(如计算机处理、储存、检索等),但另一方面又给广告的图形和格式创意提供了无穷的机会。

1) 中国的象形文字经过数千年的发展演变,从陶文到甲骨金文中经"真、草、隶、篆、魏"直至今天千姿百态的变体,其中最内核的结构始终被保持了下来,这一凝聚了无数中国人(特别是书法家)智慧的文字,已经蜕变成了一种艺术。中国的书法和篆刻艺术在全世界各种文字中是独一无二的,专门研究字形的文字学也是世界其它文字所没有的。中国文字的这一特殊性使文字本身有了巨大的审美价值,许多广告的包装正是以中国文字这一特有的形式美来设计的,如下图 3-6,并见彩图 3~6。

水　　　　山　　　　云

图 3-6

2) 中国文字的单体方块结构和一字一音节的特点,给语句的构造和表达提供了韵律美和节奏美的可能,因此在汉语广告中,要善于利用"押韵"来提高效果。语言的节奏是由音色、音量、音高、音长四个要素构成的。由音色造成的节奏,主要表现在押韵上。

押韵就是在汉语句子的每句或间句末尾使用同韵的字,使读音和谐,例如:

东西南北中（zhong），好酒在张弓（gong）
——张弓酒广告

押韵在广告词的设计中，具有以下的作用：

第一，"押韵"可以突出广告词的节奏感，使读音和谐，响亮悦耳，进一步加强广告词语的音乐美感，起到一种渲染气氛，增强宣传的作用。

第二，在广告词中有意识地交替运用韵母相同或相近的字，使它们经过一定距离的间隔之后，反复呈现出来，形成一种同素相应，前呼后应的音响回环往复，产生诵读顺口、易背易记的效果。在广告词中运用押韵的技巧，可以采用排韵、隔韵、转韵的方法。

① 利用"排韵"的技法，设计好简短明快的广告词语。

"排韵"即文字的每一行末都要押韵，要求较严，故又称"打铁韵"。广告词中采用"排韵"的技法，可以起到节奏停顿有力，韵律和谐，朗朗上口，语气贯通的良好效果。广告词中使用"排韵"，有二种方式：一是声母、韵母完全相同，仅声调不同。例如：

　　　　有字有画，边看边唱；
　　　　卡拉 OK，家庭剧场。

　　　　　　　——三洋卡拉 OK 音响广告

此则广告词中的"唱"与"场"字同为"江阳"韵，仅声调不同。又例如：

　　　　戴海霸，风度佳！
　　　　戴天霸，添身价！

　　　　　　　——天霸、海霸手表广告

上文广告词中的"佳"与"价"字，同押"发花"韵。此类押韵中除声调不一样的例子外，也有声母、韵母、声调三者完全相同的例子，例如日本三菱牌轿车广告词中的后两句：

　　　　司机驾三菱，保证受欢迎；
　　　　车主买三菱，赔到笑盈盈。

②采用"隔行"韵的技巧,写好较长的广告词。

隔行韵即第一行文字字末将韵母点出,然后第二、四、六、八行尾字韵与它相押,故又叫"起韵"。在广告词中使用"隔行韵"的技巧,一般要用在文句较长,内容较多的广告词的设计中。例如:

> 脏衣成堆不用慌,
> 皆因洗衣有凤凰。
> 品茶听歌曲未了,
> 衣头竿上照阳光。
> ——凤凰洗衣机推销广告

上则广告词中"慌"、"凰"、"光"押"江阳"韵。"慌"字将韵母"uang"点出,"凰"、"光"字接着押韵。

③ 运用"转韵"技巧,写好易于流行的广告歌谣。

转韵是文学中的诗歌、韵文分节或分段时换用几个韵辙的一种方法。在广告中,有时采歌曲的形式,歌曲具有音节欢乐,节奏感强,容易记忆,流传迅速等特点。广告歌谣的词语,一般也必须押韵。由于有些歌曲较长,在变化过程中所押的音韵就不能始终保持一个,而必须转换。例如:

> 你拍一、我拍一,
> 新一代的学习机。
> 你拍三、我拍三,
> 学习起来很简单。
> 你拍四、我拍四,
> 包你三天会打字。
> 你拍五、我拍五,
> 为了将来打基础。
> 你拍八、我拍八,
> 学习游戏顶瓜瓜。
> 你拍九、我拍九,
> 二十一世纪在招手。
> ——中山市"小霸王"中英文电脑学习机电视儿童歌

上述广告儿歌中第一句"一"与"机"押"一、七"韵;第二句中"三"与"单"转押"前言"韵;第三句中"四"与"字"又转押"一、七"韵;第四句中"五"与"础"改押"姑苏"韵;第五句中"八"与"瓜"字转押"发花"韵;第六句中"九"字属"姑苏"韵部,"手"字属"由求"韵部,韵部相近,仍属押韵。

④ 运用"重言"的技巧,形成广告词中音的重复与和谐,以增强广告词的感染力。

重言,也叫迭字,是两个相同的字组成的词语。"重言"在古代已有。例如"青青河畔草,郁郁园中柳"中的"青青"、"郁郁"就是"重言"。由于重言的两个字音的声母、韵母相同,因此,重言词也具有押韵的作用。广告词中采用重言,一可起到强调的作用;二可利用字音的重复,取得读音节奏感强,音律和谐的效果。

重言在广告词中的运用有两种形式,其一为汉字的重言,例如:

字字句句有份量,
张张照片有冲击。
——法国《巴黎竞赛》杂志广告
看看生活,看看世界。
——台湾大专学生摄影比赛广告
丝丝闪光,丝丝芬芳。
——威娜斯化妆品广告
蓝色的爱,清清的世界。
——海鸥洗衣粉广告

上述广告中的"字字"、"句句"、"张张"、"丝丝"、"清清"均属于"重言"。

⑤ 运用重复同一个字或词音的技巧,创造精干、顺口、响亮的广告词。

"押韵"理论中的"韵脚",可以是韵母相同或韵母相近的字。在广告词的设计中,我们可以反复使用同一个字的韵音,来

设计出反复、重叠的音节,达到文字对仗,韵律一致,听感效果好、渲染力强的句子。例如:

都乐、都乐,
愿天下都乐!
——"都乐"冰柜广告

看得乐、听得乐,
唱起来更快乐!
——日本 TVC 卡拉 OK 录像机广告

万家乐、乐万家!
——万家乐电器系列广告

好胶卷、好相纸、好照片。
——福达照相用品广告

天上彩虹,
人间长虹。
——长虹电视机广告

不怕货比货,
就怕不识货。
——BBC 电视画面创作系列广告

美食天堂,
购物天堂。
——新加坡旅游广告口号

横看、直看,
都是 SONY 最好看。
——索尼电视机广告

上述广告词中,重复使用了同一个"都乐"、"乐"、"好"、"堂"、"看"等词或字的音,以取得词语加强和音律和谐的效果。

可见恰到好处地运用韵律和排比往往能营造出中国文字特有的节奏感,达到增强注意和记忆的效果。

3) 中国文字的单体排列方式使中国文字具有极大的平衡美和对称美的潜质。几千年来,中国智慧运用这一潜在的优势创造出了无数优美的文体,工整的对仗句和对联即是其中最具有群众性的一种，这一表达方式在广告中被广泛运用，常常能达到出奇制胜的效果。

相传明皇朱元璋曾为某阉猪业户主题有一联：

双手劈开生死路

一刀斩断是非根

其气势之磅薄、寓意之奇巧，无以复加，使本不起眼的阉割业，竟也有了特别的人生意义。

北京老字号中药铺同仁堂悬有一联：

灵气秘授

琼藻新栽

此联出自中国书法家协会主席启功之手，书法雄浑苍劲，联语深奥古雅。到同仁堂买药的顾客无不仰目相视，赞叹不已。颇有意味的药店联还有：

只愿世间人无病

不怕架上药生尘

对联中虽没宣传什么"妙手回春"、"药到病除"、"灵丹妙药"之类，但人们从字里行间仍品出了店家的一片真情。

又如：

神州处处有亲人不论生地熟地

春风来时尽着花但闻藿香木香

此联不仅表现出了医药行业的性质和精神，更通过对仗工整的词语把"生地、熟地、藿香、木香"四味中药天衣无缝地嵌入联中，突出了行业的特色，灵气顿生。

浙江普陀县朱家尖岛一条商业街家家门上挂对联，如一理发店的对联是：

幽香袭人人不由已进店

春风吹我我又年轻出门

对联使整条商业街文化气息袭人，使本来普普通通的一条街远近闻名。

河南省名酒"状元红"在香港上市时，曾由代理商中广公司和《商报》合办征联活动，并聘请老作家任真汉等5位知名人士为评选人。上联是:"千载龙潭蒸琥珀"。上联一出,各界应者踊跃,几日里便收到约 1500 幅,而且各具巧思。结果有下面 5 联获优异奖:

    十年蚌石变珍珠。
    几回鸡塞听琵琶。
    深宵牛诸下丝纶。
    六么琴操入琵琶。
    几回丽馆醉醇醪。

  "状元红"产于河南,据说创始于明朝末年,具有 300 多年的历史。通过这次征联,"状元红"在港的销路大开。现在市场销售的"状元红"标签上便印有"千载龙潭蒸琥珀,十年蚌石变珍珠"联,即那次征联所得。

  1981 年 1 月 15 日《羊城晚报》上刊出了"翠园酒家"的征集下联的广告,并说明以三桌酒作为选用一幅下联的奖赏。上联是:

    "翠阁我迎宾数不尽甘脆肥浓色香清雅"

  这是"翠园酒家"开店之初,请 85 岁高龄的朱国基先生撰写的。征集下联的广告登出仅半个月,除西藏和台湾以外的全国各省市均有人踊跃应征,港澳和新加坡等地也纷纷来稿,最后共收到下联 3200 多件。经专人评选,花城出版社编辑何启光的下联独占鳌头,其下联是:

    "园庭花胜锦祝一杯富强康乐山海腾欢"

  "翠园"二字嵌得自然贴切,清淡典雅,既符合酒家的经营特色,又具有浓厚的时代气息。这征联一举,使得这个地处偏僻,规模不大,默默无闻的"酒家"竟在短短的时间内名闻海内外,顾客络绎不绝。

  酒楼茶馆是中国人休闲会聚的好去处,常需要一种意境来感召客人,对联则往往能起到意料不到的广告效应。相传四川某茶馆的对联极有意味:

    为名忙为利忙忙里偷闲且喝一杯茶去
    劳心苦劳力苦苦中作乐再倒二两酒来

这与另一茶馆联：
>　　　　四大皆空坐片刻无分你我
>　　　　两头是路吃一盏各自东西

有异曲同工之妙，两幅对联都把芸芸众生的孜孜营求和其中甘苦表露无遗，具有极强的感召力。

对联在我国行业广告中运用极广，其中不乏脍炙人口、广为流传的上品之作，本文割之不舍，特辑如下：

刻字店联：
>　　　　笔行神至龙纹画
>　　　　刀走力到金石开

>　　　　事业如今刻鹄
>　　　　文心自古雕龙

>　　　　刀笔不是刀笔吏
>　　　　掌印不是掌印人

电话局联：
>　　　　只用耳提不须面命
>　　　　睽违两地唔对一堂

邮局联：
>　　　　涉鸭头波传鱼腹简
>　　　　盼谓北树寄江南梅

当铺联：
>　　　　以其所有易其所无四海之内万物皆备于我
>　　　　或日取之或日勿取三年无效一介不以与人

瓷器店联：
>　　　　规模在竹苑金熔而外

声价居鲁壶秦缶之间

摆渡船联：
夕阳桂楫寻诗客
运水兰槎载酒人

旧货店联：
我岂肯得新忘旧
君何妨以有易无

桐油店联：
此是春华秋实事业
并非东涂西抹文章

砖瓦店联：
炼尽阴阳出火坑
留将青白在人间

钟表店联：
刻刻催人资警省
声声劝尔惜光阴

小诊所联：
良医同良相
用药如用兵

酒楼联：
酿成春夏秋冬酒
醉倒东西南北人

婚姻介绍所门联：

上联：寻寻觅觅韶华转眼飞逝
下联：犹犹豫豫知音再度难逢
横联：莫失良机

上联：白玉犹有瑕求人十全十美哪里遇
下联：青春岂无限择偶千挑百拣几时休
横联：看剩下谁

眼镜店联：

　　悬将小日月
　　照彻大乾坤

裁缝店联：

　　一寸布一寸丝物尽其用
　　不自高不自大量体裁衣

帽店联：

　　头寸自家寻大小深浅须合意
　　式样烦君多留意老少各随时

竹器店联：

　　虚心成大器
　　劲节见奇才

　　莫将石器论君子
　　能解虚心是我师

　　竹木而外有余剩
　　崖壑之中必弃材

古玩店联：

    玩物岂真能丧志
    居奇原只为陶情

  称店联：
    称虽小掌管人间烟火
    店不大有关国计民生

  枕席店联：
    梦到邯郸酣更好
    制作浒墅妙如何

  旅馆联：
    红日坠西行客身倦堪止步
    群鸦噪离人马疲乏可停骖

  雨衣店联：
    任是滂沱至大道
    偏能坦荡到光天

  棉花店联：
    聚来千亩雪
    化作万家春

  印染店联：
    鹅黄鸭绿对冠紫
    鹭白鸦青鹤顶红

  磨坊联：
    乾坤有力资旋转
    乐马无知悯苦辛

毛笔店联：

鸡距鹿毛花开五夜
鼠须麟角力扫千军

轻竹一杆握生死
羊毛半寸扫千军

粮店联：

谷乃国之宝
民以食为天

粥店联：

薄煮红桃千朵艳
芳倾绛雪一瓯香

豆腐店联：

君子淡交禅参玉版
僧家真味品重香厨

理发店联：

新事业从头做起
旧世界一手推平

虽然毫无技艺
却是顶上功夫

磨砺以须问天下头颅有几
及锋而试看老夫手段如何

4）中国文字的方块结构和象形字体给词句的拆并带来了极大的方便，活字印刷首先在中国被发现就是一个证明，说明中国文字和句式是一种活体建构，可以变幻出无穷妙趣，这是其它文造字通常所不具备的。这种得天独厚的文字化也给中国的广告智

82

慧提供了创意的余地。

广告语言研究者聂仁忠曾发现在我国边陲的一家文化味很浓的小饭店里，墙壁上悬挂着一幅耐人寻味的字画，如图3-7。

白底红字，光彩夺目，其外型结构之精巧令人啧啧赞叹。就这幅字画而言，可看出汉字字义字形的共生共存，文字因素和图画因素的高度融合，真正让人领略到文化艺术杰作的快感。这四个字是"吾味足知"。作者把口字作为一个共用的偏旁部首，让每一个字都用上一次，回环成句，趣味盎然。远看似乎是一方印章，一枚古钱；近观却见字字分明，但是，就在您驻足捻须、把字认清，其义将明之时，左顾右盼该时该地该情该景，稍加联想，你会惊讶这分明是这个饭店的一幅绝妙的广告。

图3-7

"吾味足知"——只要您来吃一吃，吾店的风味就令君足知了。

"味足知吾"——若您来店饱餐足味后，您就自然会知晓吾店的饭菜手段。

"足知吾味"——老客每每光临，自是深知吾店风味的。

"知吾味足"——吾店经营货真价实，原料上乘，风味十足，若您光临品尝，印象定会历历不忘！

"吾知足味"——全文倒读则是吾知道饭菜足味了，有一定水平了。

可以想见，如果这家小店饭菜确实风味独特，顾客登门饱餐之后，与"吾味足知"的字画挂起钩来，自然余味无穷，愿意常往了。

中国文字的奇妙组合在句式中有着广泛的天地，在商业广告运用上最早获得知名度的是北京"天然居"饭馆，其"客上天然居，居然天上客"的回文联，曾倾倒无数文人墨客，从而达到趋之若鹜的广告效果。广东省潮洲市韩江酒楼的一幅对联也颇有意思：

韩愈送穷刘伶醉酒

江淹作赋玉粲登楼

该联巧用名人典故将"韩江酒楼"四字天然无缝地嵌入对联，很有特色。嵌字联是中国人较易运用和理解的一种文字技巧，在广告中也是常见的，如北京王致和臭豆腐店的对联：

致君美味传千里

和我天机养寸心

酱配龙踩调匀药

园开鸡跖锤芙蓉

对联的头一个字恰巧拼成"致和酱园"四字，让人会心。

较难的是上下左右全都能读出意思的组合形式。《甘肃广告报》1986年2月28日登出的某饮料厂的宣传广告就是一个突出的例子：

可	以	解	渴	也
以	解	渴	也	可
解	渴	也	可	以
渴	也	可	以	解
也	可	以	解	渴

乍看，这只是一个五次文字方阵，细品却拍案叫绝。不仅头尾能读，中间也能读，不仅可以横读，也可以竖读，行行有新意，确实难得，象这样的广告，当然能引起观众的兴趣，并长久

地记忆。

(2) 字音

就字音来说，中国文字是注音字而非拼音字。欧美各国的语言多是复音节，是通过字母拼合而成，这样的复音节语，一个字不能同时代表多音。而中国字因为是单音节关系，故有一音多字和一字多音的特点。这也给利用谐音进行广告创意提供了可能。

江苏中华多宝集团的珍珠口服液将"日久见真情"巧改为"珍情"（图3-8），虽一字之差却无半点牵强，竟有天造地设般的贴切，不仅使人联想到珍珠，更联想到珍珠口服液背后的一片珍贵的情谊，使原句的"日久见真情"更平添了一份深意。上海虹桥小城的广告语"微利是图"（图3-9）也很有意思，一个"微"字恰到好处地点出发展商既不恶狠狠地唯利是图，又不搞虚心假意的"大放血"、"大跳楼"之类的呐喊。反倒给人一种实在感。

图 3-8

谐音广告是中国广告语言的一大特色。它是对人们原有的习惯用语进行谐音置换，特别是对人们心领神会、捻熟于心的形容词进行同音不同字的更换，往往能起到一般语言所达不到的效果。

第一、加强记忆。谐音广告是将人们暂时还很陌生的语言信号与人们熟知的语言进行对接，这就容易使新的信号很快进入人们原有的信号系统，与人记忆库中的信息发生"联网"，从而成

图 3-9

为原有的记忆程序中的新成员。最早能促使记忆的谐音广告是电话号码等数字语言,如旧上海的出租汽车公司云飞公司,电话号码是30189,毫无章法可循,当时登报悬赏征求电话号码的谐音,结果从上万份应征稿中选出一句妙语:"岁临一杯酒"这琅琅上口的吉祥语,使云飞从此生意兴隆。上海出租汽车公司的电话号码258000也正是因为有了"让我拨四个零"的上海话谐音,几乎被全部上海人所熟记。又如过去的414毛巾,顺势用广告语"试一试",也取得了良好的效应。

第二、加深印象。陌生的东西之所以陌生,因为它暂时还未进入我们已经习惯的信号系统,然而太熟悉的东西也同样难以唤醒人们的注意。正如黑格尔说的"一般来说,熟知的东西所以不是真正知道了的东西,正因为它是熟知的"。而如果将二者结合起来,则可能如雷鸣电闪般刺激人们的注意。谐音广告正是在人们烂熟于心的无数成语中加进一点异质,从而触动人们的某种感觉。较早进行形容词谐音创意的是台湾广告,华力灭蚊器一句:

默默无蚊的奉献

具有强烈的震撼性效果,简直把中国文字的全部奥妙都呈现出来了,理解者无不为之倾倒。同样别出心裁的谐音广告还有:

"闲"妻良母　　　　　　　　　(台湾海龙洗衣机广告)

胃病患者,治在四方　　　　　　(广东四方牌胃片广告)

有杯无患　　　　　　　　　　　(哈尔滨磁化杯广告)

"咳"不容缓　　　　　　　　（桂龙咳喘宁广告）
　　"酱"出名门，传统好滋味　（某酱菜广告）
　　这类广告在总体上给人一种新鲜感，从中体会到一种特有的中国式的幽默。然而这种广告只能少而精，不可多而滥。滥用谐音，简单模仿不仅少了一份智慧美，更有可能带来语言污染造成不良的社会影响。近年来谐音广告日渐增多，不免良莠并存，鱼龙混杂，常见的有：

　　随心所浴　　　　　　　　（淋浴器广告）
　　百衣百顺　　　　　　　　（电熨斗广告）
　　饮以为荣　　　　　　　　（酒广告）
　　有痣之士　痣在必得　　　（医疗广告）
　　霉况而下　　　　　　　　（除霉剂广告）
　　百礼挑一　　　　　　　　（礼品广告）
　　鸡不可失　　　　　　　　（饮食店广告）
　　步步为赢　　　　　　　　（鞋类广告）
　　无鞋可击　　　　　　　　（鞋类广告）
　　肠治久安　　　　　　　　（药品广告）
　　有口皆杯　　　　　　　　（饮料广告）
　　衣衣不舍　　　　　　　　（服装广告）
　　吉"象"如意　名不虚"船"（象船牌踏花被广告）
　　一剪如故　　　　　　　　（剪牌口香糖广告）
　　到处安家乐户　　　　　　（万宝电器产品广告）
　　趁早下斑　请勿痘留　　　（美容霜广告）
　　骑乐无穷　　　　　　　　（自行车广告）
　　食全食美　　　　　　　　（饭店广告）
　　码到成功　　　　　　　　（打字机广告）

　　这些广告既有独出心裁的神来之笔，但也夹杂了一些闲拉硬扯，牵强附会之作，乃是创意之大忌。
　　(3) 字意
　　就字意而言，汉语存在一字多义的或一义多字的情况，这就造成了中国文字寓意深刻的特点。一个字通过引申，可以增加它的含蓄性,并使内涵深远,虽然增加了解读的困难,另一方面也给文字的双关运用带来了无穷的魅力。中国文字表达和解读需要讲究情景和语境,如"道"字,本意为"道络",但它同时又可引申为法则、规律、原则、道理、道义、道术、道德、学说及思想体系等等。

古代联语中最突出的一字多意例是:

　　海水朝朝朝朝朝朝朝落
　　浮云长长长长长长长消

这种一字多意的特点恰恰给中国广告语的创意带来了无穷玄机,深圳中外合资利捷精细化工有限公司推出的广告语:

　　再现领袖风采　　　　　(三点牌衣领净)

也很有意味,用"领袖"指涉衣服的领子、袖子,只要用了三点牌衣领净,领子和袖子洗干净了,自然就联想到领袖、名人的风采,这样的双关语广告确实值得回味。

90年代初新加坡国家中文报纸同时登出一则广告,标题是:

　　难道你不要脸吗?

广告的画面是一名身材苗条的女模特儿,手持一束鲜花,把整个头部、脸部都遮掩了,唯有标题语赫然刺目,给人以强烈的震动。因为"不要脸"三个字连在一起在中文语言里具有强大的刺激性,是一个极其敏感的字眼,因此一下子就达到了广告的刺激注目的效果,接着人们才会想到"脸"这个字眼的本原意义,由此又想到美容,最后顺理成章地将"不美容等于不要脸"联系起来。广告机智大胆,看似危言耸听,细想想又不无道理,实在应算是不可多得的上佳之作。

中国的口子酒广告语也有非同一般的双关效果:

　　过日子还是离不开这口子

看似平淡无奇的大白话,确将口子酒提到了真正生活伴侣的高度,只有中国人才能品味出这其中深含的意趣。

与之相类似的是超天美容霜广告语:

　　真相大白

占了极大版面的这四个字强烈地吸引人们关注(图3-10),等弄明白"真相"乃相貌之"相","大白"乃脸白之"白"时,不由会心一笑,赞叹广告用心玄妙。

图 3-10

可见,对中国文字的一字多义性,如果把握得当,倒也能创意出令人会心的广告语,如:

打字机广告:"不打不相识"。

移动电话机广告:"把握良机"。

BP联网通讯广告:"一网打尽"

牙刷广告:"一毛不拔"。

脱排油烟机广告:"专食人间烟火"。

所有这些,无意间都透出了一种中国式的幽默和只有中国人才能体会的特有的中国智慧。

第四章　广告创意与消费心理

从整体上说，导致消费者购买行为的因素是非常复杂的，但一切因素最终都要通过消费者的心理活动来把握并作出抉择，因此，消费者的心理是广告应当关注的重要焦点。广告大师赛费尔特说：广告是一种对人们心理施加影响的形式，它通过运用有意识的方法来促进人们对其本身目的自愿接受、自我实现和传播。一个好的能促进购买行为的广告创意总是离不开对消费者心理的分析和理解，这些心理因素包括：消费者的接受心理、消费者的认知心理以及消费者在各种复杂情况下所表现出的特殊的心理倾向和习惯。

一、创意与接受心理

商业广告的最终目的是通过让消费者去接受某种说服信号，从而实施附合广告特定导向的购买行为。从广告角度看，这一过程表现为：产品 —通过→ 广告 —刺激→ 需要 —激起→ 欲望 —导致→ 购买。从消费者角度看，这一过程又可描述为 注意（Attention）—→ 兴趣（Interest）—→ 欲望（Desire）—→ 记忆（Memory）—→ 行动（Action），国外将这五个词的英文字头拼为 AIDMA，称为消费者心理分析的 AIDMA 法则。在这两个过程中，需要以及由需要所产生的欲望是决定性的环节，需要不但决定了对广告刺激的选择性接受，还决定了注意的方向和兴趣的程度，最后，正是被激发起来的内在需要导致了消费者的购买行为，因此"需要"是消费心理研究的前提。

1. 需要及其特征

所谓需要（Need）是指人们对内部缺乏状态的自动平衡和缺乏物择取的倾向。

首先，需要是人们内部不断出现的缺乏状态。这种缺乏状态对于主体的主观愿望而言是客观的，是由种种原因造成的客观趋势。人的缺乏状态有生理的、心理的和社会的种种。

其次，需要是由缺乏状态引起的主体自动平衡倾向。缺乏状态是需要产生的前提，但不是所有的缺乏状态都能成为需要，由缺乏状态到需要，中间有一个转换的环节，就是自动平衡。人主观上对缺乏状态达到一定的意识水平，就主动解除缺乏状态，使缺乏的得到满足。没有对缺乏的一定的意识和平衡过程，"缺乏"照旧是"缺乏"，不学文化，照旧不识字。需要是"缺乏"尚未得到满足的一种状态，表现为自动恢复平衡的心理倾向。

再次，需要是伴随主体的自动平衡倾向出现的择取倾向。生命体对缺乏状态的平衡，必须有对缺乏对象的选择和获取，才能实现平衡。自动平衡倾向必须有择取的倾向伴随而出，才能使"缺乏"和对缺乏的"平衡"这些体内状态转化为需要。如因缺水导致体内平衡破坏而产生一种恢复自动平衡的要求时，喝水就成了强烈的需要。这种需要的内容相对于主体而言是客观的，但择取倾向本身却是一种心理状态，具有主观性，既可择取白开水，又可择取可口可乐。

需要，不仅人有，其他动物也有，但人的需要和动物的需要是有本质区别的，区别主要表现在需要什么和怎样满足需要。这两个方面都取决于人类的生产活动。因为我们在考察人的社会心理时，一方面固然要从"有生命的个人的存在"看问题，看到"这些个人的肉体组织以及受肉体组织制约的他们与自然界的关系"，但另一方面，更应"从这些自然基础以及它们在历史进程中由于人们的活动而发生的变更出发"，这样，"当人们自己开始生产他们所必需的生活资料时，他们就开始把自己和动物区别开来"。（马克思语）

从人类生产活动及其社会历史角度看，人的需要具有如下特征：

（1）人的需要是多方面的复杂的统一体

人类社会及其文化的复杂性和丰富性决定了人的需要是多方面的。这种多方面的需要可以从很多角度进行分类：

1）从性质上划分：有生理需要和心理需要，物质需要和精神需要，生存需要和发展需要。

2）从社会性上划分：有个体需要和群体需要，生物需要和社会需要。

3）从强度上划分：有硬需要和软需要，刚性需要和弹性需要，可替代性需要与不可替代性需要。

4）从时间上划分：有短期需要和长期需要，当前需要和将来需要。

5）从产生条件上划分：有偶然需要和必然需要，突发性需要和持续性需要。

6）从情绪上划分：有感性需要和理性需要，具体需要和抽象需要，直感性需要和幻觉性需要。

7）从接受方式上划分：有主动性需要和被动性需要，可激发性需要和非激发性需要。

8）从可能上划分：有能满足的需要和不能满足的需要。

总之，人的需要是千变万化和错综复杂的，同一种消费冲动的背后可能潜伏着各种需要，各种需要有时是相互矛盾的，有时又是和谐统一的。如当一个人意外地得到200元收入时，也许各种潜伏着的需要就被激活为购买动机，她想看一场电影，然后买张CD，或者约好友去吃一顿。她又想买双鞋或者给母亲送点营养品……各种需要同时涌出，最后她也许买了一双心仪已久的皮鞋，虽然只满足了一方面的需要，但买鞋本身也可能同时满足了多种需要，包括使用价值和审美价值，物质的和精神的，实惠的和虚荣的等等各种角度的需要。人的需要是一个复杂的统一体，各需要之间既有横向联系又有纵向联系。从纵向联系看，人的需要是有层次的。

(2) 人的需要是有层次和先后顺序的

在人类需要理论的研究上,马斯洛的"需要层次论"具有相当大的影响。马斯洛所设定的人的基本需要具有五个层次,见(图4-1)。

图 4-1

1) 生理需要。包括饮食、性、排泄、睡眠等。生理需要是基础,在其他所有需要中占绝对优势。具体地说,例如一个人所有需要都没有得到满足,那么,生理需要最有可能成为主要动机,即对于一个同时缺乏食物、安全、爱和自尊的人,食物需要可能是最为强烈的。但是,生理需要和它们的局部目的一旦得到相对满足时,就不再是决定行为的活跃因素。满足了的要求不再是要求。这时其他(更高层的)需要会立即出现,这些需要(而不是生理上的饥饿)开始控制机体。

2) 安全需要。包括免受恐惧和焦虑,对体制、秩序、法律、规范的依赖,对保护者实力的要求等。比如,家庭内部争吵、殴打、离婚都是令家庭成员可怕的;父母对孩子大发雷霆、恫吓、威胁、会使孩子惊慌失措、惶恐不安。当安全需要得不到满足时,人们对安全的各种需要会控制肌体,调动肌体的全部能力为其服务。

3) 归属和爱需要。当生理需要和安全需要都很好地得到了满足时,爱、感情和归属的需要就会产生了。渴望同人们有一种充满深情的关系,渴望在团体和家庭中有一定的和适当的位置。

社会的流动性、家庭的分崩离析、代沟、传统的乡村或亲密的消失,美国式的友谊的肤浅都加剧了人们对接触、亲密、归属的需要。

4) 自尊需要。这种需要分为两类:一类是对实力、成就、优势、胜任、自信等的欲望;另一类是对名誉或威信,对地位、支配、重要性、高贵或赞赏的欲望。自尊需要的满足导致一种自信的感情,会觉得在这个世界上有价值、有力量、有位置而必不可少。但这些需要受到挫折,会产生自卑、弱小及无能的感觉,导致丧失基本信心。"最稳定和最健康的自尊是建立在来自他人的当之无愧的尊敬之上,而不是外在的名声、声望及无根据的奉承之上"。

5) 自我实现需要。一位作曲家必须作曲,一位画家必须绘画。一位诗人必须写诗否则他始终无法安静。"一个人能成为什么,他就必须成为什么,他必定忠于他自己的本性。这一需要,我们可以称为自我实现的需要"。满足这一需要的方式,个人间的差异是最大的(马斯洛《动机与人格》)。

这种由低到高、由生理到心理、由物质到精神的递进关系也直接反映了人类历史的发展顺序。正如恩格斯在马克思墓前所说:"马克思发现了人类历史的发展规律,即历来为繁茂芜杂的意识形态所掩盖着一个简单的事实:人们首先必须吃、喝、住、穿,然后才能从事政治、科学、艺术、宗教等等,所以直接的物质生活资料的生产,因而一个民族或一个时代的一定的发展阶段,便构成为基础,人们的国家制度,法的观点,艺术以至宗教观念,就是从这个基础上发展起来的,因而,也必须由这个基础来解释"。

随着社会的发展和生活水平的提高,社会的整体消费方向也同步呈现出了由低到高的推进。广告创意必须了解和适应这一过程。香港维他奶创意的不断适应性更新就是一个例子。

早在1937年,罗桂祥先生到上海出差,听了一位美国人的演讲,题目是"大豆,中国的母牛",启发了他制造豆奶的意念——要以豆奶取代牛奶,为当时还处在饥寒阶段的劳苦大众提供比较廉价而又丰富的蛋白质。所以当时的创意定位是人的第一需要——营养，故取名"维他奶"。虽然从本质上讲，所谓的"维他奶"应归类于饮料，但社会整体低水平的生活并不能促使人们掏钱买饮料来解渴，要想解渴，喝白开水同样能达到目的，因此，以营养为号召更有吸引力。直至50年代，尽管维他奶已正式用汽水瓶加汽水瓶盖上市，但在宣传上仍然特别强调与奶类似的营养价值，当时提出的口号是："饮维他奶，更高、更强、更健美"。到了70年代，香港社会发展已开始步入小康阶段，人们生活水准的逐步提高促使消费需求发生了变化，由生存需要向享乐需要发展，营养不再是首选，加上美国可乐饮料的冲击，香港人对"维他奶"仅仅局限于营养不再有兴趣，再加上那些饮"妈妈指定喝的"维他奶一族已成长为青年，当他们可以自己选择时，在社交场合就不太愿饮用"奶"品以让人将自己看作长不大的孩子。于是，罗桂祥先生决定更换广告创意。在李奥贝纳和杨·鲁比肯两大公司的竞争中选用了杨·鲁比肯的战略创意——从以营养为主转为以饮品为主，强调"维他奶"是一种时髦而又受欢迎的汽水，并且有益健康。这就既迎合了主流消费群体——追求享乐型的年青人，也兼顾了看重营养的老人和孩子等惯性消费者。随着广告战略的不断体现和广告创意思想的不断成熟，最后，维他奶终于又推出了一句在香港家喻户晓并成为人们口头禅的广告语："点只广告咁简单"（意为：不只是汽水那么简单）。这句不简单的广告创意之所以广受青睐，就在于它把维他奶既看作汽水，可以解渴享受口感，但又不仅仅是汽水，它还有富含营养使你健康的功能，最后，它还内含着一种不简单的性趣和新生活方式，正如另一则广告所唱的："今天心里，轻松开朗，实在唔简单"，使轻松松喝维他奶成为时尚青年的一种新象征符号。这就更使生理和实用功能的不简单升华为一种社会性赞扬，从而满足了人们对生活（包括地位、能力、智慧、名声、尊严等）的不简单的渴望和一种幻觉中的精神需要。

这一广告的成功从本质上说，是由于对人的几个层次的需要都涵盖了，也就是说被广告所宣传的维他奶满足了人们从生理需要到发展需要的诸多渴望。

(3) 需要的显在性和潜在性

一个经常被传播的例子是：很多年前，南太平洋的一个岛屿，来了两个分属于英国和美国的皮鞋推销员，他们分别在岛上考察了一天，结果却不一样，英国推销员垂头丧气地发现这儿的居民祖祖辈辈根本就不穿鞋，也就没有对鞋的需求，只好匆匆返回。美国推销员却惊喜地发现岛上10万居民是一个巨大的市场，于是画了一张广告，没有说明文字，画面上是当地模样的壮汉，脚穿皮鞋，肩扛着虎、豹、狼、鹿等猎物，非常威武，当地土著居民看了广告以后，纷纷打听哪里能弄到脚上穿的那新奇的东西，一个市场就这样被打开了。

可见广告的真正功能不仅是满足人们现有的各种需要，更在于发现和挖掘出潜在的需要，因为任何现存的显在的需要所面临的总是一个相对饱和的市场，只有开发出潜在的需要才可能迅速占领第一市场，从而赢得时间和效益。

因此，与显在需要相比，潜在的需要是一个巨大的变量，具有无限的可开采性。在随身听问世以前，人们对所谓的高质量声音，并没有什么特别的需要，对随身听更是毫无所知。当索尼公司推出第一批随身听时，他们打出的广告口号竟是："声音进化了"，并以此来刺激年青人潜藏着的对新鲜事物的心理需要。为了推广和强化这种刚刚被唤起的社会需要，索尼公司又设计出新的策略：让一些漂亮的女大学生穿着牛仔裤、T恤衫、骑着新潮的山地车，个个耳戴随身听，在大街上招摇过市，强行塑造一种新的青年形象，接着是听外语和喜欢音乐的大学生，随后是追时髦的先锋青年，最后是更大的社会群体——被卷入，都将随身听当作新一代青年的象征符号。终于，形成了全社会乃至全世界城市青年对随身听的巨大需求，完成了对市场的爆发式的开拓和占领。

在许多情况下，消费者并不十分清楚自己真正需要的是什么，但某种需要或欲望却真实地潜藏着，这时，广告提醒就显得十分重要，特别是一些超越了物质的、生理的需要，就更值得细心挖掘，并通过广告将之诱导出来。好的广告总是那些能满足人们内心更高的精神目标的广告。

以中国果珍饮料为例，在它的一个电视广告片中，当广告画面随着"一起进入太空时代，共同创造美好的明天"的主题歌结束后，又貌似突兀地出现了一个镜头，广告主人公，一个英俊的少年面对镜头说："我长大也要到太空去"。有人说这是画蛇添足，实则是画龙点睛之笔。随着科学技术的发展，孩子比成年人更向往太空世界，虽然这个想法对孩子来说无异于天方夜谭。但这个欲望还是深埋于求知欲强、渴望探索新奇事物的孩子们心灵的底层。当这个少年自豪地对着电视机前他的同龄伙伴说出自己的理想时，一石激起千层浪，唤醒了他的伙伴们深植于内心的潜在欲望："我长大以后也要到太空去"。在潜在欲望被唤醒时，受众也牢牢记住了果珍。在后来的市场调查中发现，果珍的主要消费群——少年儿童，很多都是看了广告后就让父母去给他们买果珍的。果珍的太空时代饮品的形象和它的主要消费者心中潜在欲望的合拍，不能不说是果珍行销成功的有利因素。

正是广告通过自身表现出的独特形象，传递出产品的感性和文化价值等精神成分，满足了消费者的直接欲望、深层欲望和无意识的需要，使人们由于繁忙的现代生活所造成的烦躁、忧虑、孤独等心情得以消除或平衡，并且会在需求和激情之下，产生改造世界的欲望。这里可以用法兰克福学派的"乌托邦式冲动"或"乌托邦式欲望"对此进行解释。"乌托邦式冲动"是与普遍性的商品化过程相对立的理论。法兰克福学派的"弗洛伊德马克思主义"使他们把欲望——仍然没有得到满足的一切，也就是弗洛伊德所说的在今天的"文明"中越来越不可能得到满足的东西——作为革命性力量来理解。在这种力量中，儿童时代的满足带来的乌托邦式幻想以及半柏拉图意义上的记忆都存活着，并且迫使人们用激进的方法来改变世界。某些饮料便有这些特色。广告宣传说，你只要喝这种饮料，不仅有妙龄女郎偎依着你，而且你会感到生活极其美好，充满了浪漫色彩，诸如此类的夸张广告比比皆是。

这样，直接的欲望和深层的无意识需求都得到满足。你可以梦想一个妙龄女郎，甚至更进一步幻想全部生活发生改观，四周都是美丽的人，你有充足的时间，无忧无虑，也就是说世界上所有的一切都在这种乌托邦式的状态下改变了，变形了。这些广告正是在悄无声息地告诉你：难道你所渴望的不正是这种乌托邦式的对世界的改造吗？如果是这样，为什么不用我们的产品呢？虽然我们不能许诺任何东西，但这些产品起码含有改变精神状态的成分。在这种无意识的欲望中，最强烈、最古老的愿望仍然是集体性的。例如，永久的青春，自由和幸福等。在表明这种欲望是集体性的同时，还幻想着对整个世界的改变。正是这些广告告诉我们什么是人们无意识的欲望，使我们知道人们对一个乌托邦式的社会有什么样的设想。正是广告人最好地表现了"乌托邦式的冲动"。当这种冲动变成一种现实力量时，将可能推动历史。

总之，需要是人类进步的伟大酵母，着力于刺激需要的广告则是文明的加速剂，正如美国一位广告人所说的："美国之所以伟大，是因为这个国家制造了各种不同的需要，而又要不断翻新，永远没有满足的时候"。

2. 购买动机与广告刺激策略

(1) 实现需求到欲望的转化

需求是导致购买行为的基础，但需求在一般情况下，并不一定直接导致购买行为，只有在需求的基础上，由于内外因条件的激发而产生一种强烈的欲望，才有可能形成购买冲动。当我们口渴时，我们产生对水的需求，这种需求有时可以暂时克制，有时可以简单喝些凉水解渴，但这种实际存在着的需求一旦遇到外部刺激（如广告）就有可能导出强烈而明确的欲望，结果掏钱买了一杯冰镇的可口可乐。因此，需求和欲望不同，需求是欲望的前提和内因，欲望是需求的结果和外化。美国广告专家沃森·邓恩也认为需求和欲望是两个不同的概念，广告是促使需求向欲望转化的重要手段。他说："我们的需要是比较易于满足的，但我们的欲望则要通过广告宣传加以刺激。比如说，我们对于运输的需要既可通过一辆1950年生产的、运行状态良好的汽车来满足，也可以通过最新型的汽车来满足。但是我们的欲望则驱使我们卖掉旧车买新车。我们的行为是直接或间接地通过欲望而形成的"。

可见人们需求有不同的解决方式，而广告就是把需求转化为具有强烈购买欲望和明确购买目标的手段。

广告在刺激需求向欲望转化的过程中，可以发挥的作用和具体的手法是多种多样的，其中包括：

1) 广告应极力打破消费者的心理平衡

社会心理学研究表明，人有一种对心理平衡的常态需求，当心理一旦失去平衡时，就会产生一种欲望，要求重新恢复平衡。心理的平衡与非平衡往往是在人际关系中展现的，心理学家费利兹·海德曾提出一种平衡理论（均衡理论）。他用 P—O—X 三者间的关系说明态度内部的平衡关系和态度的转变。其中 P 一般指态度的主体（即态度持有者），O 指另外一个人，X 则指态度的对象。他认为，人们在生活中不希望有认识失衡的心理状态，都希望自己和认知对象 X 的关系、和他人 O 的关系是协调的、平衡的。当三者之间的关系都是正的（肯定的）或二负一正时，则是平衡的。当三者关系中出现三负或二正一负时，就出现了不平衡，不平衡状态会产生心理紧张，为了减少这种紧张，便产生了一种恢复平衡的力。

现代广告常常从引申意义上借鉴这一理论。如当观察对象（O）拥有某种名牌（X）的产品，而我（P）没有时，三者之间各种可能的复杂关系就会导致不平衡（图 4-2），以至产生"别人有，我为什么不能有"的恢复平衡的力量，这力量便可能导出购买欲望。

广告常常是将观察对象设定为明星、名人，以此造成广泛的不平衡心理，从而激起购买欲望。

2) 广告应寻找激发消费者的待命需求

人在本质上属于难以满足的"需求动物"，人世间一切千奇万怪的需求都潜伏在每一个体的意识中，处于一种待激状态，这种需求可称为待命需求。消费者根据自己的支配能力将一切需求进行排序，分为当前需求、近期需求、远期需求和遥远的幻想需

图 4-2

求。这些被积淀着的多种需求等待着各种可能性的出现,即便是最具现实性的有支付能力的当前需求,也同时有许许多多并列着,处于同样的待命状态,如相对于一千元的支付能力,消费者就会有许多相应的待命需求,如想买一套时装,或者一件首饰,她又想为女儿买一台学习机或者给丈夫买一套西装,她又想买台热水器或者更换一张写字台,甚至和家人一起去旅游,千百种需求同时涌出,但都处于一种待激发的状态。广告就要在各种处于均衡状态中的待命需求中激发出对自己产品的购买欲望。也就是说,消费者有时并不十分清楚自己要买什么或先买什么?这种随机性就给广告特别是 POP 广告提供了用武之地,国外的消费动机理论中,巴甫洛夫模式和弗洛伊德模式也支持这种随机性消费方式。巴甫洛夫模式认为消费者购买产品,乃是一种机械式的"刺激—反应学习(Stimulus Response Learning)模式的结果,这种模式认为消费者是懒惰的、不专心的,常依过去习惯购买东西,因而含有自发性和例行性的意味。

弗洛伊德模式认为,消费者购买的原因,是由于受到情绪与潜意识的影响所致,是一种自我开心的行为,旨在伸张或保护其人格,所以基本上是不可预期的行为。

这两种模式都告诉我们,当多种处于待命状态的需求同时并列时,怎样通过适当的提醒把其中某一种需求激发为更为强烈的欲望，从而导出购买行为，是广告要做的工作，特别在高随机性购买领域（如中低价商品）户外广告和商店的 POP 广告就有着更明显的先入为主的刺激优势。研究表明，有 81% 的消费者是随机购买的。

(2) 购买动机的类型及其广告策略

人们的动机彼此都有差异，但有些则是多数人所共有的。心理学家、广告作家玛尔汶·哈特威克认为，人有"八大欲望"（即八大动机）：①吃喝，②安逸，③免于恐惧和危险，④高人一等，⑤讨好异性，⑥为亲人谋福利，⑦社会赞同，⑧长命百岁。据此，沃森·邓恩将动机分为四大类。

1) 有意识的和下意识的动机。乔治·霍斯利·史密斯根据人们在行动中自己有意识的程度，把动机分为三类：①有些动机消费者乐于和人讨论（比如买一种点心，比较经济实惠）；②有些动机人们企图隐藏，很少和人讨论（例如，某人进行股票投资，很少向别人透露）；③有的动机忌讳别人知道（如男女隐私）。皮尔·马丁诺曾说过："每一个人心里，都有一个秘密的个人意识的世界。"大多数心理学家认为，人的行为大部分是受下意识支配的。

对有意识的动机来说，它是一种受人的意志调节控制的动机。所以不仅要使广告信息引人注意，而且要使之进入人的长期记忆中，这样它才能便于人们分析评价信息，产生一定的动机或欲望。一个一逝而过、过目即忘的广告，很少产生有利于作出购买决策的有意识的动机。因此，对有意识的动机，必须提高消费者对广告的记忆程度。为此，广告主可采取下列措施：

①利用直观的形象的信息传递，增强消费者对事物整体映象的记忆。直观、形象的事物比抽象的更易于理解和记忆。尽管直观形象只能形成人们的感性认识，但它却是领会本质的起点，是记忆的重要条件。直观、形象的事物，使人一目了然，容易记忆。在广告宣传中，可以用商品的动态速写，服务环境的模拟图象，用实物或实物模型、实物照片来展示商品的形象特征，这些都能使消费者对商品信息留下深刻的记忆。

②利用简短易懂的语言来概括广告内容,提高信息接收和贮存的效率。消费者储存在记忆中的信息,在一定的条件下,是可以借助于表象和词语恢复起来的。表象是人脑对当前没有直接作用于感觉器官的,以前感知过的事物形象的反映。表象具有直观性和概括性特征,是事物被概括化的一种形象。但是这种概括是有局限性的,利用词语能更准确反映事物的形象,它是对事物最简便、最经济的记忆工具。精炼、准确、易懂的语言,在一定条件下比形象更容易记忆和保存。因此,要使广大消费者牢固地记住信息,必须充分利用语言的概括能力和反映能力。

③利用信息的适度重复和变化重复,加强与巩固神经联系痕迹。人的记忆有一个明显特征,即对一个事物的初次接触,在大脑里留下痕迹不会很深,由于其他事物的干扰会很快遗忘。解决这个问题的有效办法是,对接受的信息进行适度的重复。通过反复刺激消费者的视觉听觉,能加深信息的印象,延长信息贮存时间,加强和巩固大脑神经联系的痕迹。但同一形式的过度重复,又容易引起大脑皮层的疲劳,甚至使人感到厌烦,所以在广告宣传中不仅要有适度重复,还要有变化重复。利用广告媒体、表现形式、发布时间、地点等方面的变化,重复广告信息的内容,使人有新奇感,就能提高人们的兴趣,加深对广告信息的理解和记忆。

在广告宣传中也要重视下意识动机的作用。在许多场合下,人们的行为被下意识所支配,因此广告专家提出一句口号:"要善于进攻下意识"。外部信息往往通过无意注意对人的下意识发生作用。广告形象被消费者在不知不觉当中所接受,进入人的意识之中,就是在利用下意识进行广告活动。1958年美国人曾把这个理论运用到广告中,想利用人们对某一事物的下意识潜伏作用,以达到其广告目的。他们在新泽西一家电影院里作实验,方法是:每隔几分钟,就让一个不清新的形象(即某一广告)在银幕上出现,时间相当于1/4秒,只是倏忽一闪而已。经过多次反复出现,给观众留下深刻的印象。试验持续6个星期,观众4万多人,结果使广告产品——爆米销售增加一半。进攻下意识,发挥潜移默化的作用，时间长了就能给人留下深刻的印象。这种无意识的印象累积就会产生一种清晰的认识。下意识本身不能产生购买动机，而是通过下意识的积累形成一个鲜明的有意识的动机。例如，上海华联商厦的"穿在华联"这一简单的广告语，通过多次反复，经常刺激人的下意识，时间一长，人们就形成了有意识动机，要买高档、流行服装，就应该到华联去看看。

2）基本性动机和获得性动机。基本性动机是人们共有的基本需求所引起的动机，如饮食、睡眠等就属于此类动机。获得性动机是因个体差异或外部环境所引起的特殊动机。如有人除了吃喝，还要吸烟，后者就是获得性动机。

这两种动机，到底有什么差别？尼尔·密勒和约翰·道拉德对这个问题进行过研究，他们认为两者的区别是：

①获得性动机与人们固有的动机相比较，其区别在于它更难于定义和说明。在这里，作者实际上已经说出了它们之间的本质区别，基本动机是人先天就有的，获得性动机是后天学习得到的。一个孩子生下来就要吃喝，但他并不会吸烟。

②获得性动机的满足与基本动机满足方式相比较，前者更易于随客观条件而变化。一个国家一个地区人们的有些基本动机满足方式，几百年甚至几千年不变。例如，汉族人的食品以粮食为主食，从古到今没有根本性的变化。但获得性动机如娱乐，随文化变迁、外来影响却经常在变化。

③获得性动机的满足方式与基本动机的满足方式相比更不稳定。这一特征与两种动机满足方式不同有密切关系。基本动机满足方式的稳定性，反过来又加固了动机的稳定性；获得性动机满足方式的变异性，也使获得性动机更加变动不定。动机本身的特性与满足方式相互作用，相互影响，使它们固有的特征更加明朗化。

针对这两种动机的特点，可采取相应的广告策略。这里的关键是，在广告中如何利用传统与时尚的相应特点。

时尚是在社会上自发形成的一种短期的流行模式，或者说是在一个时期内相当多的人对某种生活模式的随从与追求。时尚与传统相比有三个明显的特点：第一，传统具有守旧性，时尚则以"标新"为主要特征。第二，传统是长时间不变的，时尚重在"入时"，过时就不再时兴。第三，我国传统讲究节俭，时尚讲求高消费。这些特征与基本动机、获得性动机在许多方面有相应之处。所以对基本性动机，广告应强调传统美德、传统思想、传统文化、传统价值观的科学成分和合理因素。这种广告观念，在现实生活中，人们已在自觉或不自觉地加以运用。例如，一些中草药制品、酒类都十分重视产品的传统。像杜康酒、古井酒都强调产品的历史悠久，都有一个引人入胜的传统故事，以调动人们对传统的留恋。在改革开放的今天，洋货、洋思想涌入中国时，有许多企业重新宣传国货，主张挖掘和提倡传统文化。在流行音乐铺天盖地而来的时候，上海市政府利用大众媒体大做广告，为高雅艺术、传统文化高声呐喊；在充满洋腔、洋味的娱乐市场上，广州的文化圈吹来了少数民族的乡土艺术风。我们并不简单地提倡"古董国粹"，但在营销中，在广告里来一些"传统文化"，只会有益不会有害。

获得性动机借人们的"从众"心理，对时尚起到了推波助澜的作用。时尚的传播形式基本上有两种，第一种是自上而下的"瀑布式"传播。它从社会上层的优异者开始向社会下层的普通人流行。例如，法国小姐、贵妇率先使用了某些新奇的产品，社会下层中力所能及者就开始摹仿学习，在"从众"心理推动下逐步普及。针对时尚的这种流行方式，可利用社会上层的知名人士做广告，借他们的影响来传播时尚。例如，日本一家糖果厂生产的巧克力销路不好。当法国电影名星阿兰·德龙访日时，他们邀请他访问该厂。阿兰·德龙无意中说了一句"没想到日本也有这么好的巧克力"。厂家借这句话做广告，销售量大增。时尚传播的第二种方式是"滚雪球"。使用某种新奇商品者，不一定是高层知名人士，而只是普通人，但"大家都说好"，也就流行起来了。在这种情况下，广告主要有一定的识别能力，认准了就制造，通过各种形式的新产品广告，也可以使这种商品成为"时尚"。

3）理性动机和情感性动机。理性动机是消费者根据自己的经验、知识所形成的理智型购买欲望。持理性动机的消费者在购买商品之前，要收集商品的有关信息，了解市场行情，经过周密的思考和分析，才形成购买决策。情感性动机是源于消费者个性心理特征、情感体验所产生的购买欲望。这类消费者在形成购买决策的过程中，不十分重视商品的理性利益，他们利用丰富的想象力和联想力，决定买与不买。

对持理性动机的购买者，广告应该主要采取理性诉求手法，向消费者说明产品的理性利益：包括产品的功能、可靠性、经济性、外型等内容。一般产品的广告宣传都离不开理性的诉求，但对产品的购买者来说，理性诉求更为有效。

对持有情感性动机的购买者，主要利有情感性诉求手法，调动他们的兴趣，使之产生购买欲望。消费者的情感有积极情感和消极情感。针对不同的消费者和产品采取相应的情感设计，这是激发情感性动机的有效途径。消极情感包括恐惧感、罪恶感、羞耻感等。促使人们去做他们应该做的事，或劝告人们终止他们不应该做的事，都可以利用消极情感诉求。有关恐惧感的研究和应用，比其他消极情感更为普遍。例如，香港一家医药商店推出一种治头痛的药，他的设计是：一个人背后站着一个手持利斧的恶魔，作向下猛劈状，此人双手抱着头，其痛苦的形象跃然纸上，如何消除痛苦？请用"××止头痛药"。保险公司的广告，台风大作，海潮汹涌，随之而来的是墙倒屋塌，财产流失。然后公司劝告人们，为了避免或减少财产损失，请参加家庭财产保险。一般地说，广告信息的有效性随着所呈现的恐惧程度的提高而增强。但应该明白，人们对恐惧有不同的容忍程度，超过一定的限度，广告的说服性效果就会减弱，甚至会完全消失。如上述保险公司广告，假如它说台风一来，该地区人民的生命全无保障，家毁人亡，无一幸免，那还参加什么财产保险呢？

4）可控动机与不可控动机。人的动机多种多样，内容非常复杂。广告工作人员主要是研究与人们购买行为有关的动机，对其施加影响。这类动机，属于可控性动机。抽烟喝酒是人们的动机,广告主要了解人们的口味和品牌偏好,给予说服性诱导。但一个学者想在某个领域里有所成就,这样的动机与抽烟喝酒联系不大,烟、酒厂商对它很难给予影响。企业广告对这类动机难以控制,可不予理会。当然可控性与不可控性只是相对的,问题的关键是企业的产品、劳务与某种动机关联程度。如果我们把动机与企业产品、劳务的无关紧要的联系都考虑在内,可以说人的动机都会与企业活动发生关系。换句话说,企业的广告策划,主要放在对可控性动机的研究和应用上,而不是面面俱到。

广告的最终目的是促成消费行为,也就是购买。购买有二种,一种是即兴购买,这种随机的即兴购买受户外广告和商店POP广告影响较大;另一种是理性购买,一般表现在耐用消费品上,消费者从最初接受某商品信息到最终决定购买,有一个比较复杂的蕴酿过程。这一过程又可细分为五个阶段:注意——知觉、兴趣——探索、咨询——评估、决策——购买、使用——评价。如图 4-3 所示。

3. 消费行为过程及广告策略

在进行市场调查和广告创意的过程中,除了必须从整体上了解消费者心理活动的基础——需要外,还应该更深入地了解"需要"是怎样转化为欲望,并进一步发展为购买行为的。正因为广告的最终目的是促成购买行为,而不仅仅是发现需要,因此量化地研究消费者从潜在需要到最终实施购买行为的全部心理过程,并在每一个环节上影响这一过程,是广告成功的关键。

(1) 影响的因素:

导致消费者掏钱购买商品的动机是非常复杂的,影响购买动机的原因更是多方面的,国外在这方面的研究,其中比较常见的说法有柯特勒和阿姆斯壮以及康宁汉的观点。康宁汉将影响消费者购买决定的因素归纳为下列四大类,见表 4-1。

柯特勒与阿姆斯壮更细化地把对购买决策的影响因素分类为如图 4-4 所示。

综合上述二种观点可以看出,对消费者购买决策具有普遍性的影响因素大致有四种。

图 4-3

表 4-1

社会文化因素	社会影响	个人因素	过去购买经验
文化 社会阶层	关系 家庭影响 团体	动机 理解与学习 经济影响	购买决策

```
┌─────────┐
│ 文化因素 │
│         │ ┌──────────┐
│ 文化    │ │社会的因素│
│         │ │          │ ┌──────────────┐
│         │ │参考群体  │ │个人的因素    │
│         │ │          │ │年龄和生命周期│ ┌──────────┐
│ 次文化  │ │          │ │职业和经济环境│ │心理因素  │
│         │ │ 家庭     │ │生活型态      │ │动机、知觉、学习│ ┌────┐
│         │ │          │ │              │ │信念和态度│ │购买者│
│         │ │角色与地位│ │人格和自我观念│ │          │ └────┘
│ 社会阶段│ │          │ │              │ └──────────┘
└─────────┘ └──────────┘ └──────────────┘
```

图 4-4

1) 文化影响。每个人都在一定的民族文化背景中生活，他的价值观、道德观、审美观、消费观以及面临的问题和对问题的反应方式，都受制于这个大背景。正如西方消费者一般不会象中国河南永城的消费者那样，由于听信关于闺女必须给娘家父母买双布鞋才能躲过灾年的谣传而大肆抢购黑布鞋。同样，中国的消费者大概永远也不会对日本的和服产生购买力。关于文化的影响，本书第二章有详细阐述，本节不再赘述。

2) 社会阶层的影响。在市场区隔中，国外一般将消费者的富裕程度进行分层，可以分为：巨富阶层、新贵阶层、功成利就阶层、奋发图强阶层、一般大众阶层、缺乏专技阶层。每一阶层的消费者不但存在着现实购买力的巨大的差距，而且在生活观念、审美判断和思想方法上也存在着巨大的差异。

正因为存在着这些差异,已经形成和正在形成中的各个阶层,其价值观及其行为方式对归属于某一阶层的个人消费者而言,影响是明显的,这些影响主要表现在:

在阶层内部,个体之间有着相当大的消费共性。每一个阶层,一般来说,都有自己特定的购物范围和选购标准,巨富和新贵绝不会对抽奖和折扣降价广告发生兴趣,一般大众阶层也不可能对"极品"及其广告宣传动心。

在阶层外部,阶层与阶层之间虽然存在着很大的差异性,但层级间互相影响也是不可忽视的,其影响的方向一般为:

即强购买力阶层影响弱购买力阶层,表现为弱购买阶层对强购买力阶层的消费水平和消费方式的模仿和攀比。影响的强度以相邻阶层间为最大。阶层间相隔越远,影响度越小。相应的广告创意定位应以相邻阶层的比较和诱导最为有效。

3)群体影响。美国心理学家 W·巴克说:"人是最喜欢群居的动物之一。我们观察和我们自己经历都证实了人喜于结群的倾向是多么普遍。例如,一个学生能历数他所参加的群体,如学生组织、运动队或学生会等。他会说起与同学们一起听课,提起经常和他玩耍的亲密朋友。他肯定还会提起他的家庭、他的宗教派别、政治组织和种族分歧。其他人,特别是中产阶级的成员,无疑也会提到他们参加的各种组织。"

人总是主动或被动,有意或无意地隶属于各种群体,受到群体行为和价值的影响,人会主动或被动地认同群体的判断从而改变自己,这在心理学上称"去个性化"。作为消费者,其购买行为同样会受群体影响而导致一种"去个性化"消费。

这种去个性化消费在一些特殊时期，由于受到群体的巨大压力和示范往往会以一种非理性的形式出现。如中国文革期间人们对服装、发式、装饰等惊人的一致性，使消费者完全变成无差别消费，从而达到极端的全社会的"去个体化"。1989年抢购风潮时，上海许多消费者抢购吸尘器也属于一种群体性的非理性消费。

4）家庭影响。家庭在购买决策中的影响作用是十分关键的，它属于一种内部的、最后的决定性影响。因为所有的外部各种影响所诱导出的购买欲望最后都要在家庭成员中得到评判和认同，这是由家庭成员的亲密性和经济共享性决定的。在中国，家庭的影响力比西方国家更为突出，特别在耐用消费品方面，各家庭成员从各自不同渠道汇集信息，经过对比、权衡，形成一致的意见，从而转变成真正的现实购买力。

（2）影响的强度：

人所从属的群体，其广度和深度是不一样的。从大文化圈到种族、国家、民族、城市、社区、邻居、亲朋以及各种社会团体和组织，人同时工作、生活在各种群体中，受到各群体的影响。如图4-5。从中我们可以看出，群体对消费者购买决策的影响，

图 4-5

其力度由外向内、由松散到紧密、由大到小逐级增强。国外研究表明，除非在政治或宗教风暴时期个人受到所隶属的群体影响极为强烈外，在一般情况下，个体最容易受到与自己最密切和最相近似的群体的影响，如家庭、工作群体（同事）和经常接触的朋友圈以及邻居，由于相互之间有很强的信任度和较大的价值可比性，因此这些较小的群体的行为方式和购买习惯，对个体行为影响往往是最直接最有效的。

群体对消费个体的影响在不同类型的商品上其强度也存在着较大的差异。鲍恩和马场房子分别用同样的测试手段对不同的商品进行调查，得出结果如图4-6。

	对商品的影响				对商品的影响		
		比较弱（-）	比较强（+）		比较弱（-）	比较强（+）	
对商标的影响	比较强（+）	衣服 家具 杂志 冰箱 香皂	汽车 香烟 啤酒 药品		化妆品 米 茶	汽车 机器脚踏车 酒 和服 立体音响	比较强（+）	对商标的影响
	比较弱（-）	肥皂 桃子 罐头 洗衣肥皂 无线电收音机 电冰箱	空调 速溶咖啡 电视机（黑白）		盐 砂糖	空调 女用电发剪 脱毛剂	比较弱（-）	
	（鲍恩调查）				（马场房子调查）		

图4-6 群体对商品和商标的影响

从图4-6中我们可以看到，人们对有些商品如米、化妆品、家具等需要量并不会因为受群体的影响而产生大的波动，总是维持在一个大致的水平上，但对它们的品牌却较为关注。而对另外一些商品如盐、砂糖等的品牌就不太挑剔，自然也就较少受群体影响。这些影响的强弱变化同样也是和广告的影响力成正比的。

（3）影响的方式：

从心理学的角度而言，群体的影响一般通过感染、模仿进行的。

1) 感染

俄国心理学家安德列耶娃认为，所谓感染是指个体对某种心理状态的无意识、不自主的屈从。这种屈从不是通过不同程度自觉地接受某种信息或行为模式表现出来的，而是通过传播某种情感状态，或按帕雷金的说法，是通过"心理调整"表现出来的。这种情感状态往往具有突发性，在一些特殊的场合，通过某种富有感召力的渲染，人就会产生一种"感染反应"。许多公益性广告和政治竞选广告就常常希望通过情绪感染来达到瞬间传播和立竿见影的效果。商品广告中，贵重物品和理性消费品一般不用感染手法，而一些普通商品包括消闲、娱乐和节日装饰品，在强烈的节日气氛和热闹的群众集会场合，采取有感染力的和煽动性的广告和销售手法有时是很有效果的。除了通过特定的环境和气氛来感染消费者外，一些好的广告和销售创意也能起到持久的感染作用。香港一家玩具厂商推出"椰菜娃娃"就是一个别出心裁的好创意。他们生产的所有娃娃的面孔、发型、服饰和身材各不相同，而且每个娃娃都有电脑选择取自童话故事中的名字，最有趣的是在娃娃的屁股上还打出该娃娃的出生"年、月、日"，并附有"出生证"。在经销时，店内贴出告示："椰菜娃娃"是"不卖的"，只能"认养"。只有愿意"认养"的"父母"——顾客发誓把布娃娃当作自己的孩子并表示精心照看之后，才有资格办理认养手续。厂方还向顾客许诺：娃娃周岁，厂家将给娃娃寄生日礼物，以后每逢生日，厂家都将准时给娃娃寄生日贺卡。这一创意引起了人们的极大的兴趣，那些有幸"领养"到"椰菜娃娃"的消费者将自己的"孩子"抱到他们的小群体中，立刻受到了人们的赞叹和羡慕，正因为这一创意蕴含着伟大的人性力量，因而深深地感染了每一个人，"椰菜娃娃"一时成为千家万户都想拥有的"孩子"，很快市场就火爆起来，短短一年就销售500万个，并且持续数年，成了玩具行业中的一大奇迹。

2) 模仿

模仿是群体内部和外部人们之间互相影响的普遍形式，表现为个体在接受别人行为特点的基础上对这些行为特点和各种范例进行复制。"模仿理论"是由 G·塔尔德首先提出来的。这个理论基本上可以概括如下：模仿是社会发展和社会存在的基本原则。由于模仿的结果而产生了团体的规范和价值。模仿是更为一般的"世界重演规律"的一个具体情况。这一规律在动物界是通过遗传实现的，而在人类社会中则是通过模仿。模仿是进步的源泉，因为在社会中的发明是不断地进行的，大家模仿这些发明，尔后，这些发明和发现进入社会结构，并通过模仿被再次掌握。模仿是无意的，并可被看作是"催眠术的范畴"，是"一个大脑的陈腐了的东西由另一个大脑的感觉层再现"。

在消费行为中，模仿是流行的前奏，一旦煽起模仿的热情，购买就会如瘟疫一般展开。牛仔裤的风行就是一种典型的全球范围的模仿，首先从美国，由电影对西部牛仔裤的发现和塑造——底层社会先锋派的模仿——商业价值的发现和广告对牛仔裤的叛逆性格的重塑——整个六七十年代反主流文化中青年人对外在标记的寻求和风行（牛仔裤成为新的逆主流文化的符号）——上流社会确认（美国卡特总统开始在竞选期间穿牛仔裤以赢得底层群众和叛逆青年的好感，西方青年精神领袖萨特穿牛仔裤的宣言式效应）——商品价值的重新发现和在整个西方世界的推广——借着高位西方文化对第二、第三世界的辐射力，牛仔裤更具有了强大的示范性——第三世界国家模仿风潮终于启动（传媒和西方旅游者——城市青年——内陆农村）——终于完成了一次服装业的"启蒙运动"和"十字军东征"。所有这一切，都根源于人性中某种潜在的不安和骚动，然后借助于模仿完成了一次集体大渲泄。

模仿在不同的年龄段，其强度是不同的。心理学研究表明，儿童比成年人具有更为强烈的模仿性，这是由儿童的成长性和社会化发展所要求的。利用儿童的模仿心理进行促销是一个值得探讨的课题，如果暂时排除对儿童身心发展的导向性，仅仅从销售角度看，肯德基的创意策略是成功的。肯德基的最大主顾群体是6~13岁的少年儿童，针对这一年龄段的儿童极强的好奇心和模仿心理，肯德基的销售策略是：

第一，促销的重点对象是少年儿童，因为肯德基炸鸡的消费水平暂时还不能成为普通中国成人的家常便饭，而中国的父母却常常愿意满足孩子较高的消费需求。

第二，向每次消费金额达到一定标准（如肯德基套餐）的顾客免费赠送一件礼品。

第三，礼品虽价格不贵，但必须新颖独特，具有很强的外观上的诱惑力，而且绝不可能在任何其它商店买到（这就区别于某种商业促销所送的礼品往往是能花钱在别处买到的廉价物品）。

如1996年初，在上海，肯德基所赠礼品是一只具有透镜效果的色彩鲜艳、造型奇特的儿童手表，表面夹层还有一只小巧的会滚动的肯德基公鸡。得到礼品的儿童把手表带在手上，到处炫耀，成了免费的广告宣传员，对其它儿童是一种很大的刺激，特别当小学生在班级里将这种手表一亮相，立刻引起同学们的羡慕和强烈的模仿要求，于是"吃"肯德基炸鸡的要求骤然上升，一时全市各大肯德基店人满为患，竟排起了近年来上海罕见的长队，成为当时市民一大热门话题，有的小学一个班级50人中竟有40多人带上肯德基手表，笔者曾为此在一所小学三年级学生中作过调查，结果是：

吃过肯德基炸鸡的人数占总人数的98%；

经常吃肯德基炸鸡的人数占总人数的48%；

主要是为得到与同学一样的礼品（手表）的人数占总人数的55%；

认为别人主要是为得到手表才吃肯德基的人数占总人数的67%；

如果麦当劳也有同样奇特的手表，仍坚持只吃肯德基的人数占总人数的42%；

如果麦当劳有手表，肯德基却没有仍只吃肯德基的人数占总人数的9%。

可见孩子们对肯德基炸鸡的需求除了特殊的好口味外，更隐蔽的动机是为了得到与同学一样的吸引人的礼品，而这一动机的内在趋动力则是强烈的模仿心理。

第四，肯德基礼品不断地周期性的推出，而且决不重复，使小顾客们始终保持对其礼品的新鲜感和浓厚的兴趣，并以此产生持续不断的模仿效应，从而达到促销的目的。

第五，从战略上看，肯德基事实上培养了一代消费者。这代消费者在他们的成长过程中和肯德基建立了某种联系，特殊的口味和曾经给他们带来乐趣的、新奇的礼品随着岁月的流失渐渐化作童年的回味，等他们长大成人之后，肯德基与其它同类快餐业相比，仍将会保有感情上的优先性。所有这些，可能会成为肯德基继续发展不可多得的无形财富。

二、创意与认知心理

1. 注意

引起注意不仅是广告成功的起点，更是广告成功的一半，这是因为与其它信息相比，广告在整体上属于不易被注意的信息。

首先，广告不是事件，不具有新闻性，人们可以对某一政治事件或体育事件等产生兴趣，这是因为新闻适应了人们的心理期待，满足了人们对外部世界的好奇心，广告由于不是对某种突发性事件的客观报道，而仅仅是出于主观目的自己"制造"出来的，因此不可能达到人们对新闻那样的关心和注意程度。

其次，广告不具有戏剧性。与电影、电视剧、戏曲、文学等艺术形式相比，广告缺乏内在的过程和结构，不能构成持续完整的戏剧效果，虽然也可能是一门艺术，但也只能是一门被忽视的艺术，不易引起心理兴奋和全身心的关注。

第三，广告信息传递的不可预期性和瞬间性，很难形成集中注意。如电视广告，它的插播性质和转瞬即逝的特点使广告的被注意具有极强的随机性，这就对广告注意提出了极高的要求。

最后，广告内容的功利性和广告信息对人们心理空间的过分侵占使人产生心理抗拒，抗拒的直接形式就是对铺天盖地的广告的漠视和视觉听觉的麻木，正如当一堵墙上只有一张广告时，它被人们看见了，而当墙上贴满了广告时，人们却什么也看见了。

由此可见，广告要想发挥作用，首先要让人们看见（听见），让人注意。引起注意是广告的第一目标。

(1) 注意的特点及其形式

注意是心理或意识对某一对象的指向和集中。当人们的意识处于不注意状态时，其感官对外界刺激物是"一视同仁"的，此时视觉和听觉等都处于分散和无指向状态。一旦对象物的刺激强度增大和激发了人的心理期待时，感觉系统便会迅速集中并指向某一特定的刺激物，这时便产生了心理注意。注意程度有深浅之分，一个微刻大师在雕刻到高潮时，会象外科医师做眼科手术那样屏气凝神把主体的全身心都投射到同一个焦点上，甚至脚趾都参与，以达到汉语中"翘企"的高度注意境界。禅学上称之为"制心一处"。

因此"注意"有二个鲜明的特点：

第一、指向性，即认知系统的选择性。一旦形成注意，意志和意志所控制的感觉器官就会指向目标物，接受目标物的信号并进行一系列的心理加工。

第二、集中性，即各种视觉、听觉（嗅觉、触觉）以及内部的心理活动甚至外部生理知觉都向某一特定目标物集聚。这种全神贯注的状态是排它的。高度的注意甚至可能阻断对其它刺激信号的输入，导致听而不闻，视而不见，以至鬼使神差答非所问。

注意的指向性和集中性显示出人的心理活动的可控性，即人可以有意识地选择注意方向和注意物，并调动一切心理因素对该注意对象进行认知和记忆，从而提高主体对信号的接受效率。广告正是借助于对消费者注意心理的研究来区分不同的注意形式，找到激发消费者注意力的方法，最终提高广告信息发布的效率。

心理注意从形式上一般分为无意注意和有意注意。

第一、无意注意。

无意注意又称不随意注意，指事先没有预定的目的，也不需要作意志努力的注意。例如，大家正在开会，专心听某人讲话，突然听众中站起一人，大声发表不同的看法，这时所有在场的人都不由自主地将眼光转向他，这就是无意注意。

无意注意取决于内外二个方面因素,从外部而言,取决于当前刺激的突然变化,刺激从无到有突然出现,或者从有到无突然消失都可以引起我们的注意;刺激的突然增强或突然减弱,也会引起我们的注意。就内部而言,不随意注意取决于刺激和主体需要的关系,凡刺激和我们的需要有直接关系,就可以引起我们的注意。例如:二个完全不同的职业和专业兴趣的人,他们同时走过一条繁华的商业街,各种不同的外部刺激信号均等地刺激他俩的器官,但最终他们所得到的信息却有着很大的差别,这就是观察主体的内在因素对刺激作出的不同反映。总之,无意注意就如实验用的反射板,不同材质的反射对同一种刺激会作出不同的反射效果,而同一种反射板,面对不同强度的刺激也会作出不同的反应。商业广告无法逐个预测消费者的心理差异,因此,只有着力研究外部的刺激形式,从而唤起广泛存在的无意注意。

第二、有意注意。

有意注意又称随意注意,指主体有意识、有目的、有选择地对目标物及其关联事物的关注。例如,某人想买一台电脑,他就会有意识地注意各类电脑广告,这样,在众多的报纸广告或电视广告中,虽然各种商品广告的刺激强度相同,但与电脑有关的广告却能非常突出地引起他的注意,进入他的收集范围。这种不是由于广告的外在刺激强度,而仅仅是由于观察主体自身的需求所导出的特别注意就是有意注意。商品广告对有意注意类型的广告设计,一般并不强调简单的外部刺激,而是着重于对产品性质、性能和服务的详细介绍,并着力于通过广告所营造的文化内涵来增加产品的精神价值。

(2)刺激消费者注意的方法

由于大多数消费者对广告的功利目的和夸大其词有所戒心,由于广告本身并不具有真正的新闻价值和持续的艺术欣赏价值,由于广告对人类生活的过度入侵,因此,在总体上,人们对广告抱着一种忽视态度,面对扑面而来的广告大潮,面对始终处于积极主动进攻状态的广告刺激,人们的接受心理反而相应地置于一种被动状态,意识在铺天盖地的广告面前并不具有进取心,感官的临场兴奋程度并不高，人们对广告的注意基本上是一种无意注意。

对广告创意者而言，消费者普遍的无意注意和过度密集的其它广告信息干扰是一种严酷的挑战，正如美国广告专家鲍尔和格雷瑟所认识到的：在美国每人平均每天要接触到大约 1500 个广告，而实际感受到的广告只有 70 个，最终真正留下深刻印象的广告仅有 12 个。要想使自己的广告成为这 12 个之一，确非易事，广告创意者所面临的不仅是来自广告同行的广泛竞争，更要应付已经被无数广告刺激弄得麻木迟纯的人的感官的挑战，除了继续投入"广告刺激——感官兴奋——逐渐麻木——加大刺激——再兴奋——再麻木——再刺激……"这无穷的循环的竞争外，广告已别无选择。要想生存，广告就必须首先"抓住大众的眼睛和耳朵"使人注意到自己。激发注意的创意点子也许是无限的，但基本方法却是可循的。

1）增大刺激物的外延：

研究表明，人的视觉在同样性质和同样强度的对象物面前，总是被空间外延更大的图象所吸引，而且注意的程度随图象大小成正比。针对这一视觉特征，外国广告常常设计出超大规模的广告画面或实物广告，以吸引视觉注意。美国恒德利公司曾以全球首条拉链牛仔裤 Leelol——2 为原型放大制作了一条长达 23 米的巨型牛仔裤，这条迄今为止全世界最大的牛仔裤不仅有 8 层楼那么高，而且重达 380 公斤，前袋可容纳两名职业篮球运动员，后袋之大相当于一张 10 人用的餐桌，缝线总长有 10 公里。1996 年 10 月在北京赛特购物中心前广场上展出时曾引起了很大的轰动。

上海新闻报 1993 年在上海第一百货商店大楼上挂上了一幅用广告布制成的巨大的新闻报，整个版面面积近 500 平方米，覆盖了整片大楼。这一广告在上海商业最繁华的钻石之地迎风而立，其空间幅度远远超过了南京路上的一切商业广告。该广告不仅以压倒优势赢得了极大的注目效果，更产生了一种深潜的文化与商业化的力量对抗，震撼着人的心灵。这就是巨大的视觉效果所产生的冲击。试想，如果让版面缩小到 1/100，那么，它的力量也许就要缩小到 1/1000。这里，巨大的形式起了决定性的作用，正如车尔雪夫斯基所说得：一切崇高美都应和大相联系，或者是形象上的巨大，或者是力量上的巨大。

值得指出的是，刺激物的大小是相对的，是指在特定视野内同类刺激物的相对比例。如报纸广告，所占版面的大小对注目率往往是具有决定性影响。日本经济新闻社曾对报纸的注目率做过一项调查，他们将影响广告注目率的各种要素总括为 16 个项目：

①日期（星期）；②刊载版面；③面积大小；④与新闻报道的相关位置；⑤位置（左、右两侧）；⑥位置（上、中、下）；⑦广告的种类；⑧业种；⑨诉求对象；⑩广告内容；⑪商品图片；⑫非商品之图片；⑬插图；⑭是否只有文字；⑮文字、照片、插图、留白的比率；⑯标题的大小。

结果发现，不管男性还是女性都将版面的大小列为影响注目率的第一要素。见表 4-2。

男女注目率系数排列 表 4-2

男 性	女 性
①版面大小	①版面大小
②业种	②非商品之照片
③刊载版面	③业种
④非商品的照片	④刊载版面
⑤位置 B（上、中、下）	⑤日期（生期）
⑥日期（星期）	⑥文字
⑦位置 A（左右侧）	⑦位置 B（上中下）
⑧文字	⑧广告类别
⑨商品照片	⑨位置 A（左右则）
⑩插画	⑩比率
⑪广告数别	⑪商品照片
⑫比率	⑫相关位置
⑬标题	⑬插画
⑭诉求对象数	⑭广告内容
⑮广告内容	⑮诉求对象数
⑯相关位置（正下、非正下）	⑯标题

可见，在一切相关刺激中，刺激物的空间大小对视觉的冲击是最大的。有趣的是，早在1922年，日本一份地方报纸《福岛新闻》就曾推出一本达250页厚的广告研究书刊，其中专门介绍了当时美国广告界的一项研究成果，即认为一次性的大版面比分割并多次刊出的版面效果更佳，以杂志为例，"跨页广告一次"与"四分之一页八次"的版面大小虽然相同，但前者的广告效果却为后者的四倍半。"全页广告刊登一次"亦为"四分之一页刊登四次的二倍半"。由此可知，大版面的一次刺激比小版面的重复刺激更具有注目的效果。

虽然大版面可以获得高注目率的效果，但是，这毕竟是以广告经费的大比例支出为代价的，而广告创意所要做的却是在广告经费所限定的特定的版面（包括其他形式的广告物）中，在诸多同样版面的广告中脱颖而出赢得更大的注意，因此其它的刺激要素同样是值得探讨的。

2）增大刺激物间的对比度并突出图底关系：

人的视觉感觉对同质的刺激并不容易兴奋，人们一般难以从一大群同质广告中突出地注意个别广告。因此，要想使自己的广告被特别注意，就应设法使自己的广告从背景广告（其它同质广告）中，挣脱出来，与其它广告形成强烈反差，从而将其它同质刺激信号变成为自己广告作衬托的背景。例如在一大片贴满彩色广告的墙体出现一幅冰清玉洁的黑白广告，或者在报纸广告版那密密层层的文字中劈出一块净土（留出宽畅的空白或黑底白字等），都能达到强烈的反差效果，以引起注意。

这种视觉注意的心理原则是：一切信号在视觉中的呈现都要有一定的背景。背景影响和调节人们对物象的认识。换句话说，人们看见一个图象，是指人们看见了在一定背景中的图象。因此，在视觉的选择中"图底关系"的确是起着十分重要的作用，所谓确定"图底关系"，就是确定哪些形象是从背景中突现出来而构成"图"的，哪些仍然留在背景上构成"底"的。

只有形式上的强烈反差才能使自己从背景中突现出来，这种效果从本质上说是一种免费的扩大版面，是将其它同一形式的广告强迫性地置换成一种"底色",因而是非常经济的。关键是怎样获得这种超值的创意。事实上,许多好的广告都在有意无意地运用这种"背景衬托"法。

如上海乍浦路美食一条街,数百家大同小异的用现代装潢材料堆砌起来的金壁辉煌的门楼群中突出一幅远古场景,那荒凉的山岩和若隐若现的恐龙化石,表现了创意者卓而不群的智慧,它带来的甚至不仅仅是注目效果。

报纸广告也一样,杉杉集团的招聘广告在形式上也形成了一种压倒力量,它的出现同样是把周边的报纸招聘广告变成了一种"背景"。见图 4-7。

图 4-7

上述二例,实际上并非高深莫测,仅仅是有针对性地寻找反差的方向,从而形成自己的创意。一般而言,形式上的对比和反差并不复杂,下面例出的只是一小部分,关键还在如何巧妙地挖掘和配置。

彩色——单色	写实——写意	西式——中式
光亮——灰暗	清晰——朦胧	古典——现代
平滑——粗糙	典雅——狂野	现代——后现代
直线——曲线	豪华——古朴	严肃——荒诞
对称——非对称	浓艳——淡雅	唯美——丑陋
和谐——冲突	浪漫——保守	正统——滑稽
平面——立体	微小——巨大	空白——充实
规则——混乱	金属——竹木	运动——静止
聚集——分散	轻盈——厚重	柔轻——坚硬
连接——间隙	液态——固态	透明——不透明

3）加大广告刺激的时空密度：

广告总是在一定的时间和时空内发挥作用的。所谓时间密度是指广告在一个相对定量的空间内重复出现的频率，如报纸连续刊登同一广告的次数和间隔期，在电视上同一个广告的播出频率。恰到好处地掌握广告播出（刊出）的时间密度，是赢得注意的重要条件，过长的时间间隔，会大大稀释人们的注意力，但过于密集地在同一个时间段内重复播出又可能达不到最佳的价值效率比，从而既浪费了广告费又可能引起观众的反感。

所谓空间密度是指同一广告的空间布点，例如在一条马路上，同一种灯箱广告相互之间的间隔距离与广告牌的面积应当设计成一种怎样的关系才能最大限度地调动人的注意。进一步又可探讨更深入的关系：即在同样的经费条件下，究竟是以增大单体面积，从而减少数量分布，还是缩小单体面积以便增加数量，用以更密集的散点分布，这些都需要根据不同的道路性质等情况进行通盘考虑。

百事可乐与可口可乐在上海南京路的争夺大战就颇能说明这一点。1996年开始，凡是到过南京路的人，都会注意到一个十分抢眼的现象即以西藏中路为界，东西南京路布满了同样格式的百事可乐和可口可乐的广告牌，这实际上成了我国路牌灯箱广告的一个新现象。这场南京路争夺战的发动者是百事可乐，他们的创意思路和总体策略考虑是：

第一，正因为南京路是中国最大的城市——上海最繁华的马路，俗称中华第一街，也是全世界人口最密集的马路之一，日纵横流量达几百万人次。广告若能占领南京路，不仅有实际的传播效果，更有极大的象征意义，因此是"兵"家必争之地。

第二，正因为南京路的重要性，导致南京路已经成为广告的海洋，所有的商店招牌和各种路牌灯箱广告已经密密匝匝地挤得水泄不通，似乎已无插针之处。因此，一般形式的灯箱广告其效果将因这种过度的饱和的广告内存而递减，甚至可能如石沉大海般被完全淹没。

第三，一定的数量的广告经费如果平均分散到包括南京路在内的多条马路，虽然空间范围扩大，但其注目效果可能会过于稀释，甚至连"广种薄收"的目的也达不到。唯有集中优势兵力于一条马路，才可能收到事半功倍的效果。

第四，南京路过于紧密的空间不宜设置特大型户外灯箱广告。而小面积广告又难以在令人眼花缭乱的广告海洋中被注意到，因为任何单独或过于分散的中小单体灯箱广告都可能被消极地溶入杂乱的视觉背景中，从而显不出"图底关系"。

第五，由此，基本思路应该是集中经费于南京路，以统一格式的灯箱为介质，对最繁华路段进行地毯式轰炸，从而在视觉上造成整体板块效应。具体做法是：将广告牌设计成 1.5 米直径的圆形灯箱，以区别于其它广告灯箱的方形块状体，从而有利于图底关系的初现。然后以 20～30 米的间隔沿南京路两边以同一视觉高度设置数公里的圆形灯箱。由于形状、视线高度和色彩的统一，这样，在人们的视觉中，所有的百事可乐广告就连成了一体，从而完成了图底关系的建构。百事可乐使广告脱离了南京路纷乱繁杂的视觉背景，远远看去象二条横卧在南京路的巨龙，给人以强烈的视觉冲击。这一创意设计完全达到了注目效果，甚至有一种压倒一切的霸气，逼使人对百事可乐产生一种"强大的帝国"的联想。

正因为百事可乐在南京路的这一灯箱广告设置具有强烈的占领感，才导致可口可乐广告公司也不惜代价以同样的形式在南京西路再造二条红色的巨龙,以抗衡百事可乐广告对人们视觉的侵略,从而取得一种感觉上的平衡。

可见,科学地加大广告的时空密度,是赢得注意的重要手段。必须给予高度重视。

4) 利用刺激物的动态:

运动和相对静止本身也是刺激物间的一种对比,只是这种对比有着更为强烈的效果。正如晴朗的夜空,尽管有数亿颗星星同时呈入眼帘,但只要有一颗流星划破夜幕,就会被极为醒目地注意到,可见人的视觉对动态刺激有着极强的分辨力。

心理学研究表明,人的视觉对视野(心理学称感觉野)中的静态光信号一般呈现出惰性反应,即对直射信号被动接受,但对动态信号如天幕中的流星,却会对其运动轨迹作出连续跟踪。这一视觉跟踪本身并不需要意志努力,但视觉感觉却由此兴奋起来。针对这一视觉特征,广告创意,特别是户外广告的创意就常常从动态刺激着眼。

如上海南京路上曾有一块广告牌,其图象是用数万片小金属薄片拼成的,由于小薄片并非固定,而是悬挂在小钉子上,微风一吹,数万薄片频频颤动,使整幅画面立刻流动起来,加之不同角度的光闪效果,给人以强烈的视觉刺激。正因为动态画面在一大片静态的户外广告牌中有更大的视觉引力,所以近年来,国外广告常常在户外设置超大屏幕的电视幕墙。1996年秋日本松下公司在全美最具宣传效果的时代广场安装了一个83平方米的超大型全景电视,以此和广场楼上的超大型户外灯箱广告相竞争。动态广告有时并不需要太多的投资,只要构思巧妙,照样可以引人注目,日本东京大街上一个商店门口,有一三尺多高的漫画人站三个汽车轮胎上,一充气,"人就胀起来",手上拿着"我家轮胎好"的宣传牌,一泄气,人又有气无力的缩下去,样子十分可笑,这样一胀一缩,颇为耀眼,吸引了许多观众。1996年8月,上海最大的书市——文汇书展期间,偌大的上海展览中心千商云集万人涌动,各书店、书商都花钱做了广告,但惹人注目的要算上海"书香广告"了。书香广告社定制了几百套印有"书香广告"字样的白色 T 恤衫，免费送给所有的工作人员穿，随着工作人员不断走动，前胸后背几百个醒目的"书香广告"标志似乎充满了大厅，给每一个购书者留下了深刻的印象。广告所费不多，收获却不小，确实是一个好创意。

5) 利用人们熟悉的信号：

经验表明，人们对自己熟悉的信号有一种特殊的敏感性，正如当一个人身处异常热闹的环境中时，他对周围发出的各种同样强度和频率的声音并没有什么特殊的知觉，事实上，许多声音都被当作杂音，成为整体噪音的一部分而没有被过滤并注意到。然而，如果有人叫他的名字，他可能立刻听到了，虽然他并没有做意志努力，但这一熟悉的信号却很容易地进入了他的听觉并被意识到了。可见，过去的经验，特别是那些已经非常熟悉的信号，在同样的刺激条件下会更容易地被感觉到。广告要想赢得注意，也应善于利用人们的"心理熟悉反应"，即用人们熟悉的形象去构造画面、设计情节。美国一家食品公司推出的燕麦广告是：五碟燕麦片旁，立着一尊温柔、美丽的维纳斯雕像。经过微妙修饰的维纳斯依然是那样仪态大方，楚楚动人，所不同的是神情略带忧怨，望着那碟燕麦片，流露出一种可望而不可及，无可奈何的情绪，广告语是："假如她有双臂的话……"（意为有了双臂就可伸手取到那碟燕麦片）。广告一经推出，立刻吸引了人们的注意，因为它巧妙地激发了人们储存的记忆。人的心理总是想了解自己所熟悉的事物，特别是那些曾经非常熟悉的事物一旦发生了新的变化，就更会吸引人们对之加以关注。因此可以说，上面这则广告如果不是用断臂的维纳斯而是另一个人们并不熟悉的美女，则不会引起特别的注意，相反如果仅仅是用原来的维纳斯，而不加上任何内容，也将难以达到有兴趣的注意。唯有将熟悉的形象和新异的变化结合起来，才能达到更好的注意效果。

Metlife（大都市人寿保险公司）的杂志插页广告就体现了这种创意思想，经过漫画变形处理的可爱的小狗以人们熟悉的蒙娜丽莎的姿态（图 4-8、图 4-9）一本正经地呈现在你面前，当你迅速翻动杂志上那些千篇一律的呆板广告插页时，这幅特别的画面也许会使你停下来,看看究竟是怎么回事,只要做到这一点,广告已经成功了一半。顺着这一创作思路,可以很容易地发现,那些曾经震撼过我们心灵的古典名作,竟是广告创意取之不尽的宝库,那些深深地烙印在我们记忆里的作品,只需稍加点化便可成就一种新的创意,给人以美的遐想(见彩图7~11)。

图 4-8

6) 突出观众的利益点:

在很大程度上,视觉能看到什么和不能看到什么,并不取决于视觉本身,而是取决于观察者想看到什么和不想看到什么。一项有趣的实验可以说明这一点,拿着一张印有几十种实物(如小刀、帽子、面包、汽车、香烟、书……)的广告图片,给被试者看数秒钟,然后要求被试者将看到的物品,尽可能地回忆出来。正处于饥饿中的穷苦孩子,测试的结果是:几乎所有的孩子都看到了面包,有的还能准确地描绘出面包的形状和色泽;而另一对照组富人的孩子,他们看到面包的比例大大小于穷人的孩子,而

图 4-9

看到新奇的玩具的比例却高于穷人的孩子。可见,尽管是随机注意,仍然有着很大的选择性,选择的重要依据就是人的利益点。同样的道理,只有触动了人们利益的广告才能具有更大的注目效果。新上市的减肥药三雅轻乐酥虽然毫无名气,但与众多昂贵减肥药相比,却有着价格上的优势,于是广告就把着眼点放在人们关心的价格上,打出了广告词:

花一分钱能办到事何必花二分钱。

广告词果然一下子吸引了那些既想减肥又不甘心被高昂价格"宰"的消费者的注意,迫使人们停下来仔细研究该减肥药的功能和效果。

有一则鼓励人们参加储蓄的广告标题是这样的:

从五角到一千元。

1000 元是 5 角的 2000 倍,巨大的差距使人感到意外,可能的利益又敦促人们进一步细读下文,5角钱怎么能变成1000元呢?原来如果每天存5角钱,5年以后,连本带息就可以取回1000元。虽然仅仅是一种新的算法,但广告词却以巨大的诱惑力吸引了人们的注意。

利益是一个十分广泛的概念,涉及到人的一切潜在需要,好的广告总能以适当的方式给人的切身利益以某种提醒,从而激起相应的注意,有一则广告是这样的:荧兴屏上出现了一对母女,一个护士小姐正把她们带进检查室,旁白说:"这母亲患有糖尿病,她的女儿也极有可能罹患同样的疾病"。当护士抽血时,旁白又说:"美国有1100万人患糖尿病,可能你就有,尤其年逾40而且体重过重时,就应去检查。本广告由辉瑞制药公司提供"。

同样的广告语在电视和40余种报刊上登出,虽然广告费高过400万美元,但是,受这种惊人的提醒而迅速行动起来去检查糖尿病的人却猛然激增,与此同时该公司治疗糖尿病的药销量增加了15.4%,赚回来的钱远远超过了广告费。

看来,刻意寻找出消费者的关心点,又能做到与众不同,这样的广告便能引起特有的注意,舒利兹公司的啤酒广告便是一例:

别的啤酒公司竟相以"质纯的啤酒"大加宣传其品质之际,舒利兹公司却在广告中打出"敝公司的啤酒瓶都经过蒸汽消毒"为标题并辅以透明玻璃室内啤酒在清静空气中冷却的照片。文案中还不厌其烦地说明啤酒瓶以机器反复洗过4回、酿酒的水是来自4000m深的纯净地下水,此外,为它带来浓醇口味的酵母是经过1018回试验才开发出来的,并且介绍了其母细胞的制造过程。结果此一广告为其商品带来的极大的成功。

这则在啤酒广告史上有着重要地位的广告成功的关键之一,便是创造性发掘了消费者潜在的利益要求。

7) 追求刺激的新异性、奇特性:

日本本田公司为了开拓自己的摩托车市场,曾做了一系列的广告,让棒球明星出场吹捧,或让摇滚歌星登台游说,然而均不理想。本田公司很困窘，走投无路时甚至想请美国总统尼克松骑在摩托车上亮个相，却遭到拒绝。在这"生死攸关"的紧要关头，他们挖空心思想出了一个怪异的广告。

1988年初，电视荧光屏上出现了一幅崭新的广告，它以闪电式的速度，在黑色背景上交替出现拙劣笔迹书写："我是谁？狗能思索吗？我长得丑吗……"等等让人看了莫明其妙的一连串问题。这从很大程度上吸引了年轻人好奇的观众。与此同时，从背景后面传来各种稀奇古怪的声音，有的像玻璃在撞碰，有的像炸弹爆炸，还有的像儿童在偷笑。到了最后，广告才映出关键性的话题："最新型的本田50型摩托车——即使尚未尽善尽美，但绝不会有什么问题"。可说是"千呼万唤始出来"了。

这则广告迎合了青年人喜好怪异事物的心理，受到了众多年轻人的推崇，连日本雅马哈公司的摩托车广告经理也不得不承认，它不但为本田开拓了广泛的市场，亦为整个摩托车市场打开了销路，引起人们对小型摩托车的普遍关注。

怪诞、奇特的广告之所以能吸引注意，是因为人类普遍存在着与生俱来的好奇心，好奇心使人类永无满足，好奇使创造生生不息。广告作为一种高度创造性的劳动，更应大胆探索一切好奇的表现手法，以此激发受众的好奇心，从而赢得注意。广告以好奇怪异吸引注意的基本形式主要有三类：

第一，语言文字的独出新裁。

北京奥美广告公司征聘人才的广告就颇有新意，它一改以往招聘广告千篇一律的广告语如"欢迎加盟"、"为您提供施展才华的机会"等等老套，而是在报纸上醒目地打出黑体字：

寻找稀有的动物。

广告下面列有六种动物，分别根据每一种动物的特性给予了人格化的特征：

企鹅是彬彬有礼；黄牛是工作勤奋；猴子是脑筋灵活；鹦鹉口齿伶俐；孔雀是追求漂亮；猫头鹰是不怕熬夜。

读者一看便知，这种稀有动物是具备上述六种特征的人，这种广告理所当然地会受到好奇心的注意。另一则招聘广告也颇有意思，广告语是：

只求"三心二意"之士。

细读全文才知三心乃"热心、信心、耐心"，二意是"创意、诚意"。这种初看使人觉得荒谬，再看才会心一笑的广告，正是击中了人的好奇心。因为它违反人们的常识，如某理发店广告，耸人听闻地打出"我要你的脑袋"的标语，一下子就吸引了路人的注意。可见，广告语对人们传统的正常认知的违反恰恰激起了认知的热情。正如当人们第一眼看见正规、严肃的报纸上竟然登出大标题："上海人偏心"时，惊异、好奇心会趋使你详细读正文。原来这是一则房地产广告，由于上海西南部已经成为城市开发重点，上海发展的重心正向西南偏移，而徐家汇环线广场正位于重心地区，在此地买房当然会物超所值。"偏心"一词看似悖谬，弄清原意之后，又不得不叹服这二字确实既形象生动，又准确、贴切，令人拍案叫绝。

文字广告要想获得注意有时并非易事，有人在挖空心思之后，竟然用倒写来调动人的好奇心，美国某百货公司的广告便是如此：

如果你超过35岁……你需要
西东的价廉　（倒念一下）

你是否感到枯燥而了无生趣？你是否经过人群甚至连一个口哨都没听到？你是否失落了发的容光和轻盈的步伐？不要烦恼！你的年纪实在不应如此。你所需要的就是从奥尔巴克百货那里得一到西东的价廉。

如果你正好35岁……就生日快乐！

奥尔巴克百货公司纽约·钮渥克·洛杉矶

第二，图象信号的好奇怪异。

人的视觉受好奇心驱使往往特别青睐那些荒诞悖理的图象信号，一遇到这类信号，视觉所连接的心理感觉便会兴奋起来。广告若能创意出相应的图象，就很容易吸引观众的视线，如彩图12《番茄酱》广告是一幅美国广告摄影名作，展现了一位男士陷入"番茄酱"泥淖而大叫救命的荒诞而幽默的场景，看了让人捧腹大笑，但发笑之余又会悟到正是这种品牌的番茄酱诱人的滋味才会使人深陷其中。

《女丝袜》广告摄影更具非凡的想象力，摄影师大胆地把穿着女丝袜的靓女想象为沙丁鱼，并通过剪辑把她们塞进沙丁鱼罐头，造成了强烈的视觉冲击，广告不仅引人注目，而且给人留下了不可磨灭的印象（彩图13）。

当人们对普通的画再也激不起兴趣时，一个最简单的创意也会令画面起死回生。玉米田俱乐部的广告就是一个例子，只简单地将画面倒过来，一下子就打破了人的视觉习惯，产生了强迫人倒过来阅读的兴趣（图4-10）。

第三，制造荒诞不经的事件广告。

图 4-10

对一些规模不大的中小型商业企业，对一些缺乏知名度或刚刚打入市场想迅速赢得社会注意的企业及其产品，对一些在经营方式和产品性质上没有明显的优势或特色的，似乎更合适以非常规手法制造引人注目的事件，以期获得短期的轰动效应。

日本大阪当今最大的餐馆"吃光"是1970年重新开业的，当时影响很小，急需重振名气，董事长山田六郎是一个惯于奇思怪想的人，鉴于当时罢工风潮此起彼伏，他干脆利用罢工大做文章，把"欢迎罢工"，"我们欢迎攻击"等条幅公开贴出，这种令人啼笑皆非的做法不仅立刻吸引了路人的注意，更由于新闻、杂志等传媒的竞相报道而使"吃光"倾刻间名噪日本。特别有趣的是，这个喜欢"闹事"的董事长为了扩大知名度竟突发奇想，雇人租了10多只牛，并一本正经地给每头牛穿上红红绿绿的礼服，在牛背上放满了洋葱、马铃薯、大青椒、蕃茄、鸡、鸭、鱼、海藻等各种各样的菜。他亲自带头，牵着牛在大阪市招摇过市，吸引了千万过往行人驻足观看，随后报纸电视又为之大肆报道，免费为它作广告宣传，这种出人意料的怪事一经传播，"吃光"的知名度随之大增，生意也越做越红火，第一年做了7000万日元，第二年做了1.5亿日元，第三年做了4亿日元，第四年竟达到了18亿日元。

又如预铸房屋刚刚开始出现在美国市场时，人们普遍对其抱不信任感，认为不牢靠，容易坏，因此销路不理想，美国Nreson广告公司接受了厂商的委托，着手设计了一幅旨在打开销路的广告。这则广告是：大象站在预铸房屋顶上。开始，厂商并不认为会有什么轰动的效果，然而，当在报纸上刊出这幅广告画后，形势异乎寻常地好转起来，预铸房屋以惊人的速度开始畅销。后来，日本在推出此类房屋时，厂商也大量印制了由巨大的搬运机拖预铸房屋而纹丝不动的海报，到处张贴，于是在日本也掀起了购房热潮。

以一些耸人听闻的事件引发人们的普遍注意，确实能达到立竿见影的效果。这样的例子不胜枚举：美国夏威夷《火奴鲁鲁广告者》报，为了庆祝该报创办125周年大庆，事先发布新闻：某月某日报庆,任何来客均受欢迎。并扬言,届时将分切一只足够8000人吃的大蛋糕。那天一早,车马洪流,宾客云集,在蛋糕展出前,人们议论纷纷,猜测着、假设着、观望等待着出现"壮观场面"。报社大厅大门大开,内无他物,当中只摆放着一张特大的蛋糕报纸,足有四张乒乓球桌那么大的面积,这是请高明的厨师用巧克力、奶油糖和面粉等在蛋糕上描绘出《火奴鲁鲁广告者》报专刊版面,其新闻、评论、消息,无不清晰醒目,令人哗然。当天,男女老少随到随吃,吃到中午2时止,足有三四百人,却连报纸四周沿边还未吃完。此举,成为新奇的传闻。

法国一家钟表公司,聘请特技演员为该公司做一则极为惊险的广告。这个特技演员竟以只手攀悬巴黎水车站上的巨钟达一分钟之久。钟楼高达15层楼,这是一个为观众当场表演的广告,博得观众纷纷喝彩叫好。该店还把这个惊险的场面摄制下来,制成广告,进行广泛的宣传。

1988年日内瓦国际汽车展览会上,一模拟者表演机器人的各种动作,如同真的机器人一般,惟妙惟肖,使在场的观众无为此而惊叹。这位表演者名叫让·吉奥瓦尼,是比利时人,他受欧洲IVECO汽车公司聘请,专在这届展览会装扮机器人,为该公司做活广告。25岁的吉奥瓦尼是理发师,由于职业特点,他每天连续站立数个小时,吉奥瓦尼苦练机器人动作已达6年之久。因他在展览会的高超表演很能吸引观众,很多公司都乐意出高酬聘请他在有关大型展览会上做活广告。

总而言之,引起注意是广告的第一步目标,也是广告的"广而告之"功能的直接体现,它应当是广告工作者追求的起码目标。但是,并不是一切能引起注意的广告都能达到预想的效果,在广告策划与创意过程中,还应具体把握轰动效应的度,注意区分不同的文化背景。

例如在西方,广告画面可以将一只巨大的蜘蛛放在人的脸上以造成强烈的视觉刺激,但在中国,人们的审美习惯并不能普遍接受这样的刺激,这种画面引出的只能是令人恶心的效果。同样,中国的国情暂时也很难接受一些特殊的有政治意味的轰动效应,如上海第一八百伴落成开业时,竟以演员扮演毛泽东来接见千万消费者,并哗众取宠地作促销演讲,这种所谓的创意策划显然是不附合国情的。

因此,怎样创意出好的能引人注目的广告,以及是否能引起轰动效应的广告都是有益的,这些问题都需深刻而全面的把握,需要创意人有很强的对民族文化和各种社会因素的综合把握能力。

2. 记忆

广告作用的发挥,在很大程度上有赖于人的记忆。因为大多数情况下,从广告刺激到实施购买有一个时间差,也就是说,人们一般不会在看到广告之后立刻去购买广告中的商品,因此就必须考虑怎样使广告留在人们的记忆里。

由于广告刺激是大量的,人们在生活中随机接触到的各种各样的广告,依客观刺激强度和主观需要程度,有些被记忆储存了下来。当人们在商店货架上挑选商品时,那些被记忆储存下来的广告便会发挥作用。在一大堆陌生的商品中,消费者也许会突出发现一件自己曾经在广告中看过的商品,这时,对购买来说该商品就有了超出其它商品的优势,因为人们总是对自己熟悉的东西投以更大的信任。

不仅如此,有调查表明,被有效记忆住的商品名称与那些人们毫无知晓的商品名称相比,其促销作用往往超过人们的预料。松下电工曾开发了一种耐火板,取名为"松下耐火板",然而销售额却超乎想象的低。照理说,按市场比较分析,如此优惠的价格,如此优良的质量,完全应该是畅销的,况且它们还有强有力的销售网,为什么就是卖不出去呢?后来终于找到了症结,名称不易记忆。于是将"松下耐火板"改为"厨房看守"。想不到一下子商品获得了极大的成功。因为"厨房看守"的名字既形象又具体,而且其作用又是不言而喻的,所以这个名字很快被人们记住了。如果建筑人员或木匠打开图纸,当翻到厨房周围时,他们往往就会将"厨房看守"标在图纸上。到建筑商店去进货时,采购人员往往也是挑那些容易记住的名称,几乎可以脱口而出的商品。既然制品名称、商标都已由顾客指定了，那么，除了"厨房看守"之外，店家还能自作主张拿给顾客别的商品吗？但是假如仍然采用的是"松下耐火板"这个命名呢，按日语应该写成"N（松下）"、"V.F（耐火）"、"B（板）"，即"NVFB"。若是再加个编号，就叫做"NVFB——100号"，建工人员在向商店订货时，很难一下子记住这个番号。木匠更可能忘记。结果只有翻开记事簿查找，但在尚未查到这个名称之前，如果先找到了其他公司生产的同类产品，于是随手就会拈方便的命名订货。只有"厨房看守"的名字能脱口而出，所以订货的人越来越多。该公司的负责人并不以给商品取了个好名字而满足，他还为该商品印制了一张广告画。将用"厨房看守"搭成的小狗窝和用普通材料搭成的小狗窝，并排反映在画面上。从照片上，可以看到，人们将点上火的油布扔进小狗窝，不用说，用"厨房看守"搭的小狗窝，只不过被熏得有点发黑，其他一切完好无损；而普通合成板搭的小狗窝，则被烧塌了，其差别一目了然。这一形象和名称一起加深了人们的记忆，并最终达到了超乎寻常的销售效果。

正因为能够被广大消费者有效记忆下来的广告是促进购买的有力因素，广告创意设计就必须认真探究记忆这一心理现象，以提高广告的可记忆性。

(1) 什么是记忆

记忆是经验的印留、保持和再作用的过程，它可以使个体反映过去经历过，而现在不在面前的事物。记忆这个词，按信息加工理论的说法，是指对输入信息通过编码、复习而予以储存，并在一定的条件下进行检索的过程。

记忆是人类活动得以进行的重要保证。几乎可以说没有记忆，就不可能进行活动。因为在绝大多数的情况下，反应要在刺激消失以后才发生。例如某个刺激物一消失，你就马上忘掉了，那就几乎什么事也干不成。事实上，严格地说，一个人一辈子所对待的事物，真正属于当前的很少，主要是属于过去的，哪怕是半秒钟前的过去。严格意义的"现在"是一种微分极限，即使所谓"心理上的现在"，其上限也只有十秒左右。这就是说，真正属于人们当前接触到的客观事物的比重是很小的。人所有的一切"现在"最终都会成为"过去"而被记忆储存下来。记忆是一切高等动物当前行为的基础,更是人的社会化得以实现的"心理"前提。

(2) 记忆的种类

宇宙间的任何东西,当它接受了别的东西的影响以后,总要发生或多或少的变化,这种或多或少的变化,又总要在它的身上留下一些或深或浅的痕迹。例如,亚麻子油受到光照可以变成树胶状。短时曝光虽然不引起任何可见的变化,但如果以后再曝光,则曾经受过短时曝光的亚麻子油,就比从未受过光照的亚麻子油变成树胶状需要的曝光时间短一点。这似乎表明亚麻油能对曝光经验有所"记忆"。物质现象是这样,心理现象更是如此。人的各种心理活动都会在我们的神经组织上留下一些痕迹。所以任何心理活动都有记忆。而且也只有心理活动留给神经组织的痕迹,我们称之为记忆;至于其它别的痕迹作用则不能称为记忆。人的记忆可以从不同的角度进行划分:

1) 按记忆的内容或记忆印象的性质来分,有形象记忆、词语记忆、情绪记忆和动作记忆。

①形象记忆:其内容叫做表象,所以也可以叫表象记忆,指主体对所感知事物的外部特征和属性的储存、再现。也就是当我们与某一事物接触后,在该事物已经离开眼前时,我们还可以在脑海里把它的各种外在属性浮现出来的那种情况。如我们见到一幅广告宣传画,隔了一段时间以后,我们仍然能够回忆起那幅画的版面大小、所表现的主题、构图形式、颜色和某些特别突出的部位等。形象记忆或表象主要由听觉和视觉形成,但并不是其它感觉形式就毫无作用,人的各种感知觉都可以形成表象,包括味觉、嗅觉、肤觉、动觉、体觉。如关于苹果的表象就可以包括它的气味和滋味。又如饥饿和呕吐的表象,就是以体觉为基础的,打太极拳的表象,这就是以运动觉以基础的。

形象记忆在广告记忆中起着重要的作用,大部分的广告是以形象记忆为主要内容的,因此,必须予以高度的重视。

②词语记忆：是指对蕴含在语言信号中的意义的记忆，有时也称逻辑记忆和意义记忆。包括用概念、判断、推理等思维形式所获得的对道理、定义公式和规律的记忆。词语记忆是成年人记忆的重要形式，一般而言，也是人们学习和掌握知识的重要形式。词语记忆在广告活动中并不具有普遍意义，大多数的广告由于它的瞬息性和篇幅的有限性，并不具有逻辑推理的优势，一般消费者也不会有兴趣对某一常用的商品的广告进行细致的分析和逻辑推敲。因此，只有少数贵重的专业化产品，适合运用推理形式设计广告。

③情绪记忆：指某种曾经体验过的感情和感受经过相当长时期的间隔仍能忆起，也即人不仅能回忆起自己曾经看到过和听到过的某件事，还能回忆起当时看见和听见某件事时的感情状态。常常有这样的情况，当初所经历的事件的细节和具体表象已经淡忘，但当时所产生的情绪却能长久地留在记忆中，一经触发，仍可清晰地体验到。

情绪记忆在广告传播中有着不可忽视的重要作用。广告虚拟环境的营造和广告精神价值的呈现往往得益于人的情绪记忆，如雀巢咖啡广告所营造的精神氛围和那句自然而又富含深意的广告语——"味道好极了"，就常能唤起人的情绪记忆，从而促进消费。日本一家酸奶厂设计了一则广告语：

甜而又酸的奶具有初恋的味道。

这句被称之为具有划时代水平的广告，从本质上看，实际上是创造性地发掘了人类普遍而又极其美好的精神体验，这种天使般神圣的体验深深地烙印在每一个初恋者的记忆中，成为永恒的精神财富，广告语正是成功地激发了这种情绪记忆。

情绪记忆所包括的内容有爱、恨、喜悦、痛苦、厌恶、恐惧、绝望等各种情绪感受。要有效地调动起某种情绪体验并不容易，相反，不利于广告目的实现的某种情绪却常常会碰到，某些单调而又过于频繁重复的广告就常令人反感。例如在几次重大的世界拳击赛直播中，雄牌服装虽然花巨资赞助使人感激，但由于广告播放过于密集，特别是在比赛达到高潮的一分钟休息间隙，当人们急于想看看重播的慢镜头和选手的特写镜头时,却被一再重复的广告一次次地打断,广告无情地剥夺了人们的心理期待,实际上也是给广告留下了致命的创伤。人们当时的厌恶情绪将会长久地保留在记忆里,事后新民晚报等传媒所刊出的文章对这一恶性重复给于了抨击,并说许多人当时都说以后即使买西服也决不买雄牌,这样的结果当然不是广告所预料和希望的。可见对情绪记忆的把握是广告必须认真对待的。

④动作记忆:指曾经做过的运动或动作的记忆。例如对曾经会骑自行车的人来说,即使长年不再使用,然而一旦重新骑自行车,保留在记忆中的动作要领和平衡感又会重现。运动记忆在广告传播中也有一定的作用,某种特殊的商品以相应的动作可以恰到好处地传达一种信息,并使人记住。如邦迪牌创口贴广告那富有弹性的手指动作就极具表现力,给人留下深刻的印象。

2)按记忆储存的时间来分,有瞬时记忆、短时记忆和长时记忆。

①瞬时记忆:又称感觉记忆。这种记忆的保存时间极短,心理学上一般以毫秒计,最长也不过一二秒钟。其特点是当感官如视觉接受某种刺激以后开始兴奋并成像,当刺激停止后,感觉中的图象并不会立即消失,而是有一个滞留期,这种记忆往往是无意识的。瞬时记忆的实际例证是视觉暂留,电影画面传递的连续性和非连续性的统一就是对瞬时记忆所导致的视觉暂留的现实运用。

②短时记忆:其信息在头脑里中储存的时间比瞬时记忆长,一般以秒计,大多在 10~60 秒之间,而且记忆的保持随时间的延续而递减。心理学家 L. 彼得逊 1959 年曾描述了记忆内容随时间延长而衰减的曲线(图 4-11)。说明时间间隔越长,则记忆信号遗忘就越多。

此外,短时记忆的容量也很有限,用一次呈现而不予复习机会的系列性材料来测定,通常只有 7 ± 2 个单位。也就是说,对一组无意义的随机排列的数字或文字而言,信号量越少越容易记,超过 9 个则不易被短时记忆。当然,若能将文字排列出特别

图 4-11

的意义,则不受此限制,但仍然是字数越少越宜于记忆,也便于将短时记忆转化为长时记忆。

③长时记忆:是指信号有效储存时间超过 1 分钟,直至数日、数周、数年甚至保持终身的记忆。长时记忆与短时记忆有着很大的区别,主要表现在:在功能上,短时记忆是为了立刻对某事物进行操作,因此是操作性的。而长时记忆是备用性的,它并不需要立刻呈现出来。我们储存在长时记忆中的信号,不用时处于一种潜伏状态,如果要用,必须使它再回到短时记忆中来,用完就又储存到长时记忆中去。在容量上,短时记忆是有限的,而长时记忆几乎是无限的。在编码形式上,短时记忆的信号可以是无序的,并且与瞬间记忆相比,其编码形式已经从视觉优势更多地转为听觉优势。而长时记忆则更注重意义的识记和编排,有时,一句简单的话语,可以因为它的特殊意义而被人终身记忆,没齿不忘。

广告在记忆方面所要达到的目的就是把瞬间记忆转为短时记忆,然后将所有的短时记忆再转为长时记忆以致永久记忆。从而使人对所广告的商品保持长久的好感。日本一些广告常常在这方面下功夫。1988 年元旦之夜,由上海电视台直播的上海三菱电梯有限公司(日资)成立一周年文艺晚会上,传出一个消息:凡 1987 年元月一日出生的市区小公民可得到上海三菱公司赠送的礼物，地点设在闹市中心某处。翌日，公司总经理亲自将礼品送给第一位来领取的孩子家长，并和最先到达的5位孩子家长合影留念。此举短短几天，牵动了许多人的好奇心，街头巷尾议论纷纷。解放日报记者赶来采访，次日作了题为"上海三菱电梯公司销售出奇招"。共300余位孩子家长在受礼之余，也说出了他们的心里话："上海三菱公司，关心我们的孩子，将来孩子也要为三菱公司出力"；"上海三菱公司能热心为下一代健康成长投资，相信其实力雄厚"。事实证明，仅一周内获得订货的意向已超过往常的5倍，最值得注意的是公司经理认为增加销售远不是这项公关广告活动的目标。公司的目标是展望二三十年以后的将来，因为这些同龄人会以自己童年的经历和深刻的潜在意识影响一大群社会成员。

另一家日本著名的大公司，在其2000年对华广告战略策划书中，建议企业在对华的广告中采用童声和女孩声音或儿歌形式。策划书称：现在中日电器水平有差距，而20年后将基本上处在一个并驾齐驱的阶段，那时谁的无形资产大，谁的牌子亮，谁就是胜者。用儿童做广告，就是为了让中国的孩子从会听话的第一天起就开始收听日本广告。这样到他们20岁时，正好是日本电器的消费者，其用心不能不引起我们的关注。

(3) 增强广告记忆的方法和策略

经验表明，人与人之间在记忆范围、记忆保持时间和记忆方式上存在着很大的个体差异，不同的年龄段也有着不同的记忆力。但是，除了这些个体差异以外，人类的记忆能力和记忆形式还存在着普遍的共性，广告创作还是可以通过对人类记忆共性的挖掘，找到强化人们记忆的方法，从而提高广告的被记忆率。这些方法包括：

1) 精减记忆材料的数量。

人们对大多数稍纵即逝的广告的记忆主要是短时记忆，即便是长时记忆，一般也是首先进行短时记忆再进入长时记忆的。而短时记忆的容量是有限的。如前所述，米勒（Miller G.A.）的实验表现，短时记忆的容量大约为 7 ± 2。意思是在短暂呈现的条件下,大脑能接受的数量至少5个,多至9个,平均7个。也就是说,当刺激物的数目超过7个时,大脑短时会对多出的信号进行排斥而只保留7个,以信息量为单位计等于2.5个的进位单位,图4-12是所述结果的曲线,表示通道容量作为刺激数目的函数。

图 4-12

此外,记忆材料的多寡还会影响到记忆的效率。艾宾浩斯曾做过一项实验,发现人们在识记12个无意义音节时,成诵所需读次数为16.5;识记24个无意义音节,成诵所需读次数为44。这就表明记忆材料的增加与记忆次数的增加不是成比例的,记忆材料增至2倍,记忆次数就相应要增至2.67倍。国外广告心理学家研究还发现,广告标题在6个字以下,读者的回忆率为34%,在6个字以上,则只有13%。可见,广告语特别是广告标题应当奉行精减原则。

一个明显的事实是,历史上一切重大的事件也许会随时间而淡化,但那些隽永、简洁的口号却永远铭刻在人类的记忆里:

"放了我的人民吧!"　　　(《圣经·出埃及记》)
认识你自己　　　　　　(古希腊德尔菲地方的铭文)
自由平等博爱　　　　　(法国革命时期的口号)
记住缅因号　　　　　　(美西战争中美国的口号)
打土豪分田地　　　　　(中国民主革命时期的口号)

当然,简洁明了、朗朗上口的广告也同样能强化记忆。例如：
  味道好极了　　　　　　　　（雀巢咖啡广告）
  只要青春不要痘　　　　　　（台湾去斑霜广告）
  让我们做得更好　　　　　　（菲利浦电器广告）
  今年二十明年十八　　　　　（白丽美容皂广告）

  这些口号或广告之所以被大家所熟知，其中一个重要原因就是简洁，我们不能设想如果将上面的广告语扩充成一句几十个字的广告，即使再有深义，恐怕也难以被人记住并推广。其实好的意图，并不需要更多的语言，世界著名的 IBM 公司只二个字："思考……"便足以让人深思了。

  2）利用形象记忆的优势。

  广告不同于一般的科学知识，广告本身有限的信息容量也决定了广告识记有别于主要以抽象逻辑为主的科学知识的识记。对广告而言其信息大多是以无意注意的形式被摄入记忆的，并且常常是经由短时记忆再转入长期记忆的，因此，鲜活的形象更有利于广告这一特殊记忆形式。如那些减价广告，或者可以表述为打对折，或者可以说减价 50%，或者也可以声称半价销售，但都没有美国一折价广告更形象，广告画面是一把剪刀正对着一张美元准备一剪为二。

  这强烈视觉形象给人留下了深刻的印象。日本一家建筑公司的名称竟是△□○，据"△□○公司"的总经理称：他当初创建了建筑总公司后，在考虑企业名称时，充分运用了形象思维和抽象思维这两种思维方式，当看到屋顶时，便联想到"△"；当看到门窗时，便联想到"□"；当看到人的脸面时，便又联想到"○"。而这 3 种形状经过演绎归纳也恰恰就是宇宙的原开动，因此他非常高兴地用此来命名自己的总公司，并以其做广告。这一形象语言产生了很强烈的视觉效果，当然就大大加深了人们对它的记忆。在食品和饮料广告中，彩色的极富质感的广告画面会让人产生一种条件反射，那些被相应刺激起来的品尝欲望会强化人们的记忆功能。当然形象记忆并不仅仅局限于视觉形象，听觉、嗅觉、乃至触觉、味觉都可以是形象的，如美国一些杂志做产品广告时就带有味道，在印刷过程中，采用"微束包"的工艺，把集中起来的各式气味储放在页面的广告宣传处，读者只要用指甲轻轻划破一下，就有与产品相吻合的气味释放出来，例如介绍杜松子酒时，就有杜松子酒香溢出，使你食欲顿开；介绍香水与护面霜之类时，又会有各种不同的香味任你选择，这种逼真的形象刺激比一般信号更能进入人的记忆。除了实体形象外，文字描述本身也有一个形象化的问题，也即第二信号系统也可通过形象化描述刺激人的感官从而加深记忆。雪碧广告的"晶晶亮，透心凉"，在人们的脑海里所呈现的就是一种真实可感的图象，是一种伸手可触的具象。台湾润肤油的广告语"日晒后，让你的皮肤也来杯饮料吧"，更会使你产生一种实实在在的对皮肤的"同情"理解。

3) 不断重复和提醒。

信号在人的记忆中保存时间的长短不仅取决于信号刺激的强度，还取决于信号刺激的频率。也就是说，外来刺激就象是在人的记忆中划印痕，第一次也许比较浅，唯有多次重复才可能使印痕逐渐加深。人们常说的"重复是记忆之母"就是指的这意思。以至于法国广告撰文家罗伯·加兰说："光是一句'主将再降人间'这句话就重复了2000年，许多基督徒都为之深信不疑"。可见，不管是多么了不起的话，光说一遍是不能指望在一般人心目中留下深刻印象的。对于那些并不涉及人生死存亡的广告来说，要想长久地留驻在人心中，就必须不断地重复。从国外一份研究广告效果的资料可得知，人们熟悉商品的程度和愿买商品的程度是与广告刊登次数成正比的，见表4-3。

当然，广告的重复发布应遵循人的记忆规律，盲目重复不但浪费金钱，有时还可能引起人的反感并导致记忆疲劳。那么，广告重复应当如何把握呢？首先，重复的节奏应先密后疏。由于人的记忆有一种对事物的最初遗忘较大，其后逐渐缓慢，随时间逐渐减低的心理规律。因此，广告发布初期以密集轰炸为主，以造成强迫记忆，而后渐渐以间息性提醒为主，从而始终保持一种记忆状态。其次，重复的内容应同中有异，因为长时间单调不变的

表 4-3 杂志广告重复的次数对读者的影响

	熟悉商品的程度	
未登广告	15.2%	
刊登一次	18.1%	较未登广告组增加 19%
刊登二次	20.7%	较未登广告组增加 36%
	愿买商品的程度	
未登广告	9.1%	
刊登一次	11.3%	较未登广告组增加 24%
刊登二次	13.8%	较未登广告组增加 52%

信号刺激可能导致心理逆反。要想激起更佳的记忆兴奋，必须考虑在主题和关键信号相对稳定的前提下适当变换表现手法，以求多种信号殊途同归。如可以在不同的媒介物（报纸、杂志、广播、电视、灯箱）上分别发布同一广告。即使在同一媒体上也可以不断求新求变，如李华野葡萄酒在报纸上所登的广告就围绕同一主题不断从各种角度去开掘，去寻找新的表达，始终给人一种新鲜的野趣，这就加深了人的总体记忆。最后，重复的信号量可以逐渐递减，当人们对某一种产品的广告内容已经相当熟悉之后，为了保持记忆，仍需进行间断性提醒，但正因为仅仅是提醒，不是全盘灌输，故不需要每次都重复原广告的所有内容。"贝尔蒙多"牌鞋子的电视广告就是很好的一例：广告最初是一个完整的情节，映入人们眼帘的是两双皮鞋，一双是新郎的，一双是新娘的。这时响起一个女人（新娘）的声音："那你回答'是'"（欧美风俗，举行结婚仪式回答问话时说'是'），沉默。此时，新娘的高跟鞋迫不及待地伸到新朗的鞋子里。紧接是男人（新朗）的高声应答"是"。结束时鞋子的牌子登台亮相"贝尔蒙多"。经过一段时间的播放，广告情节已为人们熟知，这时，电视广告开始简化，内容越来越少，时间越来越短，到最后只剩下一幅画面和一个单词"YES"，虽然信息量简化到了极限，但效果却不变，一听到"YES"就足以让人条件反射般联想起该广告，这样既节省了广告费，又达到了事半功倍的记忆效果。

4）提高信息的有序度。

记忆材料的有序程度与人的记忆一般是成正比的。经验告诉我们排列几十个无序的阿拉伯数字是很难被记忆的，但如按人的习惯进行重新排列后，其记忆效率将会呈指数提高。因此，根据人类记忆这一特点，广告应尽量提高广告信号的有序度，其方法主要有：

第一，对信号进行组块加工，就是把广告中的信息进行组织和加工，以排列出新的便于分析、辨认、概括和记忆的结构。心理学上的块，是特指把几个小单位的信号组成一个较大的单位，通过组块，相对于原来的小单位来说，记忆容量可以增大。例如，在图4-13中，甲组散乱地分布着9个圆圈，一眼看去不易正确估计。乙组，同样是9个圆圈，可情形就大不一样，一目了然。丙组，圆圈的数目大大增加，远远超出正常的短时记忆量，但是，就在展示的一瞬间，观看者也能正确地反映圆圈数量。这是利用了组块的原理，把16个圆圈（小单位）组成了四块（大单位），而这四块又编成人们所熟悉的正方形。

图 4-13

在广告中，数字、语言、图案等各种符号都可以应用组块原理来加深记忆。

第二，对信号进行韵律加工。由于中国文字先天具有的构造上的音韵美，中国人有着数千年浸润于诗词歌赋之韵律的传统，对文字的音韵和谐,特别对朗朗上口的押韵有着心理接受上的偏好,因此,在广告词的创作上,若能天衣无缝地达到形式上的押韵,则不仅能很快被人接受,也更容易达到加强记忆的目的。如:

　　东西南北中好酒在张弓　　　　（张弓酒广告）
　　骑车九十九还是骑永久　　　　（永久自行车广告）
　　柔柔的风甜甜的梦　　　　　　（鸿运牌电扇广告）
　　天上彩虹人间长虹　　　　　　（长虹电视机广告）
　　要想英文好首选英汉宝　　　　（英汉宝中英电脑辞典广告）
　　走过路过不要错过　　　　　　（街头广告）
　　星星知我心冰柜数星星　　　　（浙江星星电器公司广告）
　　吃好醋好处多　　　　　　　　（米醋广告）

这类广告词并不需要什么特别的意味,只要在字尾稍加押韵,就能体现出一种节奏感,从而大大地增强记忆功能。

5）利用原来的记忆储存进行组接。

记忆和注意一样有着很强的选择性,凡是那些与人们头脑中原有的信号网络相容的信息,就能比较顺利地被编入人的记忆库,也就是被记忆下来。所谓"原来的信号网络",是指一个人的知识系统、观念系统和语言系统。它包括一个人头脑中已经排列好的全部记忆。这一已经形成的信号网络对外界新信号的接受是有选择的,只有那些能够被顺利编入旧网络的信号才能迅速地被记忆下来。对广告创意来说,消费者原有的经验和语言内存是值得挖掘的。例如,对人们耳熟能详的语言稍加变动就能达到事半功倍的注意和记忆效果。

有一则房产广告是这样的:
旧时王谢堂前燕飞入寻常百姓家
今日共富工薪房圆君多年安居梦　　　　　　（共富新村广告）

这个广告的前二句是引唐代诗人刘禹锡的诗《乌衣巷》:"朱雀桥边野草花,乌衣巷口夕阳斜。旧时王谢堂前燕,飞入寻常百姓家。"中的后两句。用古诗中的名句做广告语,不失为加深记忆的好方法。如:"蓝梦席梦思"的广告语是:

春眠不觉晓还是"蓝梦"好

将孟浩然《春晓》中的"春晓"与"席梦思"联系起来，倒是自然贴切。

春兰集团广告语巧妙地将春兰两字嵌入古诗中也别具一格：

春来江水绿如兰

此外还有：

千呼万唤始出来一鸣惊人赛格牌　　　（赛格牌收录机广告）

不尽长江滚滚来　　　　　（长江计算机集团联合公司广告）

北国红豆情悄悄相思意　　　　　　　　（红豆饮品广告）

除了古诗外，利用人们熟悉的歌词稍加改造，同样能取得较好的记忆效果。

如"金牡蛎胶囊"广告词仅更动了一下《奉献》歌词的顺序，便营造了一种感人的心情：

长路奉献给远方玫瑰奉献给爱人

我拿什么奉献给您我的爹娘

"明星护手霜"的广告更是用了家喻户晓的电视连续剧《渴望》主题歌的一句歌词：

好人一生平安好手日日舒畅

让人在温馨的感觉中获得加强的记忆。

"隆力奇系列保健品"有奖销售的广告语是：

请把我的奖带回你的家

这是套用上海第一届国际电视节的主题歌："请把我的歌带回你的家，请把你的微笑留下"。同样用歌词表现的广告语还有：

蓝蓝天上白云飘白云下面蓝箭跑　　　（蓝箭汽车广告）

太阳最红长虹最新　　　　　　　　　（长虹电视机广告）

我想有个漂亮的家　　　　　　　　（上海装潢总汇广告）

不仅歌曲歌词，一切人们熟悉的口语、成语、影片名等都可借用来作为广告词，以增强注意和记忆，如海南养生堂"龟鳖丸"就借用孙中山先生的名句："革命尚未成功，同志仍需努力"而作：

癌症尚未征服同志仍需努力　　　（养生堂龟鳖丸广告）

上海巨人集团的"脑黄金"广告词就借用了邓小平著名的战略口号:"让一部分人先富起来"而提出:
　　　　让一亿人先聪明起来　　　　（巨人脑黄金广告）
浙江杉杉集团为了表明自己集团的创业精神,干脆就用邓小平的原话作广告词（图 4-14）：
　　　　发展才是硬道理　　　　　　（杉杉集团广告）

图 4-14

　　画面配以万牛奔腾的壮观场面,给人以强烈的动感和整体冲击力,从而加深记忆。与这种强烈的动感相反,"沙田公寓"为了强调自己环境的宁静安适,竟推出了根据前苏联著名作家萧洛霍夫的名著改编的电影名称作广告语：
　　　　这里的黎明静悄悄
　　所有这一切人们熟悉的话语,都是广告创意借以发掘的重要宝库,凭借着这些话语,广告不仅强化了自身的可记忆性,同时也达到了更好的传播效果。

　　6）引导人们的主动思考。
　　经过积极主动思考过的事物,总是比未经思考而漫不经心接受的事物更容易记住。因此,若能制造悬念让人在思考中加深记忆仍不失为一种好方法。一般的广播广告,由于没有视觉图象,很难让人记住,而一则孔雀牌手表的广告设计却很独到：
　　女：世界上什么东西最长又最短,最快又最慢；最能分割又是最广大的；最不受重视,又是最可惋惜的？它使一切渺小的东西归于消灭,它使一切伟大的东西生命不绝？

男：法国思想家伏尔泰的这个谜语曾经把多少学者难倒，亲爱的听众，您也动动脑子，猜猜这是何种珍宝？

女：噢，您不知道？那就请您佩戴上孔雀牌手表，它会帮您解开这个谜底，这就是时间的奥妙。

男：也许，您也知道时间的重要，可您怎样掌握时间的分秒？国家一级名表——孔雀牌手表，会帮您夺得准确无误的分秒！

这则广告的成功之处就在于调动听众的思考，先是让听众去猜寻伏尔泰的谜语，继而再推销孔雀牌手表，在解释谜底的基础上，又提出"怎样掌握时间的分秒"的问题。让听众在自己寻找答案的过程中牢牢地记住孔雀牌手表。在这方面更具有创意的是美国 Bud Light 淡啤酒的广告策划。淡啤酒曾是美国啤酒市场上一种独特的商品，自从美乐"（Miller）于1974年首先上市以来，已经发展成主要品牌。直到1982年 Anheuser－Busch 公司才引进 Budwiser Light 淡啤酒想与"美乐"竞争。但因为"美乐"是当时市场的领导者，它的商品名称几乎等于同类商品的代名词，以至于凡是在酒店里当消费者要"淡啤酒"时，老板总是给他们"美乐淡啤酒"。因此，要想打破这种事实上的垄断，就必须让消费者在酒店里指名要 Budwiser Light 淡啤酒，而这又必须首先让消费者记住自己的品牌名称。于是广告创意首先就将 Budwiser Light 简化为 Bud Light 淡啤酒，然后设计的电视广告是：

一个顾客走进一家酒吧，向酒店老板要一罐淡啤酒，而嘴里说："给我一把火"，这时，画面上出现了火焰及一只小狗跳过火圈的镜头，这时顾客才发现是因为自己说错了（在英文中，"Bud Light"的 Light 意思可以当"轻淡"解释，有时亦可以当作"火"来解释），然后才说："我的意思是给我一罐 Bud Light"。这种用误读的方法先抑后扬，让人们在反常的思考中一下子记住了所广告的产品，确实是一种聪明的加深记忆的方法。

第五章 广告创意的过程和方法

创意是现代广告的灵魂,是广告运作中最具有革命性的一环。一个广告得以站起来并为人们所赞叹的最本质的东西就是创意,将一个有追求的广告人折磨得死去活来的不是制作、不是经费、甚至也不是广告主挑剔的需求,而是创意。有没有创意,不仅是衡量一个广告,也是衡量一个广告人甚至一个广告公司优劣与否的重要尺度。不幸的是,如此重要的创意却没有自己的公式。也许创意的真正本质是神秘的,人们永远不可能用流水线的形式将创意产业化,但是广告创意人还是可以通过对创意过程和创意方法的了解和把握去逐渐逼近这一本质。

一、广告创意的过程

无论创意多么神秘和充满随机变幻,但作为人类的创造性劳动,其思考过程总还是可以呈现一定的轨迹,因而是可循的。包括广告大师在内的许多思想家们对这一轨迹的不同描述可以帮助我们了解这一过程。

英国心理学家华莱士在总结世界著名的科学发明和各种人类的创造活动的基础上,提出了"创造过程四阶段理论",认为:"无论在哪一个领域,无论其规模是大还是小,创造过程一般都必须经历四个阶段,即准备期、酝酿期、顿悟期和完善期。"

1. 准备期

首先是指发现问题、筛选问题以及从中确立欲优先解决的问题的准备阶段。这时,发现问题的准确性、鲜明性、有用性及独特性是关键。只有问题选准了,才能防止盲目性和做无效功。准备期的第二个涵义是，当选中某一个问题后还要进一步从各种角度对该问题进行审视，以准确地捕捉适于解决该问题的思路，准备相关的知识，收集有关的经验，分析有关的事项（或事件），创造有关的条件，并预见可能遇到的困难、挫折和后果。这个阶段，往往是心理高度紧张和精神全力贯注的时期。

2．酝酿期

其主要的特点是"松弛"下来，使心理状态从紧张的"动态"到解脱式的"静态"，亦即"将活动的重点从意识区转向无意识区"。这时的主要任务不再是吸纳新的相关信息和知识（虽然不绝对排斥），而是消除一切无意识地产生的障碍，恢复前意识的自由、舒展的活动状态，促进异质因素的相互提携、相互渗透、相互合作，使前意识和有意识的相互作用获得强化。这是孕育灵感和促发顿悟的时期。

3．顿悟期

这个时期是指经过酝酿之后，创造性思路如柳暗花明似的豁然开朗。常是以"突发"式的醒悟，"偶然性"的获得，"无中生有"式的闪现或"戏剧性"的巧遇为其表现形式的。如果说酝酿期是创造过程中量的积累和循序渐进，那么，顿悟期就是创造过程中质的突破和循序跃进……。它是创造过程中的质的转折点，使整个创造过程上升到一个新的更高的层次。

4．完善期

在这个阶段，有意识的功能又开始发挥"主导作用"从散在的思维状态恢复到集中的思维状态。这一阶段需要对最初闪现的出色的思想、崭新的观念、奇异的构思立即捕捉、即时甄别，迅速追踪和抓紧完善。这时，稍微的迟疑和疏忽，都有可能肇致得而复失、灵思奔逸的后果。完善期也是论证期，是对创造成果及其价值的鉴定期。包括逻辑上的论证和实践价值的论证。这时，还要提出明确解决问题可资实行的实践方式或方向，以免使好的创造构思沦为"空想"。

加拿大内分泌专家应力学说的创立人塞利尔提出的创意七阶段理论，用人类的生殖程序进行概括，不仅形象生动，同样也具有很大的启发性。这七个阶段是：

1. 恋情

指对问题的探索和自然奥秘的揭露抱有一种强烈而持久的愿望和热情，只有像人求偶那样对创新目标进行超常的精力和智慧投入，才能接近目标。

2. 受胎

指有针对性地发现和提出问题，并在问题所设定的范围内广泛深入地搜求有关的信息、知识，为新思想的产生提供资料。

3. 孕育

既是新思想、新观念、新酝酿发育成熟的过程，又是对这些新创意进行修正、补充、发展和完善的过程。像孕妇那样，这是特别地需要"阶段性营养合理构成"的时刻。

4. 阵痛

这是新思想、新观念即将诞生的阶段，是这个"新生命"在智慧的腹中开始操动的时刻，伴随着的是紧张、惶恐和令人窒息的兴奋。

5. 分娩

这是创新智慧痛苦而又幸福的"分裂"时刻，是使人生经历一次"高峰体验"的极乐时刻。

6. 查验

像对新生婴儿那样对刚诞生的新创意进行必要的逻辑梳理和实验论证。

7. 生活

让经过逻辑验证过的"新创意"进入实践，在实践中逐步发展并接受进一步的检验。

美国的发明头脑风暴法的奥斯本博士也把创意过程归结为七个阶段：

1. 定向

强调某个问题（类似于波普尔的"问题"）。

2. 准备

收集与该问题有关的材料。

3．分析

对所有材料进行有选择的整合和分类。

4．观念

用特定的观念对材料进行有意义的组合、分解。

5．沉思

在"松弛"的精神状态下对问题和材料进行富有想象力的思考。

6．结合

把思考中出现的各种闪念进行综合把握。

7．估价

对思考的新成果进行逻辑和价值判断。

美国著名广告创意人，汤普生广告公司高级顾问詹姆斯·韦伯·杨在总结多年广告创意经验的基础上，写出了《发展点子的技巧》一书，提出了"创意五步骤"理论。所谓创意五步骤是指：

1．收集基本资料

就广告创意而言，有二种资料需要收集，即特定的资料和一般性资料。所谓特定的资料是指与所广告的商品或服务直接关联的基本要素和信息；一般性资料则是指个人生活中一切感兴趣的素材。

2．消化资料

比喻创意点子的形成过程就象吃东西一样，要先咀嚼再消化。将收集到的各种资料与广告的目的结合起来进行反复的多角度的拼接与联想。

3．充分酝酿

在此阶段将停止直接广泛的联想，而把所有出现过的各种思想火花进行甄别、归并和提高，将一切疑点逐步摒弃，思路开始向最可能引出好的创意点子的方向集中。

4．创意诞生

据说，如果已真正完成前面三个阶段的工作，自然在此阶段就能形成新创意。因为在此阶段没有任何逻辑的方式可以解释那个真正的创意点子是怎样在资料随机组合和联想中诞生的,换句话说,灵光的突然闪现只是前面三个阶段的自然产物。

5. 强化并发展创意

并不是所有的新创意都是完整的,通常还需依各种不同的情况对其加以修正和调整。在此阶段,需特别提醒,许多好的创意点子会因为发想者常因不能忍受最后的修整过程而失去成功的机会,然而这一过程却是产生真正创意点子的必由之路。

台湾著名广告研究专家樊育志先生则将广告创意过程巧妙归结为 PAIHIAE 法,即是把有关英文单词的头一字母组合而成的。这些关键词是:

P	preparation	准备
A	awalysis	分析
I	incubation	熟悉
H	hint	启示
I	inspiration	灵感
A	assessment	评价
E	elaboration	苦心(亦可译为雕琢)

以上各种阶段划分,是从不同的角度进行的描述,其内涵在本质上是相同的,事实上任何真正的创意过程大致总要经历准备、酝酿、突变、完善几个阶段,只是各人因自身的条件不同,在各阶段有着自己特殊的表现形式罢了。

二、广告与创造性思维

广告创意作为一种创造性的思维活动,其真正核心是思维的突变。要想获得这种思维的飞跃和突变虽然不是一件容易的事,但如下一些思维形式和方法却是人们一直在苦苦探索的。

1. 想象与联想

想象力,可以说是人类思维能力进化的最辉煌的成果,也是人类文明进步的精神前提。正如马克思充满激情地赞扬的:"想象力,这个十分强烈地促进人类发展的伟大天赋"。苏格兰哲学家杜尔德·斯特华特说:"想象力才是人类活动最伟大的源泉,也是人类进步的主要动力。……毁坏了这种才能,人类将停滞在野蛮的状态之中"。科学巨人爱因斯坦也说:"想象力比知识更重要","想象力……包括了整个世界"。因此可以说,无论是在政治、经济、军事,还是在科学、文学、艺术(包括广告)的一切领域都似乎应验了拿破仑的一句话:"想象力统治着世界"。

想象有二种:一种叫再造想象,另一种叫创造想象。有一则书刊的广告语是这样的:

"《罗密欧与朱丽叶》是一部伟大的典型的爱情的悲剧,也是青年莎士比亚的抒情诗。

在风景如画的意大利蓝天之下,在风暖花香的南国月明之夜,在互相仇视的两个古老贵族的家庭环境中,展开了热烈、坚定、强烈、不幸的爱;唯其热烈,所以它冲破一切藩篱;唯其坚定,所以它在幸福和死亡之间找不到一条中间的路;唯其强烈,所以它把两颗年青的心永远系在一起;唯其不幸,所以爱的陶醉之后紧跟着就来了死亡。德国戏剧作家勒辛格说:这是他知道的唯一的由爱本身完成的悲剧。

德国革命诗人C·郎道埃尔则赞美说,不论在任何时代,对任何民族任何阶级,这都是永远年轻,永远活泼的爱的悲剧。其中成为千古绝唱的阳台上的一景达到了莎士比亚青年时期艺术的极峰。"

当你读完这则广告后,会自然地在脑海里浮现出一幅欧洲文艺复兴的圣地——古意大利的风情画,那迷人的夏夜和苍茫暮色之中,曾经演绎过的一场凄惨的爱情悲剧。这种经由文字符号而建构起的一种具体场景的想象就是再造想象。再造想象就是通过语言描述而在头脑中出现了相应的表象。广告语是用文字写的,但可以使读者想象出其中人物和各种情节的形象,对语境进行形象化的再造,这就是再造想象。

创造想象是指用思想对各种原来形象进行重新拼接,从而在整体上产生一个既不同于现存事物,又符合内在逻辑的新的表象组合。《生存智慧论》的作者金马先生曾描绘了一则惊人的类似

公益广告的雕塑,从中我们可以体悟出什么是创造想象:

　　葱葱郁郁的丛林,那是大山的秀发;

　　陡直高悬的峭壁,那是大山睿智的额头;

　　漫坡盛开的樱花,那是大山健美的脸颊;

　　淙淙流淌的小溪,那是大山正在倾诉的心声;

　　………

　　一具庄严典雅"自然神",天工出色的造化。不过,她好像还缺少点什么?或许这是大自然这个俏皮而又多智的导师给人间留下的问卷。

　　大山的倾诉好似带着强烈的希冀,还带着一丝忧怨。

　　她到底还缺少点什么呢?

　　多少个世代过去了,大山依旧不无憾地继续倾诉着……。

　　忽然,一颗艺术的精灵感悟了大山的希冀,听懂了大山的心声。原来,大山还缺乏一双通灵达古的眼睛。于是,在大山的"额头"下,有人悬挂了各宽12米、高7米的两颗眼睛。大山突然像从梦呓般的倾诉中苏醒了。她像一个洁美无比的天使,用温情脉脉却又不乏警觉的眼光俯视、环顾着前来拜望的人群,好像是在把人们揽在她温柔的怀中谆谆告诫;人类如要体面潇洒地生存,决不可以不计后果地玷污和损害大自然的一草一木——人类赖以生存的基地。

　　这是出现在日本山区的一座借景生情、借景出新的立体雕塑。其构思之巧妙,其借景之气魄,其效果之出色,其意境之深邃,均使人叹为观止。这真不愧为地灵人杰的天衣无缝的合作。

　　将眼睛组合到巨大的山体上,让山复活成人,这种想象可以说丝毫不比埃及人组合狮身人面像——斯芬克斯的创造性逊色。这就是创造想象,运用思维的力量将完全不同的二个事物结合起来,创造出一个新的事物。这里创造想象的材料虽然是自然的、现存的,但它们的结合却往往是巧夺天工的,孕含着一种神启的力量。想象不是简单的幻想,而是符合生活逻辑的创造。正如黑格尔所说:"如果谈到本领,最杰出的艺术本领就是想象。但是我们同时要注意,不要把想象和纯然被动的幻想混为一事,想象是创造性"。作为一门艺术,广告需要真正的创造性想象,广告的实质力量不是图象本身,而是图象背后的创造力,正如人们对 Levis 牛仔裤裸体广告的赞美,其实并不是赞美图象本身,而是赞叹潜藏在图象语言背后的伟大的想象力,是赞叹人类不朽的创造力。只有那些富含创造性想象的广告才能称为"上品"。

想象的最普遍的形式就是联想。所谓联想,就是用想象将不同的事物及其属性联系起来的一种思维方法。由于客观物质世界中的万事万物是普遍联系的,这种事物之间的普遍联系反映到了人的头脑中,就会形成心理和观念上的联系。因此,由一种事物及其特性而想到另一种事物及其特性,或者由一种观念符号触发而想到另一种观念符号或经验内容,人们称之为联想。巴甫洛夫的条件反射学说认为,联想是神经中已经形成的暂时联系的复活。也就是说:"暂时神经联系乃是动物界和我们人类本身最一般的生理现象,而且它同时又是心理学者称之为联想的心理现象,……这儿二者完全是融合一片,彼此互为吸收并完全同一的东西"。因此,人们也常常把条件反射的建立看成是一种联想的形式。

古希腊哲学家亚里斯多德认为,一种观念的发生必然伴随以另一种与它类似的、或相反的、或接近的观念的发生。这种在空间上或时间上的接近、对比和类似的观念的联系,被称为三大联想律:接近律、对比律和类似律。这三种联想律在广告创意思维中有着广泛的运用。

接近联想:指不同的事物或现象之间的比较接近的方面所导出的联想。今天在国际市场已负盛名的日本"西铁城"手表,在新表刚问世不久,就力图在世界人口第二大国的印度打开自己的市场。一天,印度河边某一群村落,在一阵狂风大作后,天上竟然下起了奇特的"金币雨",人们拾起一枚枚沉甸甸的金币,诚信这是佛祖释迦牟尼给人们带来的福音,很快,电台、报纸等新闻媒介把"天上掉金币"的消息炒得沸沸扬扬,传遍了整个印度。当时正在印度推销"西铁城"手表的田中三郎听了这个消息后,突发联想,一条广告妙招旋即形成。第二天,"卡拉明齐下了一场西铁城手表雨"的新闻又一次旋风般地席卷了整个印度,使原本陌生的"西铁城"一下子在印度人的脑子里扎下了根,借此广告,"西铁城"可谓旋风一般在占领了印度广阔的市场。

对比联想:即在特征和属性上相反的事物容易发生联想。台湾的一则推销企业管理百科全书的广告,将乍看毫不相干的书与酒进行对比,以此来衬托书的价值就很有意思,这则广告是这样的:

标题:书与酒

副题:价格相同,价值不同

画面:一本企业管理百科全书,一瓶酒

正文:一套书的价格只相当于一瓶酒,但价值及效用却大为不同。尤其,花一瓶酒的代价,买一套最新的管理知识和有效的管理技巧,使你的企业能够提高效率,增加利润,快速成长,无论如何都是值得的。

因为,酒香固然令人扑鼻陶醉,但不过是短暂的、刹那的美妙。

书香,却是咀嚼的品味,历久弥新,源远流长。

一本好书,能为你带来智慧和启示,让你解惑去忧,触类旁通。

所以:与其花钱买醉,不如斗室书香。《企业管理百科全书》,正是为每一位经营者的,它是140位经理、学者智慧的结晶,由20位专家联合编纂。拥有一套"企业管理百科全书",任何企管新知,伸手可得,真正是对付经济不景气,与同行业竞争最有力的武器。

类似联想:是指形式和内容上相似的事物容易激发联想。福特汽车现在已是世界上很出名的汽车,但是当初福特汽车的广告创意却是煞费苦心的。当承担福特汽车广告的创意者尝试了每一种可能,写下一系列文字,但最终却未找出一个圆满的答案时,他心灰意冷,将手中最后一张稿纸缓缓撕成两半,突然间,他的眼睛亮起来,这撕纸的声音与车内的噪音相比如何?当他将这两种都非常熟悉的声音联系在一起考虑时,一切都变得简单了!此时此景,用得上中国的一句古诗"众里寻她千百度,蓦然回首,那人却在灯火阑珊处。"一个创意,一个前所未有的富有表现力的创意诞生了:

"和撕纸的声音相比,福特汽车的声音变得悄然无声。"

联想是人类的一种特有的思维方式,实际上,一切由此及彼的想象都是一种联想。因此,联想并不仅仅局限于以上三种,在生活中,还普遍存在着多样化的联想形式,如因果联想、推理联想、情感联想等等。有时,广告创意还需同时利用几种联想。日本产业能率大学教授在其《广告心理学》一书中还特别提出了一种映象心理联想,这也是一种多重联想,他举丰田车广告为例:1979 年丰田车在其新上市的广告中,让刚刚走红的日本影星山口百惠穿着鲜亮的红鞋子为丰田车做电视广告。刚刚走红的山口百惠与即将走红的丰田车、红鞋子与轿车,颜色与语义发生了神秘的联系,加之由于日本人对熟悉的安徒生童话中的"红鞋"以及当时在日本广泛传诵的野口雨情的童谣"红鞋"等综合影响,许多人都不由自主地会在心中产生遥远的国度、西洋、儿时的情景、真挚的情感、新鲜向上的追求等联想,从而使丰田车建立起了自己的广告形象。

2. 灵感与直觉

灵感与直觉是人类创造性思维中最奇妙的现象。翻开人类文明的创造史,我们在不同的时期,不同的领域中,几乎都可以看到灵感的存在,它象闪电一样划破思想的夜空,引领着人类的精神。

爱因斯坦在回忆他 1905 年 6 月写作狭义相对论论文的情景时对他的好友贝索说,在这之前,他已经进行了好几年的思考和研究,然而那个决定一切的观念却是突然在脑子里闪现的。一天晚上,他躺在床上,对于那个折磨他的谜,心里充满了毫无解答希望的感觉。他的眼前,似乎没有一丝光明。但是,突然黑暗里透出了光亮,答案出现了,他马上起来执笔工作。五个星期后,他的论文写成了。他说:"这几个星期里,我在自己身上观察到各种精神失常现象。我好象处在狂态里一样。"1873 年一个春天的夜晚，列夫·托尔斯泰不停地在书房里徘徊着，他在苦苦地思索着长篇小说《安娜·卡列尼娜》的开头。这部小说的内容和情节，他在前一年就想好了，但是苦于找不到好的开头，一直没有动笔，现在他仍然苦思无绪。这时他偶尔走进大儿子赛尔盖的屋子里。赛尔盖正地读普希金的《别尔金小说集》给他的老姑母听。托尔斯泰拿起这本书随便翻了一下，他翻到后面一章的第一句："在节日的前夕客人们开始到了。"他兴奋地喊起来："真好！就应当这样开头。别的人开头一定要描写客人如何，屋子如何，可是他马上跳到动作上去了。"托尔斯泰立即走进书房，坐下来写了《安娜·卡列尼娜》的头一句："奥布浪斯基家里一切都乱了。"就此，文思泉涌，一发不可收拾。

哪里有人类的创造活动，哪里就会出现令人神往的灵感之花，这是一条古今中外概莫能外的创造规律。这些令人神往的灵感之花，尽管在各个不同的领域有各不相同的表现，但就认识活动的一般要素来讲，它们都具有使创造者本人都感到疑惑不解的奇异性。对这一奇异的精神现象，许多学者都进行过分析和描述：

黑格尔说："想象的活动和完成作品中技巧的运用，作为艺术家的一种能力单独来看，就是人们通常所说的灵感。"

别林斯基说："灵感是一种痛苦的、可以说是病态的精神状态，它的征候现在已为大家熟知。……灵感是一种不是被人的意志，而是被与此无关的某种影响所唤走的灵魂的精力。"

H.奥斯本说："在这个术语的一般用法上，我们常常指的是一个人（在他自己或者别人看来）仿佛从他自身之外的一个源泉中感受到一种助力和引导，尤其是明显地提高了效能或增进了成就，这时候我们势必会说这个人获得了灵感了。"

广告大师大卫·奥格威也以自己的亲身体验讲到："创作过程要求的不止是理性。大多数独创的构思甚至无法用文字来表达，是不可言传的。它是"一种意念，受制于直觉，受潜意识启发，经过不断地探索和实验所产生的"。大多数生意人都不能作独创性的思考，因为他们不能摆脱理性的桎梏。全心全意的想象力被束缚住了。"

综合而言，人类的灵感思维虽然有着多样化的表现形式，但基本的过程却是相近的，可以概括出如下特征：

（1）非预期的突发性

费尔巴哈说："热情和灵感是不为意志所左右的，是不由钟点来调节的，是不会依照预定的日子和钟头迸发出来的"。达尔文曾经回忆说："我能记得路上那个地方，当时我坐在马车里，突然想到一个问题的答案，高兴极了。"数学家高斯也兴高采烈地说，他求证数年而未解的一个难题"终于在两天以前我成功了……象闪电一样，谜一下解开了。我自己也说不清是什么导线把我原先的知识和使我成功的东西连接了起来"。对这些突如其来的灵感，普希金在抒情诗《秋》中作了十分生动的形象的描述：

诗兴油然而生：
抒情的波涛冲击着我的心灵，
心灵颤动着，呼唤着，如在梦乡觅寻，
终于倾吐出来了，自由飞奔……

思潮在脑海里汹涌澎湃，
韵律迎面驰骋而来，
手去执笔，笔去就纸，
瞬息间——诗章迸涌自如。

（2）不受意识控制的非自觉性

从灵感激发机制的一般程序看，无论是随机的外界偶然事件的发生，还是积淀意识提供的内在思想闪光，都不受人脑意识机构的直接控制。这样就形成了灵感这种精神活动特有的非自觉性。罗丹在《回忆录》中谈到《流浪的犹太人》这件作品的产生过程时写道："有一天我整天都在工作，到傍晚时正写完一章书，猛然间发现纸上画了这么一个犹太人，我自己也不知道它是怎样画成的，或是为什么要去画他。可是我的那件作品全体便已具形于此了。"这种奇异的非自觉性常常使一些创造者相信真有什么"天启"、"神助"，其实它不过是潜藏在人脑中的一种特殊理性。

(3) 心物感应活动的不可重复性

灵感活动是发生在认识高级阶段上一种心物感应活动,是主观的心与客观的物在特定的条件下的一种突然沟通。由于每个人所处的环境,所碰到的外界机遇绝不会是完全一样的,各不相同的心,各不相同的物,再加上各种不同的心物交感条件,这三者合起来就产生了灵感创造活动的不可重复性。对此,别林斯基十分深刻地指出:"两个人可能在一件指定的工作上面不谋而合,但是在创作上绝不会如此,因为如果一个灵感不会在同一个人身上发生两次,那么,同一个灵感更不会在两个人身上发生。这便是创作世界为什么这样无边无际、永无穷竭的缘故。"

(4) 认识过程的跳跃性

物理学家德·波罗意认为:"当出现了摆脱旧式推论的牢固束缚的能力时,在原理方法上均为合理的科学,仅借助于智慧的突然飞跃之途径,就可以取得最出色的成果。人们称这些能力为想象力、直觉和敏感。"创造性的灵感,正是智慧在摆脱常规的形式逻辑思维方式的束缚后冒险的突然一跃,它是在跳跃性的认识突变方式中实现的。

(5) 反常规的独特性

在认识成果上,应该说认识的灵感方式和传统的形式逻辑思维方式都有创造性,区别仅在前者具有反常规的独特性,具有突破传统思想的开拓性,后者则只能在不超出前提知识的条件下进行创造。形式逻辑的线性思维方式,优点是可靠性程度高,弱点是易受传统思路的束缚,因而在遇到需要突破传统的课题时,就不得不让位于非线性的灵活的灵感方式。正因为如此,不少有创见的科学家都热情地赞叹灵感、直觉特具的反常规的革命性、独创性。萨尔顿说:"科学总是革命的和非正统的;这是它的本性,只有科学在睡大觉才不如此。"福克则说:"伟大的,以及不仅是伟大的发现,都不是按逻辑的法则发现的,而都是由猜测得来的,换句话说,大都是凭创造性的直觉得来的。"

灵感和直觉的激发是一个迎合了多因素、多环节、多联系、多层次的复杂的大系统,其图式为:

思想点化 这种灵感的触发信息是在阅读或交谈中偶然得到的某种闪光的思想提示。例如奥地利音乐家舒伯特一次走进一家小酒店，随手拿起桌上的莎士比亚诗集读了起来。忽然他拍桌自语道："啊，有了，有旋律了！"伟大的生物学家达尔文有一天躺在沙发上阅读英国经济学家马尔萨斯的《人口论》作为消遣，当他读到马尔萨斯关于繁殖过剩而引起生存竞争的理论时，大脑里好象电光一闪，突然想到：在生存竞争的条件下，有利的变异会得到保存，不利的变异则被淘汰，由此促成了生物进化论的形成。

原型启示 传说我国春秋时代最优秀的工艺匠鲁班就是从被茅草边缘的细齿割伤而得到领悟，去创造锯子的。与此类似，格尔塞在啤酒店受啤酒汽泡溢出的启示，构成了"液态汽泡室"模型；威尔逊看到太阳照耀在山顶云层上所产生的光环，受到启发后制成了云雾室——一种研究放射性物质的仪器。

形象体现 列宾画扎布罗什人，曾研究了档案中的大量历史资料，作了不少探索性草图，画得苦苦不得安宁。一天，他去找一个人，当门一开，里面传出了哈哈哈的笑声，他立即告辞回去，重新构了草图，一群正在笑的扎布罗什人使他长期酝酿的主题终于"活"了起来。

情境感发 这种情形主要发生在包括广告在内的艺术灵感中，它的触发媒介不是某种具体的信息，而只是一种气氛、一种情境。在这种气氛、情境的感发下，作家、艺术家大脑中的有关创作素材，包括已沉积在潜意识中的信息都会十分活跃地涌现出来。俄国作曲家格林卡的著名歌剧《伊凡·苏萨宁》创作中断时，突然受到一幅绘有家乡房舍版画的启示，他想象里立刻浮现出壮丽的俄国冬景图，产生了动人的旋律。雪莱谈到他的诗剧《解放了的普罗米修斯》的创作时说："我的这首诗大部分是在万山丛中卡拉卡拉古浴场残留的遗址上写作的。广大的平台，高巍的穹门，迷魂阵一般的曲径小道，到处是鲜艳的花草和馥郁的树木。罗马城明朗的晴天，温和的气候，满空中活跃的春意，还有那种令人神醉的新生命的力量；这些都是鼓舞我撰著这部诗剧的灵感。"

潜知的闪现 这种灵感现象的触发信息来自积沉在大脑意识阈限下的潜存知识。如门捷列夫有一天动身离开彼得堡去办与元素周期律研究毫不相关的事情。他坐在候车室里很快就要上火车了，他竭力不去考虑任何跟他出差无关的工作。然而就在这时，他心里突然闪现了未来元素体系的思想。契柯夫也以他的创作体会描述了这种灵感现象："平时注意观察人，观察生活，……后来在什么地方散步，例如在雅尔达的岸边上，脑子里的发条就忽然卡的一响，一篇小说就此准备好了。"

潜能的激发 这种灵感现象就是我们通常所讲的急中生智。它是人脑中平时未发挥作用的那部分潜在的智能在危急状态中的突然激发。曹植七步成诗，就是这种智力激发的典型。曹丕继位，曹植不满，拒不奔丧。曹丕便派兵将他擒来，限他七步成诗。急难中，曹植百感交集，结果应声而成千古绝唱：

　　　　煮豆燃豆萁，豆在釜中泣，
　　　　本是同根生，相剪何太急！

现在风靡世界的"背越式"跳高技术首创者美国运动员理查德·福斯伯，11岁那年在上小学体育课时，一次老师点名叫他跳高。当时福斯伯思想正在开小差，在慌乱中匆匆奔向横杆，结果却是面向老师、背对横杆，并在一急之下，把老师教的姿势都忘了。于是他急中生智，索性顺势就地腾起，奇迹般地跃过了 1.15 米的横杆，倒在沙坑里，引得同学们哄堂大笑。他的体育老师慧眼识才，及时帮助他完善这种独特的跳法。经多年训练，福斯伯终于在1968年墨西哥奥运会上用"背越式"征服了2.24米的高度，打破了当时的奥运会纪录。

创造性的梦幻。如19世纪美国著名发明家赫威想发明缝纫机，但多次试验均未成功。一天夜里他梦见国王向他发布一道命令，如果24小时之内不创造出缝纫机就用长矛处死他。他看见矛尖有小洞的长矛慢慢在升起又慢慢地降下，一阵激动使赫威醒来，他当即设计了针眼靠近针尖的缝纫机，结果获得了成功。又如格拉茨大学的药物学教授洛伊，一天夜里在睡意朦胧中想到一个极好的设想，马上用笔记了下来。翌晨醒来，他知道昨天夜里产生了灵感。可是怎么也看不清自己的笔记。他在实验室里整整坐了一天，面对熟悉的仪器，就是想不起那个设想。到晚上，他无可奈何上床睡觉，但是到了半夜他又一次醒了过来，还是同样的顿悟，他高兴极了。这回，他仔细地记录了下来。次日，他走进实验室，以生物学历史上少有的利落、简单、肯定的实验证明了神经搏动的化学媒介作用。

下意识的逻辑——生理结构 由大脑神经网络系统中的逻辑——生理结构引起的下意识的信息处理活动，常见于作家的艺术创作过程。这种精神状态一旦出现，作家、艺术家就会似醒似醉、意不由己、情不自禁地跟着自己创造的人物形象走，从而得到意想不到的创造性灵感。如列夫·托尔斯泰在谈《安娜·卡列尼娜》的写作时说："关于渥伦斯基在和安娜的丈夫会面后怎么扮演他的角色的一章，我早已写好了。我开始修改，可是，渥伦斯基完全出乎我的意料之外，毫不迟疑地开枪了。现在呢，对进一步的发展看来，这却是有机的必然了。"

总而言之，灵感的激发形式是多种多样的，处在紧张创作之中的广告人应当随时随地让自己的思想处在待激发状态，广纳信息，积极思考以便迅速抓住转瞬即逝的灵感。

3．禅思与冥想

佛教进入我国以后，与我国传统的道教相融合，逐渐发育出了我国特有的教种——禅宗。禅宗的思想方法在人类思维方式上独出一帜,与逻辑推理的思维方式相比,禅宗的思考更注重内心的神秘体验,更善于灵活地把握禅机、触类旁通,举一反三,确实是创造性思维的一种特有形式。

禅思在思想的触发机制上有着自己独到的方式,这主要表现在:

(1) 参话头,引出疑问。即通过提出问题,唤起疑念,并将其推向极端,激发起内心深处的一种意志力,突破思想的障碍,使"心"开启,求得觉悟。因此,所谓参话头,在禅宗看来是"悟心的妙法"禅师的很多公案就是采用这种方法导人致悟的。例如,唐代禅师赵州从谂曾向习禅者提出一个著名的公案:

问:"如何是祖师西来意?"师曰:"庭前柏树子。"
曰:"和尚莫将境示人?"师曰:"我不将境示人。"曰:
"如何是祖师西来意?"师曰:"庭前柏树子。"(《五灯会元》卷四)

后来,僧人问佛教的根本要义时,赵州也以"庭前柏树子"回答。在这里,"柏树子"的意义,只能体会,而无法诠释。赵州是想以"庭前柏树子"这一眼前事物遮断习禅者惯常的逻辑思路,使其感到自己的思维进程突然被打断,不知道有什么办法打破仿佛矗立在面前的一道墙壁,显得焦急万分。这时,便会在习禅者心中唤起疑念,并用整个身心的力量加以钻研,全力以赴地去冲击面前的墙壁。在此过程中,便有可能超越理性思维的界限,意外地打开从未意识到的内心领域,突然获得"悟"。赵州的这一公案后来又成为弟子们的话头。有人问赵州弟子慧觉禅师:"承闻赵州有'庭前柏树子'的话,是否?"慧觉回答:"无。"问者随即揭明真相说:"往来皆谓僧问:'如何是祖师西来意?'州曰:'庭前柏树子'。上座何得言无?"慧觉回答:"先师实无此语,和尚莫谤先师好。"(同上)慧觉当然清楚赵州关于"庭前柏树子"的公案,但他同样知晓提问者是想就"柏树子"的意义来试验他的洞察力,所以他用大胆而明白的否定,无可争辩地证明了他是深谙其师精神的。可见,禅学是反对用"智"的理解即逻辑思维去求得"悟"的。

(2) 接机锋，直指根本。即针对被教育者产生的各种疑问和某种"未悟"的认识，对症下药，提出一些含哲理的偈语，一针见血，直截"顶门"，从根本上解开疑问。曹雪芹在《红楼梦》第二十二回中曾生动地描述了这种接机锋的过程。宝玉在听曲后自认为看破红尘，写了一偈："你证我证，心证意证。是无有证，斯可云证。无可云证，是立足境。"黛玉见了后，先笑道："宝玉，我问你：至贵者'宝'，至坚者'玉'，尔有何贵？尔有何坚？"宝玉竟不能答。于是黛玉又道："你道'无可云证，是立足境'，固然好了，只是据我看来，还未尽善。我还续两句云：无立足境，方是干净。"宝钗道："实在方悟彻。当日南宗六祖惠能初寻师至韶州，闻五祖宏忍在黄梅，他便充作火头僧。五祖欲求法嗣，令诸僧各出一偈。上座神秀说道：'身是菩提树，心如明镜台；时时勤拂试，莫使有尘埃。'惠能在厨房舂米，听了道：'美则美矣，了则未了'。因自念一偈曰：菩提本非树，明镜亦非台；本来无一物，何处染尘埃？五祖便将衣钵传给了他。今儿这偈语亦此意了。……"上面两例中的两组偈语一个比一个破得彻底，直指佛教的所谓"真如境界"，诚如临济宗所说："大机大用，脱罗笼，出窠臼，虎骤龙奔，星驰电激。"这就是接机锋的"彻悟"过程。

(3) 借类比，启示顿悟。恰当的类比，既有形象性，又有论证性。禅宗十分注意利用日常生活中的事理来喻证深奥的佛教哲理，从而启示顿悟。如马祖道一，开始在南岳传法院独处一庵，唯习坐禅，凡有来访者都不理睬。怀让见他很不凡，便去开导他。一天，怀让在庵前磨砖，道一不理他，怀让就一个劲地磨。磨了很久，道一忍不住问："磨砖做什么？"怀让便乘机说："磨砖既不能成镜，光坐禅岂能成佛？"道一马上离座请教法示，怀让便给以开示。言下道一豁然契合，顿悟了禅宗的教义。马祖道一顿悟后成为一方宗主，在传教方式上又有改进，他不仅限于说一些警句，而且常常利用各种动作，如打、画地、坚拂、喝及踢等，来帮助别人领悟。《马祖对话录》中记载了这样一个小故事：洪县的隋了和尚第一次去见马祖时问他："西方来的菩提达摩有什么见解?"马祖说:"你先跪下。"和尚刚刚跪下,马祖就给他一脚。隋了顿时恍然大悟。研究中国佛教的专家卡特琳·德珀认为再也没有比这种含义既具体又直接、突如其来的启发更东方式的了。她在一本专著中写道:"马祖在他的弟子中传授悟的经验或促使其出现方面表现出一种异于寻常的教学之才。"

禅宗的思想方式说到底是让身心在一种极端自然的状态下追求觉悟。当精神处于完全不设防状态时,当用语言编织起来的概念和观念之网不再干扰沉思时,思想就会一步步逼进那最原始的真理,智慧便会在一种大境界里得到升华。广告创意达到极致时,便需要这样一种大智慧、大境界。

三、创意思维方法

人的创造力是人的各种智力因素的综合体现。智力是人适应、改造环境的认识能力和实践能力的总和,它包括感知、记忆、想象、思维等多种能力。美国心理学家吉尔福特曾提出了一个著名的智慧构造模型(图 5-1),对人智力结构作了较全面的描述。

图 5-1

吉尔福特认为，智力结构分为操作、内容和产品三个维度。智力结构的第一维度，操作表征智能活动的基本过程，它包括认知、记忆、分散思维、辐合思维和评价五种智力活动类型。智力结构的第二个维度是内容，它包括图形、符号、语意、行为四种。智力结构的第三维度是产品，它包括单元、门类、关系、系统、转换和含蓄六个方面。三个维度的各种元素组合起来，就可以得到 $4 \times 5 \times 6 = 120$ 个表征独特智能的立方块。吉尔福特宣布，他已发现了77种智能。

创意思维活动所需要的创造性智能，主要成分是越轨发散思维，但同时也离不开认知、记忆、评价、循轨辐合思维，它是一种复杂的有特殊结构的智力组合，是逻辑思维与非逻辑思维，常规思维与非常规思维的有机结合和辩证统一。

在对人的创造性思维的开发利用上，人们根据人类智慧的结构及其特点，有针对性地提出了许多行之有效的具体的创意方法，这些方法中比较突出的有：

1. "力行"创新思考法

这是一种以引发创新潜能为目的，综合了诸如脑力激荡术、分合等多种创造工程学原理的创新技巧，它吸收了工程师和企业家所采用的创造工程学系统的精华，以及艺术家所通常运用的直觉判断、直觉感受的方法，是一项行之有效的创新思考术，有助于派生创新性的成果。

"力行"思考法是由美国学者罗伯特·奥尔森提出的一个系统概念，其要点包括10种技术和4个相互关联、相互衔接、相互影响、相互作用的过程（或称为阶段）。创新性"力行"思考术的10种技术和4个过程是：

（1）集中要点（mind focus）。

即确定问题的存在，进一步试着细分解成为小问题，以便于解决。

（2）把握要点（mind grip）。

从解决问题的目标中至少找出3个重点进行描述，然后对重点分别描述加以组合，加以遴选，使欲解决的问题的目标更趋于集中、明晰、确切。

(3) 扩展重点 (mind stretch)。

把拟解决问题的各种标准和目标——加以排列，并试着将其扩展，同时记下由此而触发的新构想。

以上这3项技术属于"力行"思考术的"界定"过程，即对欲解决的问题做到准确地把握，"敷设"好引发创意的"导线"。

(4) 提示思想 (mind prompt)。

即广泛动员智慧伙伴进行智力参与，使解决问题的思路进一步丰富化、创意化。

(5) 列举奇想 (mind surprise)。

尽可能列出哪怕是自感最荒谬可笑的构想，以突破固有思维定势、思维局限，力争引发最富于新意的合理的可行的解决问题的方法。

(6) 自由幻象 (mind free)。

竭力突破逻辑的界限，"强迫"自己在风马牛不相及然而可能存在内在联系的事物中寻找、激发新的构想。譬如，你可以写下一种物体的名称，并详细列出它的各种特征，之后利用这些特征作为新构想的"激发源"。

(7) 综合妙想 (mind synthesize)。

将上述过程中获得的各种构想进行逻辑的组合，作为激发更高明的构想的基础。

以上4项技术属于"力行"思考术的第二个过程："开放"思考阶段。其目的是尽可能多地提供解决问题的构想和思路。

(8) 统整构想 (mind integrate)。

回过头来再次检视欲图解决问题的目标和标准，然后借助直觉选定自认为是最佳的构想。

(9) 强化构想 (mind strengthen)。

严格列举构想的缺点，并设法加以克服、优化，使构想的可行性更趋于完善。

(10) 激励构想 (mind energize)。

充分估计（适当夸大）构想所可能产生的最佳结果和最坏后

果，以便提出防止后果出现的有效方法，做好克服最坏后果的充分心理准备。

以上3项技术属于"力行"思考术实施的第三个过程："确定"思考阶段。其目的是使解决问题的构想，力所能及地、经过充分开掘地使其达到尽可能地富于创意、行之有效的状态。

"力行"思考术的最终结果是"付诸行动"。行动过程也是对既定构想通过实践验证的过程。在这个最后过程中，也许还会发现需要解决的新问题，甚至触发更佳构想，从而进入重新认识问题、界定问题的阶段，形成另一轮"力行"思考术的循环操作。有些复杂问题欲追求创意的解决方法，往往会引起这样的具有上升意义的循环思考过程。至于较为简单的问题，有时也可以借用其中的某一两项或几项技术就可以获得满意的结果，也不一定全要按照上述顺序去"力行"。也就是说，创新性"力行"思考术，也是可以创造性地、灵活地加以运用的，是不必完全拘于上述模式的。创新性"力行"思考术示意，见图5-2。

图 5-2

2．水平思考法

又称侧面思考法。假如遇到了这样一件事，该如何解决呢？甲从乙处借了一笔钱，如无力偿还就得去坐牢，乙想讨甲的女儿作妻子,可姑娘却又不从,于是乙想出一个骗姑娘认从的主意:"现在我从地上捡起一块白石子,一块黑石子,然后装进袋里由你来摸,如果摸出的是黑石子,那你就得和我成亲。"这样的条件,姑娘不好再不答应。乙于是偷偷从地上拾起两块黑石子放进了口袋,不料却被姑娘发现了。这时姑娘该怎样做才是机智而又"正确"的做法呢?按照常规的、固有的认识程序和"正确"的处理方式以及诚实无欺的道德观念,姑娘鉴于乙的诡诈,(1)可以拒绝摸出石块;(2)可以揭穿乙的诡计;(3)虽然对方诡诈,自己却不可如此,故只好违心地同乙结婚。但是,采用了上述任何一种"例行"的方式,都显然无助于问题以理想的方式获得解决。妙的是,姑娘也真的没有这样做,她的思路机智地从袋中的石子移到地面的石子上,她伸手到口袋里抓出了一块石子,但却不是抓在手里,而是让它自然地滚落到了地上,这时她就有了理由可以对乙说:"呀!我抓出的石子是黑是白已是无法知道的了,那就看看口袋里剩下的那一块吧。当然我抓的肯定与口袋中的不一样。"这样,姑娘的处境立即实现了从"进退维谷"到"稳操胜券"的转化。因为乙已声明"装进了一块黑石子和一块白石子",更不好这时承认自己捣了鬼,而姑娘眼见装进的是两块黑石子,那么抓出一块后,留在袋里的那一块自然肯定是黑石子了,而对乙来说,这却是无法反驳的失败证明。

姑娘"转败为胜"的智慧,确实发人深思,除却以机智对待诡计并丧失道德这一点的启示之外,姑娘的做法,实际上是体现了水平思考法的原理。

水平思考法是英国剑桥大学的E. 迪博诺博士所创导的,其核心内涵是,当人们为创新的目标而进行思考时,大有必要离开一贯认为是正确的、无疑的固有概念。

E. 迪博诺曾经做过这样一个试验,他出示由A、B、C三组图案组成的画板(图5-3)。

让受试者观看10秒之后拿去,然后让受试者凭记忆再把三组图案画出来。

结果有90%的人正确地画出了A图,60%的人正确地复现

图 5-3

了 B 图，而只有 10％的人正确地画出了 C 图。

为什么会有这样的结果呢？显然，A、B 图是基本左右对称的图形，比较便于记忆；而 C 图左右图形变化较大，故难以记忆。这一现象重要的启示是：人们在记忆或思考问题时，往往习惯于从事物的外观形状出发，这种"常态"式的思维方式，是很难产生新的思维成果的。这就好象对"水往低处流"这一现象的看法，如果拘泥于这个天经地义、无可厚非的"观念"，就不可能设想水在特定的条件下还会向高处移动的可能性，也就不会有可以将水引向高处的虹吸管的发明和应用了。

所谓水平思考是相对垂直思考而言的。垂直思考是以逻辑学和数学为代表的传统思维方法。它强调的是缜密、精确、严谨、成序，其思考的路径是线性的，即沿着线性思路一步一步地解析、演绎、推理、立论。E.迪博诺认为在许多场合这是一种过时的方法，因为它存在许多的局限性，"垂直思考"的缜密往往把人们的注意力引向现存事物的问题情境中，从中寻觅事物的错误，这虽说也是思维的一项重要的功能，但仅止于此，仅仅会挑出事物的错误显然不够，也是不能促成旧事物转化为新事物的，所以是缺乏建设性的。而水平思考则不同，就好像试图从地面上挖掘清泉，一处挖不出不是一股劲儿往下挖，而是换个地方再挖。因此，水平思考的特征，具有非逻辑性、非因果性，其超越性则十分鲜明。

迪博诺还对垂直思考法与水平思考法进行了对比解释：

（1）垂直思考法是属于选择性的淘汰，而侧面思考法是只管生产更多的东西而不是去选择或淘汰。

（2）垂直思考法的移动只根据一个方向去移动，而侧面思考法，是依据生产出来的方向去移动，而非依据选择性的方向去移动。

（3）垂直思考法是分析式的思考过程，侧面思考法是属于刺激性的思考过程。

（4）垂直思考法是属于连续性的，而侧面思考法则可用跳跃的方式来思考。

（5）垂直思考法必须在每一个步骤先有被确认的过程，而侧面思考法却不必去确认任何一个步骤。

（6）垂直思考法运用否定的结果来解释某些思考过程，而侧面思考法在过程中，不需要用负面来解释。

（7）垂直思考法是集中并排除其他相关因素以外的思考方式，而侧面思考则是接纳各种不同角度共同思考的方式。

（8）垂直思考法不论在种类或分类、分级的设定上都是固定的，然而侧面思考法就没有这些限制。

（9）垂直思考法根据大多数都一样的过程思考，然而侧面思考法所具备的和垂直思考完全不同。

（10）垂直思考法是在有限的过程中思考，侧面思考是尽可能朝各种不同方向去思考的方式。

水平思考的精华在于逆向地思考问题，以"冲破事物原有的框架，让事物按你的意图去变化、发展。'水也可以往高处流'，可以说对水平思考的逆流向做了绝妙的隐喻。这不是破坏性的，而是一种建设性的思维手段。它不仅可以轻快地引导我们走出似已穷途的困境（像上述那位姑娘那样），还可以帮助我们解脱对种种所谓"正确观念"的盲目满足，面对那些定论似乎已经完美的事物做出新意频出的奉献。国外有一则电视广告的创意是这样的：一个内藏闪光灯的傻瓜照相机在不断地拍照后，突然闪光灯亮不起来了，然后就顺理成章地取出照相机内的四节电池。可这时，意料不到的画面出现了，主人不是换电池，而是将照相机丢掉，重新换一个新相机，再装上原来的电池，闪光灯又重新频频亮起，说明该电池是如何地耐用。这种突破常规（换电池而不是相机）的反向思维，正是创意所需要的。

总之，水平思考的原则可以归结为如下几种：

(1) 从认知上的因素来引导出新点子产生。

(2) 寻找不同的方式去看一件事情。

(3) 放松在我们做旧的垂直思考时的严密控制。

(4) 运用机会和刺激的方式去引导出非连续性的存在状况。

根据这些原则，迪博诺弄出了几种激发水平思考，打破垂直思考的模式：

(1) 产生一种新的方式去描述现在的状况。

(2) 挑战现在的认知。

(3) 改革的行为。

(4) 不需要强调一段时间的判断。

(5) 打破一般普通的方式去思考。

(6) 发展一个类推的模式。

(7) 脑力激荡的运用。

这些方式是要从不同的角度去看事情，是非传统性的水平思考的模式。换句话说，就是将点子从下往上看，而且是从不同的角度来看。

E. 迪博诺曾赴美国、加拿大、日本、保加利亚等多国讲学，传授科学思维方法。许多人正是由于聆听了他精悍简短（往往只讲1小时）的讲演而顿开茅塞，通灵剔透，从而在事业生活中获得巨大的成功。譬如，1984年奥运会组织者——奇才彼得·尤伯罗斯就自称是迪博诺关于水平思考讲演的受益者。

水平思考法的七个步骤是：

(1) 借加、减兴趣思考法观察事物。即开阔视野，改善思维，以突破思维定势、"本能反应"和固有观念，广开思路，避免片面；

(2) 尽力考虑全部因素。不忽视每一个细节和相关的方面，并力求使这些审慎的考虑、细致的"追究"形成系统，在心中一目了然；

（3）考虑后果和结局。这是对预见性的提示和对预测能力的要求。它要求创新者学会系统地运用想象力、预测力以及逻辑推理能力、分析判断能力。E.迪博诺认为，人类行动的后果可分为4个时间段：1）即刻；2）短期（1～15年）；3）中期（5～25年）；4）长期（25年以上），预测能力的把握，对创新生涯影响巨大，即对即刻的和短期的后果的预测，有可能导致对长期结果的领悟。而且，人们往往可以发现预测的高度的"准确性"。

（4）确立并列出包括目标、目的、任务在内的动机明细表。以便相应地做好准备，有针对性地掌握任务的性质和特点；

（5）先考虑至关紧要的事情。在众多的创意构思中或创新可能性中，遴选出紧要的和关键性的重点，以便能详细适当地、分清轻重缓急地进行工作，这是争取有所突破的关键一步；

（6）取可取、可能、审慎的姿态。如果在考虑至关重要的事情的基础上仍未达到创新目标，就可以考虑寻求超越常规思维模式以外的可能性，包括不排斥那些通常认为是不切实际的或是荒谬的想法，特别是可以把思维触角推及常规想法的相反、相悖的一面，然后寻觅可取的方法，经过审慎地考虑加以采用；

（7）重视并乐于采纳他人有益的观点。不论其观点只能采纳局部、合理的内核、可资借鉴的形式，抑或只含有某种隐喻或启迪。特别是不要把貌似相悖的观点未加考虑就拒之门外，因为逆言中常有含金量极高的富矿。

上述七个步骤都有可资利用的相应创造技法。因此，水平思考法又是一种综合多种创造技法的创新思考系统，这对广告创意思维的建立有着实际的意义。

3．NM法

即优化"产生思想观点的头脑"的技法。NM是创造这种技法的日本学者中山正和姓名的罗马拼法的首字缩写。NM法探讨了认识发生的过程，特别是思想观念形成的过程，提出了人脑进化的自然程序即：

（1）[S　O]（生命活动）。

人脑通过感官诸如耳、目、口、鼻、舌等"接收器"收到刺激信号后，为"唤醒"应采取的与之相适应的行动，必须向行为控制机构——行动作用器发出指令性信号，实现这个程序的是完成接受刺激到输出指令的变换器——神经键面。S O 的符号，即刺激（Stimulus）和输出（Output）的缩写。

（2）[I O]（印入脑海）。

表达人类"自动地"记忆生存规则、规范，并能"自动地"重现记忆中的行为能力。K. 劳伦兹发现鸟就具有这种能力。所谓人类的"潜在意识"正是指的这种情况。这是从印象印入到重现式输出的过程。I O 的符号是印象（Image）和输出（Output）的缩写。

（3）[I S]（表象记忆）。

表示已纳入神经键面的经验记忆，它是以表象记忆的形式完成的。当 [S O] 受到激发时，就会从表象记忆中进行扫描或自动地查找，以从中提取有用的记忆形象，作为行动的参考。I S，即表象记忆（Image Storage）的缩写。

（4）[W S]（言语记忆）。

表示人脑中独有的特征。是以言语形式把表象纳入神经键面，如记忆中的云彩、花果、坐立等词语即是。W S，即言语记忆（Word Storage）的缩写。

（5）[W R]（言语补偿，或称"计算"）。

当言语记忆 [W S] 的程序完成之后，由词语形式记录的经验就作为表象储存起来，同时，也就可以借用言语回忆经验所印记的表象，从而知道相关事物的"因果关系"。这个"过渡"意义重大。因为一旦知道某些事物的"因果关系"之后，就可以诱发归纳能力，从中发现某些"法则"性的启示。

NM 法在对大脑由外界信号刺激到语言补偿的全过程描述的基础上，又具体提出了较为实用的五种加工和组合信息的方法：

（1）T型。围绕对一个问题的"本质"（或称"关键"）尽可能地发问：例如"像……吗？""……像吗？"这种发问，是动员记忆中的表象信息进行类比，所以也称为类比提问。然后再围绕

"这样会产生什么?"的问题发问,以便通过描述围绕类比的内容所产生的思考,把握与之相关的全部动态信息。T 型法的目的在于使类比大量产生,以便提高其启示的量和价值,而对于类比本身的"质"却不必介意,因为"醉翁之意不在酒"。

(2) A 型。是把有启示性的若干想法组合在一起,力争形成更有价值的启迪。这是一种通过异质信息的结合,诱导产生启迪合力的妙着。采用这种方法,其成功的前提,是设法保持表象记忆的"自在"状态。由于这种方法是要求表象记忆的空间(即大脑皮层的区域)中的结合,所以也称空间型。

如当要做健力宝广告时,可以将与健力宝饮料有关的一切信息都在空间排列出,每一种排列又都可演变出更多的相关信号,以致无穷,如图 5-4。

图 5-4

当思维在立体空间中游弋时,一旦发生有价值的信号碰撞,就可能产生好的创意。图 5-5 是 1996 年全国广告漫画大赛中获得银奖的作品,其创意思路是值得赞赏的。

(3) S型。也是异质信息结合的一种方式。它是试图将相关信息连续组合在一起,以促使因果关系的出现或明朗化。这种方式往往有助于制定出富于奇异色彩的方案来。

(4) H型。特别适用于技术发明,故又称为"工具型"。方法是对欲解决的问题的关键(即所谓"本质")提出一个类比之后,穷追其背景可能搜捕到的一切想法。

(5) D型。也称之为发现型。方法是从已经观察到的资料中提出异质的和不相关的东西,用A型法将二者加以结合。也就是试用这两种资料提出假说,然后再以这个假说对全部资料进行分类。如果这个分类可行,那么这个假说就有望成为这个资料的新假说。

图 5-5

4．创意七原理

这是日本村上幸雄提出的。在日本,创造工程实践中曾广泛使用过的各种技法达400多种,根据这些技术方法,村上幸雄和其他学者归纳出七大原理,这些原理对启发创意有着实际的意义。

(1) 生动原理。这里的"生动",主要指心态的年轻,泼辣,不老化,僵化,无羁绊,无框框,勇于探求,刻意求新,具有"智慧的巡回和飞跃的能力"。所谓创造性,也是生动性、年轻性、新生性的写照。创造的姿态,是青春优势的展现,是生命认识的活化,是更新世界能力的对象化。没有生动,就没有创造。生动,是新生的萌动,是新事物的显现,是新思的舞动,是新意的频出。

(2) 刺激原理。寻觅有效的、独特的刺激方式是创造方法的前提性内涵。人的创造潜能，往往需要唤醒，需要"触媒"，需要"煽动"，才能活跃起来，才有可能跻入创造过程，显现其能量。激发的手段是否高明，反映着一个人创造才能的优劣。譬如，NM法中有"本质"（即关键字）作为刺激源，所以，寻求刺激，从创造学的角度来看，乃是一种难能可贵的好品质。

(3) 环境原理。环境既包涵着以精神状态为标志的内在环境，又包涵着个体赖以生存的外在环境。同内外环境的创造性统一，亦即当着创造者置身于精神和谐、行为自如、主体活跃、意识状态宽松的环境中时，各种刺激源就有望化为激发创意和新思的"情报"，便有望"获得扩大创造的方向"。这里，个体的素质是否具备全面性，是否具备较高层次的生存智慧，决定着对环境顺应因素的合理运用程度以及对逆境的阻抗力、调解力和消融力。故而，不是一切良好的环境因素对一切人的创造力的开掘都有正向作用，也不是一切恶劣的环境因素对一切人的创造力的发挥都必然起"致命"的扼杀作用，而是内外的辨证统一性对创造者的目标的实现起着决定性作用。

(4) 比较原理。比较，可以联想，可以辨真伪，可以识美丑，可以发微末，可以精观瞻，可以引新论，可以触原质，可以获真形……。比较，可以借助对应、类比、关联、结合、并列、认知、变换等多种方式达到自己的目的。从比较中萌生的新思、创见，基质往往比较雄厚，立论往往比较扎实，验证往往比较现实，效果往往比较醒目。

(5) 构造原理。从生命的个体到人类社会以及各类事物，都具备某种特定的结构性，且大多鲜明而稳定。譬如，人及一切生物均为细胞的结构体，而社会则又是"人"这样的社会细胞的结构体。对事物认识的"结构化"，是逼近创造性的有效方式。所谓"结构化即创造（或是通向创造之路）"即属此意。

(6) 希望原理。希望是一种引燃创意的火种，创造是它引起的潜能爆发。所以，没有希望，也不会有创造的行动。

(7) 统计原理。统计原理以上述6个原理为基础。为的是从统计结果的显示和启迪中了解创造行为成功的概率以及提高的途径。这在某些创造技法中有鲜明的应用，譬如智力激励中有"追求数量"的明确提示，以便通过尽可能丰富多彩的刺激材料或观点变更，获得新奇的高质量的设想，统计原理的娴熟运用，有望使创造活动朝着成功概率密度最高的方向（或路线）发展，并有望得到更多的富于创意的最佳设想和优秀计划。

5. **BS 法**

即"头脑风暴法"（Brain Storming）的简称，是由美国人 A.F.奥斯本于 1936 年首创的诱发智慧的联想，激励潜能外露的有效方法。这种方法首先风行于产业界，尔后向其他学科、领域扩散，成为人们喜欢采用的启发新思、派生奇念、初构异想、开拓未知的手段。由于这种方法对参与者限制条件不严，组织实施方便，代价花费较小，"收获"往往可观，因此被应用得相当广泛，在创造力开发方面可以说功劳卓著。

"BS"法，采用确立主题、专题讨论的会议形式，通过无羁个体发散思维，进行潜能开掘，促成信息的激发，从而诱发尽可能多的、建设性的、富于创意的设想原坯，形成个体智慧无可匹敌的、综合多元创造思路的"创造思维群"。这种貌似专题会议讨论的创造力激发方式，其实含有独特的"个性"和功能。它虽然也定有专题，但对参与者的思维内容、发散方向却"毫无限制"，并且绝对不允许评论。这主要是为了有利于掀起头脑中思维风暴，以便使之有足够的力量突破固有观念的重围，开辟思维的新天地，为会议集体提供鲜活异常、不同凡响的新思奇想。就是说，会议的目的，不是像通常的专题讨论会议那样，目的是剔除和清理不着边际的幻想、空想、臆想以及痴想。而是动员头脑中可能生发的一切构想，特别是唤醒平时休眠着的那些幻想、臆想、痴想等等非逻辑化的、非理性化的想法，让创造力以原型的、整个的、不加矫饰的、不计功利的形式展露出来，使智慧的储备、使潜能的素质、使创造的个性得到全面、深入的提取和运用。

"BS"法，是个体智慧的集合法。这种方法使个体面临的不是挑战的局面，不是被可能评价的处境，故而没有荒谬与否的忧虑，没有受挫、失败的担心。这是一种创造力可以尽情释放的强大暗示力。一般会议讨论，正是由于缺乏这种暗示，极容易陷入公式化、模式化、从众化、表态化、以及人格式的空洞无益的境地。"BS"法反其意而行之，它要创造的是只供欣赏、只供采撷的"智慧博览会"，会上的"智慧产品"在参展期间没有名、优、低、劣的区别，然而却都具有同等的被选择的机会。这是一种对智慧幼胚的宽容，它所得到的报偿是为人们提供大量的富于创造性的新起点、新思路、新方法、新构想。

"BS"法的实施，一般由 5~12 人组成小组，以 8 人左右为最理想。可推举一名组长，一名记录。会场安排要有利于形成轻松愉快的氛围，主题最好于会议前几天通知。开会时可以通过对一个与主题不相关的问题的引发，以激励与会者进入智力受激的状态，和形成有利于思维自由驰骋的氛围。然后进入主题发言。这时要畅所欲言，严守"自由思考"、"禁止评判"、"追求数量"、"结合改善"的"BS"法四大原则。会议一般进行 40 分钟到 1 小时。宣布会议结束时，可要求与会者继续思考，以便于进一步补充新的设想。

可见，"BS"法的特征，是在尽可能地释放创造力方面独树一帜，作用重大。但它并不能取代某些解决问题的办法，而是能够对相关方法做出富于创造特色的补充。从这个意义来说，集体智慧法也不妨视为创造性地解决问题而实施的一种基础手段。

事实上头脑风暴法在广告创意思路的开启阶段，常常具有更大的实用价值。与其它科学研究和艺术实践相比，广告的创意制作更倾向于一种集体活动，广告公司的创意人员包括制作、调查、公关人员都对某一广告主题有所了解，他们可以从不同的角度提出自己专业化的见解，而这种见解和创意思想的碰撞对主创人员常常有着极大的价值。正如海涅所说：有才华的人之间的思想交流，如同钻石之间的磨擦一样，彼此传导着热量。

6．戈登法

采取会议形式采撷集体智慧，除奥斯本的"头脑风暴法"之外，另一个颇具特色的方法为戈登法。这种方法是由美国阿哈德·里特尔公司的专家戈登创造的。

戈登在分析奥斯本的"头脑风暴法"的贡献时，发现了他所认为的"缺陷"，他指出，奥斯本在一开始就将目的提出来，容易使思维进入局限的状态，见解容易流于表面，也难有意想不到的突破；由于会议主题明确，会前通知使与会者有了准备，自己拿了"大主意"，又很容易诱发与会者"唯我高明"的潜在情绪，不自觉地封闭其他创新思路的沟通途径。

戈登法则不同，它的妙谛在于：提出"问题"时欲纵故隐，隐去"问题"的明确形态，只取近似的内涵加以"含蓄"的表达，使与会者不晓得真正的意图和目的是什么。这样，为的是把"思维的野马"引进广阔的"草原"，而不是驱入狭窄的"马厩"里。

戈登法的实施程序是：选择有驾驭会议思路能力与熟悉相关领域的会议主持者1人，与会者5~12人，以8人左右为最理想。然后是选定会议的主题。譬如，欲为收集创造或改进新型剪草机的创意或创见，可以以较为"含蓄"然而导向"鲜明"的、"切断"的意思为提案，却并不说明要"切断"什么，在什么范围"切"等等，而是尽力让与会者从"切断"的对象、需要、可能性、必要性等方面广泛的设想，从"切断"的技艺、绝招、妙意、奇思以及怪念头方面深入地开掘。从诸多貌似奇特、怪异和互不关联的"畅想"、"推论"、"呓语"……中，主持者应能敏锐地发现那些与原本希求密切相关的启示、绝着或妙计。最后，由主持者的引导，使会议形成有重点、有制约的讨论，并在接近会议结束的适当时候将本意和盘端出，以引发与会者进一步地在群体智慧基础上的创意思考。这样的会议一般需开3小时左右，为了使集体智慧得到最大限度的开掘和综合，会议可以连续召开几次，直到达成最满意的结果。

戈登法与奥斯本的"头脑风暴法"在人员构成方面的显著区别是：它要求主持者和与会者具有更好的创意启动力、创见孕成力和灵悟亲和力，可以说，是一种较高层次的群体创造力开发方式。它对于与会者的灵活性、机动性、感染性的要求尤为严格。

7. ZK法

这是日本学者片方善创立、发展的基于系统观点开发创造性的一种方法。ZK是片方善的罗马式拼法的缩写。

这种创造性开发技法的基本特点,是动员智慧集体的每一个人在尽可能地做到发动联想、丰富联想、触及联想的基础上,把握从集体联想的碰撞过程中已经显露出来的目标,然后借助每个人尽可能地发挥个体优势(包括性格倾向所引发的个体优势)加以思考,之后再观察事物,再次进行思考,如此反复,使富于个性创造的主观性与富于活力的被观察对象的客观性逐步臻于统一,以促使创新思想的产生。最后,再将各自产生的创新思想在集体中进行交流,并在实践中经过归纳整理使之进一步达到完善。

ZK法思考过程中所采用的思考手段主要有三种:

(1) 由感觉而产生的思考。这主要是由不明白为什么,对实际可感的事物的惊异以及某种氛围所引起的兴奋等引起的思考,其特点主要是由感觉受到激发所引起的。

(2) 由想象而产生的思考。这主要是为了挣脱现实的束缚或对抗现实的"贫乏"而采取的思考方式,目的是闯入想象世界,以触发新思想的萌生。

(3) 由现实而产生的思考。这是为了把新获得的某种思想具体化和把新触发的想象实际化而采用的思考手段。基于现实考虑以实现其创造价值。

采用上述三种思考方式,没有绝对的时间顺序的排列,实际上,第一、二种思考方式是经常交错采用的,它们合起来是为了实现"产生思想的联想"。第三种思考方式,实际上也是"实现思想的手段"。也就是说,这三种思考方式实际上反映了ZK法的两个应用阶段,说明这种方法,是把产生某种创见的联想的心理过程与实现某种创见的手段统一起来的开发创造性的方法。

ZK法的操作程序,是按起、承、转、结四段式展开的。其展开程序如表5-1所示。

ZK法的具体步骤说明表　　　　表 5-1

内容构成	展开阶段	步骤	采取态度	时间
诱导思想部分	Ⅰ（起）	联想的出发点(讨论会) 明确主题,造成融洽的气氛 ①提出问题 ②弄清问题的背景 ③分析问题 ④明确归纳问题	深刻感受 ↓ 开始	约 30 分钟
诱导思想部分	Ⅱ（承）	冥想和思索 诱导个人的思想,把与主题有关的联想结合起来 ①冥想和开放的思考(记入笔记) ②收拢的思考和开放的思考(记入笔记) ③归纳和累积(图表化)* ④自我评价	开始创造 ↓ 创想	→(3＋4) ×8 回 ＝56 分钟 约 1 小时
实践部分	Ⅲ（转）	相互作用(集体思考)相互启发地集体思考,让"承"的结果产生飞跃并结合 ①图表的集中并提示 ②审视图表 ③相互作用(记入图表) ④归纳和累积	创意 ↓ 创见	约 1 小时
实践部分	Ⅳ（结）	产生实践的冲动(讨论会) 选择最佳方案,向成果冲击 ①选择最佳方案(按照评价高低的顺序) ②全体的再估价 ③实施创造	创造方案 ↓ 创造	约 30 分钟

* 图表化：样式有多种：如列表法、表格法、示意图、层次、网络法、候选图表法，等等。

据表 5-1，诱导思想部分，分为"联想讨论会"及"冥想和思索"，即"起"和"承"两个阶段。联想的出发点，是引起对问题的重要性的一致理解，激发起为创造性解决问题而持有的高涨热情。这种方法虽然也可以一个人运用，但一般都是组成 5～

7人的小组进行。要设法寻找能保持安谧、有利静心的环境。诱导"冥想和思索",是竭力使人人的联想力和主题结合起来,是为定性地使模糊回忆明朗化的一种手段。冥想一般可3分钟一次,然后可进行开放式的思考(指思考的方向是多样变化的思考)4分钟,这样,由7分钟组成一个"思维单元"如此可重复进行8次,约1小时左右。这个过程是ZK法的显著特征之一,对孕育创意、提出创见有关键性作用。

表5-1中所列的"实践部分",包括"相互作用"的智慧集约及产生实践冲动、选择最佳方案,即"转"和"结"两个阶段。智慧集约有助于产生认识上的飞跃、思考上的飞跃,所以也是总结思考成果的必要步骤;产生实践冲动基于最佳行动方案的择定,由于有群体的再估价为依据,因此,向最后的夺取成果的冲击也就有了更充分的动力。

日本学者恩田彰指出,"ZK法与NM法等相比,它的首要的特征,是依靠反复进行冥想和思索,通过交互进行开放的思考与收拢的思考来展开创造的思考。这是ZK法所特有的东西。第二,是依靠加深个人的思考和集体讨论者的相互交流来促进联想,把这些思想系统地归纳起来。ZK法,是把东方式的冥想西方式的系统思考结合起来的方法。"这些识见是颇为精辟的。

四、诱发创意的技巧

广告创意与其它的一切创造性思维一样,有时需要一种触发机制来引发。这种触发机制并无成规,各人有各人特殊的方式,如著名的英国哲学家维特根斯坦喜欢在思考时闻一闻放在书桌抽斗里的烂苹果味。广告大师奥格威则有自己的方式,他说:"我几乎无逻辑性思考能力,但我和潜意识的联系却畅通,以从不同的领域中获得灵感,创出新的意念。我听大量的音乐。我很喜欢约翰·巴利科恩的作品。我长时间地进行热水浴。我从事园艺活动。我常和门诺教派的神职人员一起静修。我观察鸟禽。我常常散步乡间。"

然而尽管各人的创意思想的受激方式有所不同,甚至在一定程度上还带着神秘的性质,但创意思想的激发和诱导方式也并非是不可描述的,在许多情况下,还是有它的共性甚至可以归纳为技巧。正如美国广告学者狄龙所说的:"我想,创意有着某种神秘特质,就象传奇小说般在南海中会突然出现许多岛屿。"但是:"能不能发展成为一种定则或技巧,作为'你怎样得到创意?'这问题的答案"。"我们的结论是:生产创意,正如同生产福特汽车那么肯定;生产创意,也同样是在大量生产作业的装配线上进行;而在此一生产中,人的心智也遵照一个作业方面的技术,这个作业技术是能够学得并受控制的;因而对其有效的使用这件事,就是'练习其技术',这与有效使用任何工具的情形下是完全相同的。"而这些技术,除了上文列出的一些创意步骤和方法外,还包括在创意思想的诱导上,一些带有普遍性的技巧,其中有:

1. 睡眠休息

德国生理学家赫尔姆霍兹说,他的一些巧妙设想,不是出现在精神疲惫或伏案工作的时候,而常常是在一夜酣睡之后的早上,或是当天气晴朗缓步攀登树木葱茏的小山时。科学家司各特说:"我的一生证明,睡醒和起床之间的半小时非常有助于发挥我创造性的任何工作,期待的想法,总是在我一睁眼的时候大量涌现。"杨振宁教授说,他的灵感常常是在早上刷牙时产生的。入浴、散步、旅行,都是最容易使人放松身心的活动,从而也最容易成为诱发灵感的边界条件。宋代著名散文家欧阳修自称生平创作文章多在"三上"——马上、枕上、厕上。古希腊学者阿基米德奉国王希罗之命鉴别用纯金作的王冠是否掺假,苦思苦想也找不到可行的办法,为了消除苦思疲倦,他来到澡堂洗澡,就在他跨进澡盆,放松了思想之后,看到溢出盆外的热水,忽然有悟,跳起来边跑边狂呼:"找到了!找到了!"。在随后的实验中,他不仅揭开了王冠鉴别之谜,还总结出了有名的浮力原理。

2. 文化娱乐

娱乐不仅能使人的思想得到放松,还可以使人在艺术形象中得到启示。高尔基在创作一部中篇小说时,初稿完成了,在修改时就是找不到一个能确切地表现一个重要形象的词。编辑部一封接一封地发信催稿,但是那个所需要的词"仍然没有,照旧没有"。这时来了一位朋友,看见高尔基这样心神紊乱地苦思苦想,就提议出去散散心,到杂技院去,看看戏法。高尔基听从了这位朋友的建议,就在看马戏时突然受到触动,闪现了那个所要找的词。结果第二天那部小说就寄往彼得格勒,付之出版了。与此类似,科学家泡利去看戏,走到戏院门前忽然灵机一动,脑子里出现了电子不相容的设想。德国数学家希尔伯特长期没有解出的一个数学难题,据他说也是在一次看戏时突然领悟的。对脑的两半球的功能有更科学的认识后,人们有意识地将主管抽象思维的左半球与主管形象思维的右半球匹配起来,在它们的张弛互补中诱发"创意"。曾获得2360件发明专利的日本发明大王中松义郎,专门为自己辟了两个房间,一个房间内挂着各种山水画,一个房间放有各种音响装置和各式照相机。他周末要在这两间房里待上二三小时苦思冥想,然后想听音乐,先放轻音乐,接着放门德尔松的乐曲,最后放交响乐。他在音乐中发散想象,产生了许多奇妙的构思,并在实践中取得了成功。

3. 轻松交谈

除了象头脑风暴那样的小组讨论外,有时,无目的的随意而轻松的交谈也能促进灵思的萌发。果戈理在和同事们的一次笑谈中,听到了官场上的一件轶事,"沉思起来",产生了写小说《外套》的灵感。在40年代的一天,李四光家里的狗跟着小猫钻洞,但是怎么也钻不进去,急得汪汪直叫,李四光的女儿跑来赶狗,李四光笑着说:"你是不是学牛顿,在这个洞口旁边再开一个阿龙(狗名)可以通过的大一点的门呢?"当时正在研究地质力学李四光这么一提牛顿,却启发他联系自己的课题想起反作用力,从而提出了"地应力"这个概念。

"今年20,明年18……",这句妇孺皆知的广告语的创意,可以算作广告创意中的一个"典故"了。

生产白丽美容香皂的上海制皂厂找到了金马广告集团的总裁

顾成先生,请他帮忙创意广告语,要在有限的财力条件下树立一种民族品牌,以差不多的价位与外国品牌香皂分割市场,无疑,这对广告创意人的压力很大。

一个星期过去了,仍然毫无思路。一天中午,顾先生与电视台配音演员刘彬(也就是亨特的配音演员)在公司边一家私人餐馆一起用餐。两人边吃边谈,渐渐地谈起了民族品牌、肥皂市场与中国文化,谈到了许多人的心理,美容就是希望自己显得年轻,"留住青春"。说着说着,刘彬把话题扯到了谌容的一篇小说《减少10岁》上。紧接着一秒钟,顾先生说了声"有了",就提笔在桌边的一张纸上写下了:

"今年20,明年18……"

4. 药物刺激

"李白斗酒诗百篇",在饮酒时创作力最大。美国爱伦·坡、英国笛·昆塞借助于咖啡,来刺激自己的神经。1792年的一个寒冷的冬夜,正在抵抗奥地利侵略、保卫大革命的法国处在贫困之中,斯特拉斯堡市长用仅有的一瓶葡萄酒招待法国军队音乐家德利尔。市长祝酒说:"德利尔应当从这最后几滴酒中获得启示,谱写一首从人民的心灵中喷涌出来,给人民的心灵带来振奋的歌曲。"德利尔回到独居的寝室后,在酒意的冲击下,从一个公民的内心冲动和一个音乐家的琴键上,捕捉艺术灵感,创作出了著名的《马赛曲》。当然我们不能由此便认为乙醇、咖啡、鸦片之类,就是创意催化剂。但有一点是肯定的,那就是这些物品具有刺激神经、松散活跃想象力的作用。从这一点看,它们无疑是有利于创作灵感的诱发的。

5. 气功入静

中国古代佛学早就认识到"定能生慧"。现在国内外有很多专家也认为,用气功或瑜珈术能为引发灵感创造有利的心理条件。北京市中医研究所的何庆年在山西省中医研究所脑电图接受脑电监测时,发现当紧张追求心算的结果、唯恐算错一步的情况下,大脑的工作状态反而不佳,脑电呈现异步化过程。相反,在气功入静的情况下，脑电呈现同步化增强，a节律增多。在这个基础上再沉心静气进行心算时，不仅a节律不受抑制，而且答案也正确。何庆年在日常静坐练功时还多次体验到：在气功入静的状态下，恬淡自如无所追求，大脑并不是处于一种抑制状态，而是呈现为更加有序的活动（脑电的监测证明了这一点）。而在这种摈除杂念的情况下，平日工作时间内有些反复考虑而难以解决的问题，便会偶然灵机一动映入脑海，腾然似有所悟，过去积存在人脑知识库中的信息更易提取，综合利用，形成相对满意的答案。

6. 语言暗示

这是麦丘博姆（D. Meicheubaum）于1975年提出来的，他用三段启动法，借助于对创意极为有益的暗示语言，来诱导心理因素及个性因素向创新的意念集中，并产生一种来自内在的强大合力，以推启深层创造活力的闸门。三段启动，综合运用了三种不同的创造性理论的精华，包括：(1) 创造性是一种杰出的处理信息的心理能力；(2) 创造性是一种有分寸地退回到幽默而天真的思维方式的能力；(3) 创造性是求新的态度特征和个性特征的产物。三段暗示语言的构成，巧妙地蕴含着具有上述三种特色的启迪性智慧，特别是当着创新追求还未内化为一种和谐、自然的"习惯状态"或人生格调时，为及早进入这样的境界，不妨加以尝试。

三段启动的暗示语言材料包括：

A. 心理能力的自我陈述：

抓住问题；什么是你必须做的？

你要用不同的方式把因素结合起来。

运用不同的类比。

精心提炼观点。

变陌生为熟悉，进而变熟悉为陌生。

你在循规蹈矩——好，尝试新的途径！

你如何更有创造性地利用挫折？

好，休息一下吧！天知道什么时候观点会再来拜访。

慢些——别急——不必紧张。
太好了,你有了新观点!
这太有趣了!
那个观点就成了一个很好的精确答案!别急于告诉人。
B. 回忆方面的自我陈述:
放松控制,让你的大脑随心所欲地漫游。
不要联系,让观点奔涌而出。
松弛——任其自然。
让你的观点活动。
参考你的经验;从不同角度看问题。
让你的自我回归。
感到自己像个旁观者,任凭观点飞扬。
让一个答案引发另一个答案。
几乎像在梦中,觉得观点都有各自的活力。
C. 态度和个性方面的自我陈述:
力求创新,力求独特。
求疑求异。
想一些别人想不到的事,
凭思绪漫游。
突出自己的特色,你能富有创造性。
数量有助于提高质量。
甩掉内在的包袱。
推迟评价。
不要管别人怎么想。
别担心对与错。
不要说出你想到的第一个答案。
不要自我否定。

麦丘博姆所拟议的上述暗示语言,囊括了与启迪创造性有关的、具有普遍意义的心理因素及态度因素,其中有些内容和提法显得有些绝对。尝试者不妨对自身的特质进行必要的调节和增删,但切忌范畴的混淆,以力求获得满意的暗示结果。

我国智慧学新锐，金马先生曾根据奥斯卡提出的9种技巧，考巴克提出的35种技巧，戴维斯特拉维提出的66个思考战略，阿旦特舒列尔总结的40种基本措施，以及迪博诺、帕内斯、沙克劳斯、哈肯、大鹿让、川喜田二部、恩田彰、中山正和、村上幸雄等找出的思维技巧。提炼、整合、梳理出了150项技巧性创意思路，极有灵气，本文割之不舍，特辑如下：

排除固定观念 包括突破常规的逆向思维、反常思维、怪异思维，等等。比如，夏普烤炉一反热源设置在下方的惯例，将电热丝设在上方，以防滴油燃烧和冒烟，即是显例。

问题发现 指主动、敏锐地从看来"无问题"的事物中发现问题或可资改进、改革、更新、发展方面的技巧。

诱导 指以可以"牵动"的线索（可以是精神的，思想的，理念的，情感的；也可以是物质的，事物的，事件的）引发新的结果或创造性地解决问题的方式。比如，借系有丝线的蚂蚁从玛瑙球弯曲孔道一端小孔，诱其穿过孔道到达涂有蜂蜜的另一端小孔之外，即是借"诱导"方法解决"难题"的形象的显例。

假想 是一种含有预见性、科学性的猜测。托夫勒的《第三次浪潮》、奈斯比特的《大趋势》等未来学著作就是这样的产物。

抽象 利用将某种事物或多种事物从概念化引渡到（或升华为）神韵化的过程，实现其具有抽象意味的创意或艺术塑造。许多艺术陶瓷的型变魅力即属显例。

模仿 包括形态、结构、色彩、原理、性能的模仿。比如，瑞士乔尔吉·朵麦特拉通过对苍耳种籽的观察，发明"贝尔克洛钩拉粘附带"（即"尼龙搭扣"）即为显例。

一体化 为考巴克提出的创造"附加技巧"之一。实际上所谓"一体化"并非常规意义的综合，在多数情况下，可以理解为寻觅相关事物间相互可资利用因素的审视视角，和对内在联系紧密的事物的统观式理解。

统驭 也叫统摄。指对思维导向的驾驭，也是指对事物完整性的理解和整体感的追寻。在此过程中，往往可以发现事物的本质结构、深层状态，赢得深刻创意或获得重大发现。

综合 包括信息综合和创意综合（即可以引发认识飞跃或重大发明、发现的综合），也包括上述两种综合的综合，即再综合。例如，日本钢铁工业综合奥地利、美国、西德有关技术所获得的高度成就和巨大技术经济效益，即属再综合的结果。

激发 以诱发有助于创新活动的闪念、灵感、直觉和超感觉为目的，发展探索性思维。

启迪 包括自我启迪、相互启迪、物象启迪、事件启迪、偶发因素启迪，等等。

凑合显同 属归纳方法的一种形式，即把感知到的非同类事物的共性和本质显示出来，使之产生新的聚合、新的成果。

组合 指两种以上事物或产品的要素的组合，包括功能组合、功能引申、功能渗透、工序组合，等等。如带印泥的图章，带洗碗功能的洗衣机等等产品的出现即为显例。

合成 广义指不受学科限制、不受学术领域局限的信息汇合，有助于新理论、新发现、新思路的突破，如横断学科、杂交学科的出现，即是显例；狭义指两个以上技术因素的巧妙叠加，有机契合，从而产生新产品、新材料、新工艺。如营养米粉等新产品的出现即是显例。

重组 运用"同素异构异功"定律，使原有的事物产生新的性质。许多新型家具的设计常采用此种创新方式。

改装 突破固定结构的一种方式。所谓已经习惯了的、天然合理的结构，其实往往含着不够合理或极不合理的因素，只要认真观摩，仔细揣度，往往可以提供改型性创新思路的可能性。

重新调整 即将事物结构的主、次、偏、正位置或左、右、先、后的时空次第，以及轻、重、多、寡的结构成分，进行富于新意的调整，以实现创新意图。

代换 指以新的性质、新的功能、新的型态的事物局部构造或材料，取代原有事物部分功能的创新方式。

转换 指将事物处于部位甲的局部转移到部位乙的局部获得创新效益的方式。例如汽车发动机从车头部位移至车尾部位从而造出新型汽车即为显例。

复制 将已有的事物复现或增殖的方式。如对珍禽异兽的叫声的复制，型态的复制，也包括繁殖技巧的掌握，等等。

辨认需求 包括对自我创新需求的辨认及其他受益对象的需求辨认，以激发相应的创新思路。例如创新者意欲从饮食方面有所创造，那么首先需要自我辨认创新方向是指向炊具抑或食品，然后再进一步辨认消费对象的对炊具改进的希望热点抑或对食品要求的新特征。

引导兴趣 指对某种创新目标的兴趣，通过对有关的趣味化事物的搜求，获得强化的技巧。

移性 把人的性情投入与创新目标相关的事物中去，以求思路的明晰化、具象化、情趣化，从而完成创意思维向艺术审美化的升华，以实现艺术与技巧的巧妙结合。

演剧 即角色化。利用形象性展现创新思考的内涵，从而便于审视其优劣，并矫正其不相适宜的地方。是一种创意的心理演示方式，故也名为心理剧。

直觉 指理性的"感觉"，是"对经验的共鸣的理解"，是突发性的瞬间判断，是无概念的思维活动，是直接洞察事物的本领。比如，爱因斯坦就十分推崇直觉在科学创造中的作用，并把直觉的发生视为创新的契机。

形态分析 即把需要解决的问题分解成各个独立的因素，然后采用图解法或列表法，将各个要素反复地调整、排列、组合，以求创意的呈现。

象征 抽出事物的精髓加以夸张、生动地表现，或以某种相似的意境描述相似的事物的技巧。如米老鼠、唐老鸭的形象的创造，就是成功的显例。

虚化 包括模糊化、朦胧化、隐形化，等等。现代化灯具装置中的自调式荧光墙壁的创制为显例。

沉思 使创意灵思聚集、积淀、成序、升华的技巧。

梦想 即利用半醒半睡的状态使潜意识活化，从而诱发思路明晰和升华的技巧。"西托梦境法"即利用这一原理。这里指自然形成的梦境。

催眠诱导 指通过技巧性引导造成梦境的方法。基本的要点是：全身放松，把注意力集中于眼睑内侧，集中于自己的小拇指，集中于肚脐，集中于呼吸，集中于心音，集中于所听到的身外之物的规律声源或雨声，等等，当进入身心宁静、舒展轻松的状态时，根据既定的创新课题进行思考，并不断作出"肯定下次的想法可以得到满意结果"的暗示。如此反复去做，直到解决问题为止。

结构联想 从对结构变化的追踪溯源中获得启迪和作出发现的技巧。魏格纳通过对大西洋两岸大陆架曲线高度契合的结构进行观察和创意思考，发现了"大陆漂移现象"，即为显例。

自由联想 不定框框、不设前提、不受限制的联想技巧。例如从石头想到石雕，想到石针，想到石层，想到石人，想到石凳，想到石花，想到石画，等等，还可以自由联想下去，一直到发现有创意的事物为止。

强制联想 规定了范畴或指向的联想方式。例如从花想到花型，想到花型游船、花型床垫，等等，是按指定目标联想诱发创意的显例。

设问 围绕既有事物和定型产品提出各种问题以及可能改进的方案，从而更新事物和获得新产品的技巧。

设疑 不是根据具体事物已经呈现的疑点，而是提出假定性的疑点进行质询，以求验证既有事物的完美程度，和从中发现创新思路。

自律训练 主要指身心自控能力的训练，如进入冥想状态的训练等，都需要自控能力的配合。

柔化 即提高思维的型变适应能力。使思维犹如可以装入造型复杂的容器的液体那样适应创新需要。柔化，是日本创造理念中很注重、强调的特色之一。比如，"可变型袋式沙发"的诞生，是柔性思维的一个象征性物化显例。此种沙发像装了半袋子物品的柔性容具，人一坐上去，就成型为沙发状，且可以随着身体的揉动调整高低俯仰的程度或角度。

简化 指对事物的重点、亮点、要点、关键点的鲜明把握和突出表现的技巧。现代装饰工艺创新活动中应用较多。

非对称化　是对传统对称审美视野的补充。在现代建筑、时装设计中应用广泛，往往有出奇制胜的创新效果。

非线性化　苏联发明方法学家阿里特舒列尔所提出的创新技巧之一。是引导人们从习惯化了的线性思维中逸逃出来，以便另辟蹊径的技巧。

低成本化　高值产品（即高成本、高利润产品）的低值化、薄利化处理方式，是一种运用反向思维的策略性技巧。"五角（钱）丛书"的成功设计即援于此例。

模型化　立体地审视创新思维的一种高级技巧，可以是"成竹在胸"式的，并非都要制成物化的实体模型，或者说，可以在心灵中制成可以自视的"幻象模型"。

均质化　狭义指不改变原有物质成分而改变物质的结构形式获得更大效益的创新思路；广义指通过不同事物的均质效益获得新意的技巧。

通用化　即通过扩大事物的广谱适应性能，获得更大效益和推广价值的思路。

等位化　即利用不相似的事物发挥相似作用的创新技巧和思路。

适时变通利用　即为适应事物的时空限定性，转移或改变事物的性能。如将独生子女家庭只有2～3年用处的童车设计成可以方便地改组成其他实用家具的型式，就可以利用这一思路。

周期化　一种从隐形秩序中发现显形秩序的技巧。如"元素周期率"的发现是为显例。

连续化　将相关事物通过具有创意的思考，逻辑化为某种系列或可以连续推出的新产物的技巧。如各种化妆品系列和服饰系列的诞生以及推销术中皆常采用。

逻辑化　即通过归纳从经验的事实中导出普遍性法则，或通过演绎，从一般法则中导出特别结论的技巧。

分合　利用暗喻、类推的原则，引发对问题的创意和领悟。是化相识为不相识或化不相识为相识的技巧，是创造技法中的基础性技巧。

移植 将某个领域的原理、技术、方法、材料和结构引向另一处领域的思考方式。明显的成功例子，如利用伞的开启原理制成可以开启、便于收藏的菜罩、婴儿蚊帐，等等。

杂交 是将远缘或近缘、同种或非同种事物的内核或精髓，吸纳、融合为一体从而诱发质的升华的高级技巧。作物杂交育种是为显例。

交流 特指与创新思考目标有关信息的双向交换，目的在于"水涨船高"地引发更有价值的创意的产生。

实验 既包括实验室常规意义的实验，也包括把大自然、社会及相关群体作为实验对象的"实验"，是验证创新方案的重要的广义的操作技巧。

推测 依据相关事物所表露的端倪、苗头、趋势、倾向等，推导可能出现的新情况、新问题，以求趋利避害地富于创意地采取对策。

重述 检索既有事物缺陷和可资完善部分的技巧。重述，有助于对事物认识的深化，有助于对事物作总体观览。

案例分析 是对有典型化意义的事物或事件进行分析，以触发深层创意的思路。有时，也可以把非典型化事物或事件典型化，往往也可以收到类似的效果。

经验回忆 丰富创新思路、扩大创新领域的一种基础性技巧。这种回忆具有对经验的加工作用，是对已经凝固的智慧——经验活化的过程。

价值分析 推启创新动机、优化创新方案、提高创新效益的一种方式。

寻觅关键 把握事物要领、要害、特别需要集中关注的地方。往往对创新方案的实验结果有决定性作用。

异常研究 以培养对异常现象、异常反应、异常结果的非常态容忍、接受为其神髓。也包括对异常现象的特殊兴趣、特别关注。

网络 从某种观点着眼，在本来已形成的种种系统中寻觅启迪线索和特殊通路的技巧。

印象接制 从对某一事物的印象及其所接受的启迪,来加工处理对另一事物的印象及其创意,是难度较大的技巧。

聚合 令多种因素完善某一种事物性能的技巧。

合并 使可以并列发生作用的事物巧妙地并列,并使之产生新的功能的创新方式。

焦点 先选定一个项目,再任选另一个项目,然后围绕着创新目标从多角度实行联想的方式。如选定的项目为"床",任选的另一个项目为"灯",即可设想多种多样的床与灯的新型结合体。

分割 使有综合性功能的事物局部发生独特功能的创新技巧。

整体分解 是从既有事物的整体分解过程中体味相关创意可行的实现方案的技巧。

局部化 是使整体功能在特定条件下较好地发挥另一种局部功能的创意技巧,如汽车不跑路时座室可以扩大为旅游用居室,即属此类思路的产物。

特性列举 通过对某项或多项事物的特性的关注,发现富于创意的思路或可资利用的原理。

中介 通过某种事物或因素的"触媒"、"桥梁"、"联结"等作用,使事物甲同事物乙产生联系并诱发新的功能的技巧。

预加作用力 一种令适应性或事物强度达到最大限度的技巧。预应力混凝土的创制即属此例。

信息交合 即把不同事物的各种信息进行有机的交叉、重合、归纳、比较、筛选、融会,以产生创新思路的技巧。

专利利用 包括利用综合专利成果进行发明,寻找专利空隙进行创造发明,利用专利成果的不足进行进一步完善性的创造发明,还包括利用与专利的相关产品需要进行创造发明,等等,是创新的捷径之一,也是众多职业发明家惯用的技巧。

希望点列举 对已有的事物进行发散思维,尽可能地、不忌奇思异想地提出希望,然后选其可资实行的创意。

等值变换 依照一定的观点使事物"抽象化",再以"抽象化"的事物进行思考,以发现其内在的本质构成中可以相互转化、相互可以"等值"利用的因素。

求精 从常规事物的精致化中求新意、求高值的战术性技巧。例如,太平洋电信公司为7分半演说录音的高水平,反复进行了25次录制,几乎对每一个音节都精心推敲和策划,致使录音的魅力大增。

量中求质 从大量的相关构思中选用最有价值的创意的方法。如爱迪生发明电灯时,曾产生了3000多个与电灯有关的构想,但最后只选出了两个构想制成专利品。

逆向 包括对原理、性能、方向、温度、形状、方法等逆向思考,是用途大、效益佳的一种创新方式。

正反向综合思考 即从事物的反面寻求合理因素,化入正面合理因素,或取代正面不合理因素的技巧。

对立面归纳 即S有P→S_1也有P(S与S_1是互相对立的事物)。法国生物学家巴斯德发现将食物煮沸能妥善保存,是谓热藏法。英国开尔文从对立面进行思考,发现冷冻条件下也可以保存食物,是谓冷藏法,即属此例。

预加反作用 利用相关事物的逆向作用产生正向价值的一种技巧。恒温器件中的接触簧片的设计为显例。

颠倒 即转换思考方法:S是P→P是S。1880年英国戴维发现电能转化为磁,之后法拉第研究10年,证明磁也可以转化为电,发电机即据此原理制成,此乃借颠倒思维创新的显例。

劣化 中医进补之前先用泄法,欲学溜冰先学跌跤,等等,都是利用"劣化法"的显例。

利用失败 从失败的结果和产品中寻求可资利用的部分或成分的技巧。

废旧利用 可以产生多次增殖效果的技巧。如垃圾的利用,沥青路面改造中利用路面"废渣料"形成再生路面的技巧等均为显例。这方面将大有用武之地。

反常 反常现象中常常孕育着鲜为人知的原理或资源。例如，冯·卡门从圆柱后面的水流始终处于不稳定状态的反常现象，发现了"卡门涡街"这一规律。

容忍荒诞　荒诞，往往是某种合理因素的滑稽外衣。丘吉尔认为："没有一个构想不是非常荒诞而不需要加以考虑的。"还可以进一步说，即使是十分荒诞的构想也不妨悉心考察一下它有没有合理的内核以及有益的启迪。

试误　彼时已肯定确属谬误的事物，此时可能由于时空条件的变迁而变得有可资利用的方面，或者具有崭新的创意。故有些创意彼时失败了，此时不妨再试一试。

缺点逆用　事物甲的缺点可能成为事物乙的优点。这是广开思路的技巧。

缺点巧用　有些所谓的缺点，当被独立审视时就往往迸发出可以巧用的窍门。例如晶体被腐蚀对于特定器件是个缺点，但用来制造不锈钢粉又属于蛮有创意的了。这样的情况很多，如悉心利用可大获效益。

以毒攻毒　接种疫苗的发明和应用当属显例。在中医临床中更是广泛应用的技巧。

难点攻关　集中优势、调动潜能的一种自我和群体激励方式。特别是在智慧集团联合攻关中常应用此方法。

排列展示　对事物潜在的可资利用的创新因素通过排列对比获得显示的技巧。

成对列举　把任何两个以上的事物组合起来使之产生新的功能的方法。例如门与书架的结合，写字台与梳妆台的结合等均为显例。

结晶筛选　待事物基本完成"发育过程"有了"定论"时再审慎思考以定取舍的技巧。这要求对该事物的通晓性和准确的判断力作为基础。

跃进　简化事物既定发展行程的一种技巧，也往往是弥补特定方面智力缺憾的战术方式。跃进，不是可以逃避必须完成的行程，而是战术性地跃过暂时可以跃过的线段和方面，尔后有条件而又需要补正时再加以补正。

膨胀 运用可伸缩的材料的原理进行创制的技巧。例如氢气球的发明、大型而又便于运输的塑料玩具的发明,等等,都是显例。

沉入 诱发深入观察、思考的一种创新追求的心态。对重大发现和祛除思维屏障性障碍往往有突破作用。

姑隐 对未成熟的创新构思加以隐匿式地保护、"存放"于心灵深处,待其进一步"发酵"、"成熟"、完善,是有助于创新构思在内部酝酿发育的技巧。

混合 把多种性质、色彩、内容或构形单调的事物,调和、拼接、搅拌、拧结成具有新的功能、性质或吸引力的事物,如"科学营养米粉"、"多色彩拼花塑胶地板"等,即为显例。

平衡 赢得创新事物稳态(包括动态中的稳态)发展的一种技巧。

控制条件 包括控制事物的内在因素和外在因素。如圆珠笔漏油问题从控制灌入油墨量的内在因素入手获得了解决,当圆珠磨损得会发生漏油时,油也已经用完了;又如等电梯,往往会造成乘客的烦躁心理,把电梯外门搞成镜面式,乘客借此可以照一照,整一整衣饰,缓解了烦躁心理的出现和程度,是从外在因素寻觅创意的方式。

凝固 利用事物性质在一定条件可以流动或凝结的特点解决某些难题的富于创意的方式。如特味汤包的创制即属此例,它是将汤品先凝固切块做馅,经锅蒸使凝固的馅还原为汤馅,使人感到特有风味。

冻结 利用事物性质在特殊条件下的固态化,产生某种特殊的性能。如利用将软带子冻结成杆状穿过衣服的弯曲孔道等巧妙办法,即属此例。

利用辅助物 既包括利用辅助物进行发明创造的思路,又包括围绕已获得成功的创新产品研制辅助性产品的思路。目前,利用后者的创新战术获得快速效益者日渐增多。

附加 相对于事物的非主要功能方面而言,指下功夫发掘附加成分效益的创新思路。

转换　包括逆向、侧向、重点、局部的相对位置、作用、影响的变更。

扭曲　通过事物性能的构成面的转折、弯曲、交织，使之具有新的特性的思路和技巧。如大型游艺设备过山车，其轨道就是利用了多种扭曲面形成特殊的惊险性，使人感到新颖、刺激、壮观。

拧结　把散在的、性能相同或不相同的事物或材料，聚合成一种有共同性能的事物的创新方式。例如，许多新型织品的出现是直观的显例。

反转　利用事物原理中的程序可调性和功能可逆性更新事物功能的方式。如摄影技术中的反转片技术的发明和应用为直观显例。

转出　使事物的屏障性兼备开放性能或增添开放功能的思路。多扇旋转门的发明和应用为直观显例。

转动　是欲使固定指向的事物性能借转动的动能加以实现的巧妙方式，定向陀螺仪是为显例。也指使固态事物活化从而提高其性能的方式，如自动楼梯、旋转餐厅的建造，当属此例。

变动　包括性能、形态的变动所引发的新颖感。各种现代化型态多变式霓虹灯的创制当属此例。

振动　是改变、完善事物性能的一种通用方式，也是唤醒应急式思维活力的一种手段。另外，通过物理振动的研究，可解决人类众多的技术问题；通过精神的"振动"，往往有助于激发创意的产生。

迂回　一种非直线性思维方式，是宏观思维的基点。大至宇宙小至原子，其运动性状皆基于弯曲，故迂回是解决众多生存、发展问题的大技。

放大　事物的常态（这往往与最初形成的印象有关）经放大后的形态，往往可给人以耳目一新的印象，是创新思路中常被忽略的技巧。如腕式手表放大为挂钟的款式是为显例。

扩展用途　即把具有固定用途的事物尽可能扩展应用到一切可以应用的方面的创新思路。例如拉链的广泛应用是为显例。

增添 在某种事物已有的性能的基础上再增加某种性能，使之成为具有更大吸引力的事物。许多轻工产品的新品种的推出，多有采用。

加厚 有些事物一经作加厚处理可改变性状或应用范畴。如某些品种的玻璃加厚后不怕撞击，可承受巨大压力，从而可以制成楼层间透明地板或墙幕之类，成为代替混凝土的先进取代型材料。

显露 使原有被覆物的事物部分表面化或透明化，从而取得新的形态魅力的技巧。如透明机芯手表的研制，当属此例。

展开 把事物可以延展的部分充分展示，以便从中寻觅创新思路的技巧。

拉开 同欲创新的目标拉开一定的心理距离、视觉距离（有时也包括审美距离），以便于审视其整体性构想的特征。也可以是指将特定事物的封闭性外壳拉开，以窥视其内在特质的思维方式。可以理解为有益于启迪创新思路的辅助技巧。

简化 使重点突现、功能鲜明、构造净洁、一目了然的高级技巧。简化，不是简单化、粗疏化。简化，是高度合理化、功能高效化、一物多用化、效能充分化的思路特征。有许多事物一经简化常使人耳目一新，获益良多。爱因斯坦说："每件事都应该尽可能地简化，但不能比简化更简化。"说的就是这种思路的要领。

缩小 即微型化效益的利用。缩小，不是功能的减少，而是功能的精致化、小巧化。如书籍的精美袖珍本、微型电视接收机，等等，当属此例。目前，是风行于欧美的创新思路之一，亦是高技术的展示。

排除 指尽可能剔除影响创新实践的不利因素，包括自身的心理障碍，是增强内外环境交流的自由度的一种技巧。

扣除 指把特定事物的非必要性的组分强行拿掉或硬性舍弃，从而进一步审视有无进一步简明、简洁地实现其功能或扩大其功能的可能性。

舍去 指对有小利而无大益的事物部分割爱式地放弃，这往往可以导出新的结构、新的思路的诞生。

减轻 以最少的材料（或质量）和能量实现或完成尽可能大的结构、功能和效率的技巧，是现代节约材料和能源的主要创新思路。

变薄 薄化往往可以引起事物性能的变化。超薄地膜的应用效益，是直观显例。

小处着眼 不避弃小发明、小创造，往往也可以获得相当可观的效益。另外，有时，从小处着眼还可以解决大问题。

冗余 这里不是指"真正"的多余和累赘，而是指必要应急措施的提前设置，和预见性防御设施的适当准备。是一种蕴含着潜在的或可能性的巨大效益的"多余"。

剩余 是一种间接的"凑合"。居里夫人在沥青矿中发现了镭，就是利用剩余淘汰的技巧实现的。

淘汰 剔除与创新目标无关紧要或很少有益的部分。精华，往往在逐级、逐层准确的淘汰中呈现。但是，最后留下的1‰的精华往往可以改变世界。

分裂 指把一个事物的两个或两个以上可以分别利用的部分，分别利用，并导出新的功能和作用的技巧，也指从分裂过程中获得效益的技巧。后者以诱使核裂变产生巨大能量为显例。

限期 指利用划定特定产品的有效使用期限获得效益的技巧。如某些电子产品装置限期自动毁坏装置，即属此例。

暂时放弃 指以放弃短期效益保护长远效益的技巧。在经营艺术中多有应用。

回避 指在发展创新事物的过程中，尽量驱避或躲避不利因素、不利影响干扰的技巧。在创名牌的活动中多有采用。

切断 指对有可能伤损创新目标因素的断离技巧。在实验性操作中应用广泛。

图解 把创新目标图表化，有助于一目了然地把握实现目标的核心因素、关键步骤、价值取向。

默写 有助于创意的深刻化、系统化、逻辑化，特别是在拟定实施方案时作用显著。

第六章 创意与广告策略

策略性广告在广告的整体运作过程中占有极其重要的地位。它既区别于较低层次的技术性手法，又不同于广告战略性的总体架构，它是承上启下介于二者之间最具灵活性的环节。广告的创造性成分主要体现在广告的策略性创意上，一个极具创见的策略性点子常常是整个广告运动为之运转的核心。因此关注并熟悉广告创意策略的内容及表现手法，对于在实践中发展出真正具有独创性的广告而言有着很强的方法论意义。

一、总体性创意策略

所谓总体性策略是指在现代广告史上具有里程碑意义的，对各类广告的创作和表现具有普遍适用性，有着很强的方法论意义的广告手段。这种大的策略手段主要有差异化策略、品牌策略和定位策略。

1. 差异化策略

这是 20 世纪 50 年代之前非常盛行的一种广告策略，它是由在"达彼思公司"（Ted Bates & Company）工作的瑞夫斯（Roseer Reeves）在一本极有影响的书《广告实效奥妙》（Reality in Advertising）中首次提出来的。在这本书中，瑞夫斯总结了许多具有实际效果的广告创意，发现大多数的这类创意案都不自觉地含有一种共同的创意原则，即用各种广告手法挖掘并且放大隐蔽在产品中有时甚至于微不足道的差异，并将这些符合消费者利益的差异以消费者乐于接受的方式传达出来。事实上，瑞夫斯已经提升出了一个新的广告概念，或者说一种新的发展广告创意的策略,这一策略被其称为"独具的销售说辞",或"独特的销售主张",(Unigue Selling Proposition)(简称 USP)。

USP 广告策略的基本原则是:

(1) 找出同类产品所不具有的独有特性——Unique

(2) 符合消费者欲求的销售——Selling

(3) 提出一种建议(主张)——Proposition

这一广告策略包含着三个互为有机联系的思想:

1) 每一广告都一定要对消费者提出一个说辞。这一说辞不仅仅是语言表白,不仅仅是对产品的自我吹捧,也不仅仅是虚张声势的巨幅广告。而是要在每一则广告中向每一位读者说:"只要你购买本产品,你就将得到广告所许诺的利益"。

2) 这一说辞,必须是你的竞争者未曾提出过的,或者即便想要提出也无法承诺和实现的。它一定要具有品牌上的独特性,或者广告主张上的独特性。

3) 这一说辞必须是强有力的。它既能有效地招徕千百万消费大众,又能使你的品牌吸引到无数新的消费者。

"USP"广告策略最经典的案例是"M&M 糖果,只溶于口,不溶于手","总督烟有两个滤烟瓣"。但这一策略确实也使许多广告创意人的工作思路变得清晰起来。事实上,寻找并着力宣传产品间有利于消费者的差异性在五六十年代是相当普遍的。这种方法一直到本世纪末仍然被一些广告公司所采纳。

差异性策略的适用范围是相当广泛的,有时,一些微不足道的差异,只要善于挖掘和提炼,总能发展出优秀的广告案。适合发展出"独特的销售主张"的产品的差异性及其案例主要有:

(1) 产品性能上的差异性

早在 10 年前就发明了集群技术的 Digital 电脑公司要向社会推出一种新的服务器,与一般的服务器不同,这种服务器(Prioris Z x)不仅是为 Windows NT 集群专门配置的,而且有二台服务器同时运行,由于系统级高可用性只有通过双服务器,才能共享存储设备,才能使可选的冗余电源以及在结点之间的冗余互连数据通路得以实现。因此,这种新服务器具有很明显的独特性,但要把这种独特的差异性发展成独到的广告案,却并不是轻而易举的,然而,`Digital 公司为此所做的广告设计,确实具有独到之处。他们将服务器想象成后备伞包,一下子就使产品的差异性变成了一种强大而独特的广告诉求,(图 6-1)给人一种强烈的感受,从而形象、有效地向消费者传达了产品的信息。

图 6-1

(2)产品销售的差异性

美国《读者文摘》是一种在全世界范围极有影响的出版物,他们的广告宣传当然不会放弃有效的差异化策略。因为 39 种版本、15 种语言和超过 1 亿的消费者足以使自己成为最具有独特性的强势品牌。由此,他们将广告画面设计成具有多国国旗的图案(图 6-2),并配以傲视群雄的文字,以征服读者和其它刊物:

我们能在全球广泛在存在,根源在于我们的出版物具有全世界的感染力。我们的出版物在全世界各地以当地的语言发行。

作为世界上最广泛阅读的杂志,《读者文摘》有 39 种版本,以 15 种文字印刷,包括阿拉伯文、中文、印地文和朝鲜文。每个月世界上各个国家超过一亿人阅读我们的原作及当地和国际上来源的压缩选编本。

我们影响世界范围内的一亿人。

图 6-2

(3) 产品制造环境的差异性

差异性策略的实用性在于,有时,在产品的性能、服务、销量、价格等所有方面似乎都已找不出值得一提的差异时,只要仍坚持这一策略,总能柳暗花明,重新发现令人耳目一新的视角。美国通用动力公司(General Dynamics)的广告便是一例。Wyse广告创作组的创意指导汤姆·史密斯等在参观动力公司 Fort Worth 制造厂时,意外发现该厂在 1 英里长的地段上挂了许多国旗,并了解到这都是自己花钱买的,完全是他们自发搞起来的。于是触发了广告创意:广告图案就是飞机制造车间(图 6-3),然后配上有说服力的广告词:

图 6-3

"他们没有请教过装饰师,
他们有自己的想法。

这个工厂位于德克萨斯州 Ft. Worth,占地全长达 1 英里。二次世界大战时,B—24'解放者'飞机就是在这里出厂并起飞,帮助击退了轴心国的进攻。

我们为我们的工厂感到自豪。

我们为我们的飞机感到自豪。

但是,我们更为我们的人员感到自豪。

瞧!这些美国国旗,1英里路上挂满了国旗。

这并不是我们布置的,是我们的职工做的。

我们没有给他们钱,是他们自己买的。

我们未负责清洁工作及维护管理,我们的人员自己承担了一切工作。花他们自己的钱,耗他们自己的时间。

也许,这些国旗会帮助我们的职工创造一种他们想往的工作环境,时刻提醒他们为谁而工作。

他们以工厂为荣,他们为自己的飞机感到自豪。

但是最使他们感到自豪的是我们的国家。

强大的公司是为强大的国家服务的。"

广告不仅找到了独特的视角,并且运用独特的说辞展现了通用公司独特的环境和精神境界。确实可称为差异化策略的经典之作。

(4) 产品外形及价格差异性

1990年美国 Lois/GGK 广告公司创意人乔治·洛伊丝(George Lois)用他那伟大的天分竟然将这种差异发挥到了匪夷所思的地步,他为通用数据公司创作的近乎"荒唐"的广告作品,不仅为广告主带来了很大的利益,甚至在广告界也引起了不小的轰动,以至于象《华尔街报》、《今日美国》、《福伯斯》、《幸福》等刊物竟然都免费登载了这个广告。广告把高度复杂的计算机产品装在一个人人熟悉的意大利式烘馅饼盒里,如图6-4。

这就极具有说服力地将产品体积小和价格低廉的优势淋漓尽致地揭示了出来,使自己完全不同于一般计算机广告那样,一大堆技术要求、缩写词、图表以及令人望而生畏的深奥的术语式的表达。这不仅给消费者带来了感觉上的亲近,而且实实在在产生了一种计算机就象意大利馅饼那样,"可随时拿来"的感受。

产品差异化策略(独特的销售说辞),在许多竞争性产品和

图 6-4

服务型的广告上都有适用性,并且在销售上也有很强的实效性。这一策略思想使五六十年代出现了一批优秀的广告,它们共同的特征就是从产品本身中、从产品与消费者的关系上去寻找新东西,正如威廉·伯恩巴克所说:"广告创意最主要的成功因素是商品本身。广告公司要密切与客户的商品接近——寻找改进,寻求使人们向往它的途径,寻求商品有用的添加物,寻求商品的某种改变。那是人们能被接受的最基本的条件。"

2.品牌形象策略

这一策略是 60 年代中期主要由大卫·奥格威在其著作《一个广告人的自白》中提出来的。60 年代以前的产品差异化策略时代是基于当时的生产力发展和社会发展水平,由于产品及其亚种比较稀少,由于产品间因技术含量和民族及地区的差异,由于某一特定产品本身的技术更新周期较慢,从而导致产品常常具有明显的、差异相对稳定的特色。因此,消费者进行选择时自然会将注意力集中到产品有利于自己的特点上,只有经过大量相关产品信息的详细比较,才会采取适当的购买行为。这就使得以消费者最易接受的产品特点作为广告主题的"独特的销售说辞"策略具有很强的可操作性。但随着买方市场的彻底形成,任何一种产品畅销后会迅速导致大量企业蜂涌同一市场,产品之间可识别的差异变得越来越模糊,产品使用价值的差别也越发显得微不足道。此时,企业仍一味强调自己产品的特点,强调与其它产品之间无足轻重的差异已经远远不够,而产品品牌形象则显得越来越重要,现代消费正日益呈现出以品牌形象为导向的趋势。于是企业间的竞争便开始从产品竞争时代过渡到品牌竞争的时代。大卫·奥格威的品牌形象策略正是这一过渡的产物。

品牌形象策略的基本要点是:

(1)为塑造品牌服务是广告最主要的目标。广告的终极目的就是为广告对象建立并维持一个具有高知名度的品牌形象。实际上"每一则广告都应该被看成是对品牌形象这种复杂现象在做贡献。如果你具有这种长远的眼光,许许多多的日常的麻烦事都自会化为乌有。"

(2)任何一个广告都被当作对品牌进行长程投资的一部分。从长远的观点看,广告在维护一个具有知名度的整体品牌形象的过程中,可以不惜暂时牺牲某些短期和局部利益。不幸的是"现在市场上的广告95%在创作时缺乏长远打算,是仓促凑合推出的。一年复一年,始终没有为产品树立具体的形象。"

(3)随着同类产品的差异性减少,品牌之间使用价值上的同质性增大,从消费者角度而言,"品牌和品牌的相似点越多,选择品牌的理智考虑就越少。"因此,描绘品牌的总体形象要比强调产品的具体功能特征更为重要。

(4)消费者购买的不仅仅是产品的使用价值,通过广告,附加在品牌上的精神和心理价值越来越被消费者重视。因此塑造品牌形象实际上是对产品的第二次投资,是对产品附加值的提升。

(5)集中地宣传和维护品牌的整体形象和持久的性格,比分割地介绍单个产品和不断地重塑层出不穷的新产品,是一种更为经济的广告投资策略,因此,"致力在广告上树立明确突出性格品牌形象的厂商,会在市场上获得较大的占有率和利润。"

总之,奥格威提出了一种新的广告投资观念,即对品牌整体性格的投资,比对在功能和特征上不断变化着的单个产品的投资更经济。正如奥格威说的:"替客户策划广告方案要以假定客户永远经营这种商品的业务为立足点。以高瞻远瞩的眼光来为他们的品牌树起明确突出的性格,而且坚持运用贯彻策略到底。最终决定品牌市场地位的是品牌总体上的性格,而不是产品间微不足道的差异。"

品牌形象的树立是一个系统工程,包含着多方面互相联系的内容,正如一个人的公众形象是由外貌特征、内在知识和能力、道德修养和人格等三方面构成的一样,品牌形象的构成要件一般也可分为三个方面,即外部特征、内在品质和精神价值。

(1) 外部特征

品牌形象的外部特征主要由包装、品牌名、价格三部分组成,这是品牌形象最直观的外表。消费者对某一品牌的了解和识记,首先是通过这些形象、直感的外部信号。因此,给出一个稳定、鲜明、统一的标识是塑造品牌形象的第一步。

1) 包装:从视觉形象看,包装是品牌的外貌,是品牌整体素质的外化。

1970年可口可乐公司在全世界范围内发动了一场包装革命,将一切国家所有的可口可乐标志统一起来并以红色和跳动的冲击波呈现,给人一种"青春活力与力量"的强烈感受。在法国,许多化妆品的容器借助他们悠久历史的玻璃工艺和现代设计概念将"高贵、梦幻、神秘"推向全世界。日本的包装则将竹木、树叶和草袋赋予了后现代意义,使人在工业文明和唯科学主义的压迫下返朴归真。总之,70年代以后,随着文明的进步,发源于商业的竞争和品牌形象设计的大潮已经引发了一场涉及到从商品到歌星,从商店到工厂、街道、建筑物甚至整个国家的形象的包装革命。

2) 品牌名:每一种重要的品牌都应有一个与之相称的名称。品牌名的设定在很大程度上会影响到品牌形象的塑造和传播,因此许多厂商甚至不惜以重金求取名称。事实上，在今天的世界，一些最有影响的品牌名称已经进入了人们的概念系统，成为人们所认识世界的一部分。可口可乐、百事可乐、IBM、SONY、松下、菲利浦、耐克、皮尔卡丹、P&G、吉利、大众等品牌名称已经和这个世界一起进入了我们的日常生活，甚至在更深层面上影响着下一代的世界观。

3）价格：日本学者仁科贞文认为："价格与品牌的质量形象有着密切的关系。一般人难以正确评价商品的质量时，常常把价格高低当作评价质量优劣的尺度。在这种情况下确定价格则会决定品牌的档次，也影响到对其它特性的评价。

（2）内在品质

这是构成品牌形象的实体性价值。内在品质主要是指品牌社会价值的实际含量，如技术先进性、市场占有率、功能性指标、服务状况、行业前景、社会美誉度等等。广告就是根据品牌形象的总体战略要求对上述内在品质的综合概括和艺术提升。恰到好处地向社会宣传这些品质，对于品牌形象的形成和确立往往具有举足轻重的作用。

如 IBM 公司由于在计算机领域开创性的贡献，就使得相应的品牌形象有了实质性内容的支持，广告当然应揭示这一实质。图 6-5 这则广告就将 IBM 的开创性工作极为形象地展示了出来，使人不能不信服品牌形象背后的力量。

举世闻名的西门子集团公司（Siemens）同样以对比的形式使自己的品牌形象得到了更深的扩展。在横贯两页广告（图6-6）的左面一页，西门子采用了一些深褐色轮转凹版型照片，并注有大标题及日期"1895，那就是当时"。照片上显示出长胡须的威尔姆·罗恩根正注视着 X 射线片子。那是威尔姆做出了第一张 X 射线的像片，正是西门子与他合作，取得了专利并生产了世界上第一只 X 射线管。

右边的那页，展示了权威的全色核磁共振人脑图。大标题是与左页对应的"1990，这是现在"。并指出"现代化的核磁共振图像使医生可以比以前更清楚地看到人体内部，这是西门子数年

人类第一次登上月球的脚印

**无论一小步,还是一大步
总是带动世界的脚步 IBM PC**

图 6-5

投资于研究和开发的产物。"最后是一句:"西门子,精密的思维"。这不仅仅是在为西门子,几乎可以说是在为德国民族的思维方式作注解。因此,广告确实很好地树立了西门子品牌的准确形象,给人一种并不过分声张的可信性。

(3) 精神价值

就品牌形象的塑造而言,第一和第二部分一般属于品牌的自然价值,是品牌自身固有的;而真正属于广告策略通过智慧而扩充出的新价值是第三部分,也即广告所创造出为品牌的精神价

图 6-6

值。

一个人在别人心目中持久的良好的形象不完全靠他的外表,也不仅仅靠他的知识和能力,更重要的应是他们的精神品格。同样的道理,精神价值往往是品牌得以长留在人们心中的更深的质素。品牌精神价值的塑造是一个漫长的多方面作用的过程,发自内心的公益活动及其有分寸的公益广告是这一过程的重要内容。人们已经看到,从正大集团那感人肺腑的歌声开始,在中国,真正具有大家风范的品牌正在朝公益形象的方向发展。广东健力宝集团有限公司从 1988 年到 1992 年、1996 年连续对中国奥运健儿颁发金罐和专款赞助,有效地提高了自己的声誉。上海大众汽车集团公司对中国足球事业的慷慨拨款同样赢得了人们的赞许。公益广告在塑造品牌形象上的力量可以从可口可乐的广告运动中得到证明,如果不是对全球广泛的公益赞助和连续半个世纪对奥运会强大的资金支持,很难想象可口可乐品牌会达到今天的成就,会有 300 亿的无形资产,要知道这庞大的无形资产正是建筑在人们心灵上的。而心却是要通过心来建构的。

当然,具有精神价值的形象广告并非公益赞助一种,IBM 公司电视广告中大象扶持小象的一瞬间既表达了一种大自然生生不息的进化力量，又巧妙地暗示了 IBM 公司巨人般的地位，使人在冷酷强大的帝国力量背后感受到一丝精神的温暖。

有时，一句温和的广告口号同样能起到维护品牌形象的作用。菲利浦广告语"让我们做得更好"就含有很深的意味，仔细想想"更好"确实要比所谓的"最好"更具有人性的力量。

透过广告，我们仿佛看到了语言的巨大魔力，它为我们编织了一个精神世界，在这个世界里，人才知道自己不仅是个纯自然的存在物，他更是一个精神的存在。他虽然会受到物质力量的巨大影响，但他更容易被语言所感动。凯迪拉克摩托车公司 1915 的广告词可以让我们感受到这一语言的力量，这篇将近 400 字的文字几乎可以看作是文字广告的经典，尽管当时并没有品牌形象的说法，但这篇看似冗长的广告词却十分有力地维护了凯迪拉克摩托车公司的形象：

出人头地的代价

在人类活动的每一个领域，得了第一的人必须长期生活在世人公正无私的裁判之中。无论是一个人还是一种产品，当他被授予了先进称号后，赶超和妒忌便会接踵而至。在艺术界、文学界、音乐界和工业界，酬劳与惩罚总是同时出现的。报酬就是得到了公认；而惩罚则是遭到反对和疯狂的诋毁。当一个人的工作得到了世人的一致公认时，他也同时成了个别妒忌者攻击的目标。假如他的工作很平庸，就没有什么人会理会他；如他有了杰作，那就有人喋喋不休地议论他；嫉妒不会伸出带叉的舌头去诽谤一个平庸之才的画家。无论是写作、画面、还是演戏、唱歌或从事营造业，只要你的作品没有打上杰作的印记，就不会有人力图赶超你，诽谤你。在一项重大成果或一部佳作已完成后的很长一段时间里，失望和嫉妒的人仍会继续叫喊："那是不可能的"。外界人早已将惠斯勒（Whistler）称颂为最伟大的艺术大师之后，艺术领域中仍然流言纷纷，将自己的艺术大师说成是江湖骗子；当人们成群结队到音乐殿堂 Bayreuth 向瓦格纳（Wagner）顶礼膜拜时，而小一撮被他废黜或顶替的人却气势汹汹地叫嚷："他根本就不是音乐家"；当众人涌向河边观看轮船行驶之时，少数人仍然坚持说富尔顿（Fulton）决不可能造成轮船。杰出人物遭到非议，就是因为他是杰出者，你要是力图赶上他，只能再次证明他是出色的；由于未能赶上或超过他，那些人就设法贬低和损害他——但只能又一次证实他所努力想取代的事物的优越性。

这一切都没有什么新鲜，如同世界和人类的感情——嫉妒、恐惧、贪婪、野心以及赶超的欲望——一样。历来就是如此，一切都徒劳无益。如果杰出人物确实有其先进之处，他终究是一个杰出者。杰出的诗人、著名的画家、优秀工作者，每个人都会遭到攻击，但每个人最终也会拥有荣誉。不论反对的叫喊声多响，美好的或伟大的，总会流传于世，该存在的总是存在的。

3. 定位策略

(1) 定位的背景

定位策略是继50年代罗瑟·瑞福斯提出"独具的销售说辞"，60年代大卫·奥格威倡导"任何广告都应该是对品牌形象的长程投资"之后，又一具有里程碑意义的广告策略。它是由美国知名市场营销和广告专家艾尔·里斯（Al Reis）与杰克·特劳特（Jack Trout）率先提出的。他们从自己的工作性质出发，开始注意到在现代传播工具和传播方式的影响下人类的沟通问题。现代通讯技术的发展一方面使大众传播获得了空前的受众，但另一方面，受众群体的个性差异又被影响广泛的传媒所忽视和抹杀。随着这一现象的逐步发展，最能体现商业竞争的传播手段——广告则最先预感到这种忽视和抹杀所带来的沟通的困难，于是，将沟通方式从居高临下的无差别传播转向分门别类地研究受众的接受心理便提上了议事日程。定位策略的提出就是这一转向的必然结果。

进一步分析可以发现，定位策略的形成和推广还有它深刻的社会原因：

第一，定位是卖方市场向买方市场转化以后，销售发展到成熟阶段的必然产物。在买方市场中，不是消费者寻找商品，而是商品寻找消费者。这一寻找的过程，也是广告真正摆正自己位置的过程。如果说在产品至上时代，"独特的销售说辞"主要是以产品被夸大的差异吸引消费者,而在品牌至上时代,主要是以相对定格的形象诱导消费者的话,那么,在定位时代,则开始改变这种自上而下的单向吸引和诱导,转向研究消费者、寻找消费者。如果说过去广告所着力研究的只是自己的商品,注意的只是商品的差异和形象,那么,定位时代努力研究的则是自己的消费者,注意的是消费者群体之间的差异。

第二,定位是社会生产力高度发展以后人类消费需求差别化的必然产物。当生存需要(温饱)还是人类第一需要的时候,对产品实用功能的需求是第一位的,工业革命则以"自动化、流水线、大批量、低成本"满足了这种需求。但是,当生存需要相对满足以后,人的发展需要变成更迫切的课题时,早期的工业流水线所生产的无差别产品已不能满足这种变化了的需要,旧的工业供给便开始分化,开始开发和生产出日新月异的产品来满足消费者日益增长的个性化的消费需求。广告的差异化策略和品牌形象策略都是对这种需求的适应性满足。然而,这种满足方式是不彻底的,因为它所面对的仍然是一个无差别的、未分割的消费整体。更具革命性的是定位策略,开始对消费群体进行专业分割,以适应社会需求个性化、产品需求专门化的新情况。

第三,定位策略是大众时代价值指向的间接反映。定位策略的核心是把研究的出发点从产品转向千百万消费者,这种转变正是一个新历史过程的缩影。传统社会的价值指向是政治中心论,以帝王将相、贵族等少数人为转移,工业革命以后整个社会开始价值转换,大众开始登上历史舞台。随着商业利润被迫将目光投向新的上帝——大众,在史学界出现了"新历史主义",即把历史研究的重点从帝王的发迹史转为考察大众的发展史;在美学界出现了"接受美学"的思潮,即把审美判断出发点从少数天才转为人民大众对美的接受;在文学艺术领域则出现了大众艺术的浪潮。而定位策略对消费者的重新关注正反映了这种社会价值中心向下转移的历史潮流。

第四,定位是信息爆炸时代传播与沟通面临困境的必然选择。正如罗斯和特劳特在品牌定位的书中所说:"我们已成为一个传播过多的社会,今天美国每人平均广告消费金额每年已达376.62美元,在我们传播过多的社会中,去谈论你的广告冲击力,实在是对你发生讯息的可能效果有过度夸大之嫌。广告并不是一个长柄大铁锤,它更象一层薄雾,一层非常薄的雾,笼罩住你的潜在顾客"。那么,谁愿意将自己宝贵的金钱仅仅变成一片朦胧而看不见希望的薄雾呢?因此,必须集中优势兵力打歼灭战,对特定目标的各个击破才是最经济的。也就是说:"传播的丛林沼泽中唯一能取得高度效果的希望,是集中火力于狭窄的目标,实现市场区隔,一言以蔽之,就是'定位'。"

(2) 定位的含义

从定位策略的出发点和最终目的可以看出,定位概念有如下互为联系的要件:

1) 广告作为产品和消费者的沟通者,虽然其立场仍然代表产品,但出发点却应转向消费者,因为最终是由消费者决定产品的生死存亡。

2) 消费者是由各种利益和原则结成的差异化群体,对消费者的研究实际上是对各差别群体的分类和确认。

3) 针对被分类和确认了的消费群体进行有特定指向的广告宣传符合经济效益原则。

4) 这种具有特定指向的宣传最终是要在其潜在顾客的心智中创造一个位置。"因为广告所进入的是一个以策略为王的时代,在定位时代,去发明或发现了不起的事物并不重要,最主要的是进入潜在顾客的心智。正如 IBM 并没有发明电脑,电脑是兰德公司所发明。然而 IBM 是第一个在潜在顾客心智中建立电脑位置的公司。"

5) 进入心智必须把握适当的时间和适当的环境。"第一"是最短的进入心智之路,第一主张、第一事件、第一位置、第一信号从"印遗现象"看,具有先天的优势。因此,"要把第一件事物作为'铭记于心不能消除的讯息',那完全不是一般的讯息。它是一种心智,一种一片空白的天真心智,"是广告传播真正的处女地。

6）这种定位一旦建立，无论何时何地，只要消费者产生了相关的需求，就会自动地、首先相到广告中的这种品牌，这家公司或这种服务，达到"先入为主"的效果。

（3）定位的分类及应用

定位就是对目标市场中消费群体的区分和确认，而消费群体在性质和形式上具有无限可分性，较为常见的有：

1）按不同的地域位置划分：

如国家、省份、地区、城市、社区等，同一种品牌在不同地区推销需要针对不同的消费者。如前述美国《读者文摘》行销全世界，在不同的国家和地区使用了15种文字，特别值得指出的是，由于各国各民族政治、文化、宗教传统的不同，《读者文摘》同时以39种不同的版本向全世界行销。可以设想，如果用同一种版本将会出现怎样的结局。

2）按种族、民族和人文气质划分：

不同的种族和民族有不同的人文性格和气质类型，甚至同一个国家，南方和北方也有明显的性格和习惯上的差异性。江西南昌日用化工总厂的《草珊瑚牙膏》在南北市场就采用不同的香型，针对南方人喜爱水果味，北方人偏爱留兰香味，他们分别把桔子、香蕉、菠萝等香型和留兰香型的药物牙膏投放南北两大市场，并在广告宣传中有的放矢地突出香型的特色。

3）按年龄、性别和生理状况划分：

如日本尿布厂甚至将最简单的尿布市场也进行严格的区隔，分别针对婴儿、老人、病人等销售不同的尿布，让不同的消费者产生此尿布的专业化程度高和特别适合自己的联想。P&G针对人皮肤的不同性质对产品进行严格的分割和集中的广告轰炸，就起到了很好的效果。

4）按所处社会等级划分：

这种等级包括经济地位、政治地位、社会地位、知识地位、职业地位等差异，从另一角度也可区分出阶段、阶层、上流社会和底层社会等不同的级差，产品定位在哪一个层级往往具有决定性影响。

在 80 年代初期，派克公司在开发产品上面临着这样的抉择：到底是满足普通消费者，生产售价仅为 2.98 美元，摆不上商店货架，用塑料盒包装的廉价笔，还是以上流社会为主，生产摆在高级商场玻璃柜内，包装精美、售价 298 美元的高档钢笔呢？不幸的是，当时派克公司掌门人错误地选择了前者，他看上了用后即丢的元珠笔市场，认为本公司已经生产将近一个世纪的"手工制造"钢笔市场潜力有限，就决定转向生产迅速的低价位产品。但万万料想不到，这种转变给派克公司带来了一场灾难，产品的销售额日益下降，到了 1985 年，在美国市场的占有率大为萎缩，直至最后陷入被拍卖的绝境而不能自拔。

然而，当时派克公司的欧洲高级主管马葛利却慧眼独到，断定派克的失败是由于决策上的错误。他认为美国总部忽略了钢笔是一种地位的象征，正确的战略应该是坚持发展传统的高档钢笔。因此，他融资凑足一亿美元，大胆地购并了派克公司，并将总部由美国威斯康辛州迁到英国，在此打响了一场翻身之仗。

马葛利所采取的措施，首先是开发高档的品种，并使其更为吻合创始人乔治派克的构想，即使用比行家更加耐用的材料，要求制成的钢笔稍大和稍重。与此同时，还采取了一种控制墨水流量的新技术，这种获得专利的发明使派克钢笔身价大增，其在美国的售价因而一下子提高了 30%。

发动大规模的广告攻势，这是马葛利的另一个高招。他特别将广告集中在注重风格的富人看的杂志上刊出。为了提高知名度，他又抓住派克钢笔被英女王伊莉莎白定为御用笔的良机大肆宣传。当 1987 年里根与戈尔巴乔夫签署限制武器协定后不到 3 天，派克钢笔的广告便高呼：两国元首签约所用的，是特定的银制派克 75 型钢笔。并且宣称："笔杆的力量胜过刀枪。"这种先声夺人的广告宣传当然是富有吸引力的。

派克公司的第三招，是把产品打入高档礼品市场。马葛利宣扬说：如果想买一份良好的和持久的礼品，不妨考虑钢笔。1988 年派克公司重新推出其在 20 年代设计的 Duofold，售价 250 美元，1989 年再提至 312 美元，1995 年更推出 1600 美元的高档特种笔,这就进一步使派克笔跻身高级礼品行列,成为上流社会财富和地位的一种象征,讲究搭配的高层人士有时竟拥有三、四支派克笔。

经过这一系列定位决策,派克笔终于从没落重新走向复兴。

相反,如果定位失当,也会造成损失,皮尔卡丹在上海市场的处境即为一例。皮尔卡丹在中国人的心目中曾是外国名牌的象征,仅在上海市场就拥有3家专卖店,并在六七家大型商厦拥有专柜,可到1997年初仅剩一家专卖店在苦苦支撑,究其原因,是定位失当。老皮尔卡丹有一个梦,就是要让千百万普通人也穿上"皮尔卡丹",并要生产出特别适合中国人体型的服装,他们甚至在北京街头为上万人"量体"并每人赠送一瓶汽水。

但是老卡丹的美好愿望却在中国上海的现实面前受挫,也许最大的原因就在于皮尔卡丹对上海消费群体的定位失当。皮尔卡丹西服和皮衣从名牌的最高峰降为面向中产阶级的中高档品牌,想以此获得一大批中高层消费群。但这种对中高档消费群体的定位却是不准确的,因为在中国,中高档意味着西装价格4000~7000元,这对中等收入的上海人来说是个极限,轻易是不会动这个脑筋的。而被认作消费对象的老板、高级经理们,却又似乎并不领这个情,他们需要的是可以炫耀身价的真正国际顶尖的具有价格确认意义的名牌,而不是中产阶级的"普通品牌"。

可见对消费群体的阶层性质和他们理想目标的把握是准确定位的前提。

5)按心理需求划分:

①价格定位。

价格是商品买卖双方关注的焦点,也是影响广告促销的一个重要因素。价格定位的目的是为了促销、增加利润。由于采用的广告策略不同,价格定位可分为"高价定位"和"低价定位"。

著名的美国伊士蔓——柯达公司是商界综合运用"高价定位"策略和"低价定位"策略策划行销并取得成功的典范。

70年代末,为垄断国际彩色胶片市场,柯达公司对所生产彩卷采用低价定位,一时间柯达公司生产的彩卷风靡全球,人们纷纷舍弃其它品牌而买柯达,由此世界上许多彩卷生产厂家被挤跨,柯达一枝独秀,占市场销售量的90%。

进入80年代中期以后,为进军日本市场,柯达公司针对日本人对商品重质不重价的特点决定采用高价政策打响牌子与"地头蛇"——"富士"竞争,他们展开了巨大的广告优势,着力宣传柯达彩卷"质优名贵",并以高于"富士"2/1的价格推销柯达胶片。经过5年多的竞争,柯达终于为日本所接受。与"富士"齐驱并驾于今日日本彩卷胶片市场。

"金利来"领带今天之所以在香港和内地成为家喻户晓的品牌,正是得益于"高价定位"竞争。

"金利来"领带原来叫"金狮"领带。公司创始人曾宪梓先生为了创名牌,决定把"金狮"改为含吉利之意的"金利来",他们通出其"高贵身价",显示其"名牌风采";同时确定高价定位以维持高价竞争。"金利来"牌子创立起来后,曾宪梓先生千方百计维护它的形象。他不因一时资金拮据就随便降价或打折扣出售以自贬身价。在同一个国家和地区,"金利来"领带宣传统一价格。避免自己打自己而影响顾客心理。"金利来"领带现在在内地一般卖到120~200元人民币,然而却买卖鼎盛。这主要与公司一贯坚持的高价竞争有关。因为领带是展示一个人身份的标志,若是名牌,价格高些也有人要,若是杂牌,价格再低廉也是无人问津的。

②利益定位。

这是最常见的细分策略,按消费者不同的利益需要和对商品性能的不同要求来考虑创意思路。这里,关键是要寻找潜藏在消费者表面利益背后的实际利益。有时,消费者连自己都不清楚利益的要害在哪里以及如何去实现,这就需要创意人员的深度挖掘。"小霸王学习机"的广告创意就是一个很好的例案。他们发现有很大一批潜在的电脑买主,其购买电脑的直接目的只是为了孩子学电脑操作和辅助学习。根据这一具体目的,只要买一台电脑学习机就够了,无需购置数千元的PC机。于是,定位策略便引导创意思路,找出了"真正适合孩子的电脑"的概念,并特意创作出一幅广告画，以孩子穿不适合自己的大人鞋子，来解释什么是多余，什么是浪费，并以此唤起消费者关注自己并不十分清楚的实际利益。广告堪称利益定位的佳作，见图6-7。

图 6-7

用定位策略对市场进行细分可以有许多角度，由于消费者的具体情况及其需要是千差万别的，因此对消费者的分割和归类方式也就是无限的，关键是寻找到最有利的定位点，并且在找到定位点之后如何在消费者的心智中真正占有这个位置。

③功能定位。

对产品功能及特性的研究是品牌走向市场，走向消费者的第一前提。如果某一品牌在功能特色上能够挖掘出比竞争对手更优越的特点并且满足广大消费者的需要的话，那么这一产品就比较容易争得一个有利的市场位置。

比如传统的感冒药都是白天黑夜一起用药，没有什么区别。然而"白加黑"感冒药对产品的功能进行细分，根据白天与黑夜两种不同的形式，白天吃不睡觉，晚上吃睡得香，从而使得品牌功能更加完备。

这其中"白加黑"并没有创造出关于感冒药的惊人的特殊功能，只是将感冒药的功能依消费时间的不同作了细分，而这一看上去简单的细分，就是一种前无古人的创造性，就是定位过程中的"创意"。

④消费形式定位。

在现在市场经济条件下,同种功能的产品越来越多。如何从产品的消费形式方面进行创造性改动,是品牌获得定位优势的另一种有效的"创意"立足点。

仍以前面提到的"白加黑"为例。传统的感冒药是以片剂形式出现的,后来发展成了冲剂、胶囊等不同的产品形式,由于上述的变化,产品在市场上也拥有不同的竞争力量。

"白加黑"作为传统片剂型感冒药的一种,其创造性的工作,在于将同组的感冒药分为白片与黑片,并分为白天、晚上两种不同的消费时间给药,使广大消费者获得了更加细腻、精心的消费关怀。这种从消费者消费特点的角度对产品形式进行创造性改造,并因此获得市场优势的作法,给我们的启发是:以消费者的需要及消费特点为基础对品牌形式进行重新改造的定位,能使一个产品在众多的同类产品中脱颖而出。而通过品牌形式的改变获得定位优势的创意关键在于:将品牌形式的变化与消费者潜在的消费感受、消费方式融为一体。

(4) 进入心智的方法

"攀山千条路,共仰一月高",进入消费者心智的方法有很多,其中较为典型的主要有:

1) 领先者定位策略:

"领先者"或称"领导者"、"第一位",可以从二层意思理解:

①抢先在消费者心里占据一个位置。

也就是说要尽一切努力使自己成为最先占有者、最初占有者,从而在消费者心中享有"先入为主"的优势。正如里斯所问:

"第一位单独驾驶飞机横越大西洋的人是谁?林白。那么第二位是谁呢?

第一位登上月球的是谁?阿姆斯特丹,那么第二位是谁?

世界第一高峰叫什么?喜马拉雅山,那么第二高峰叫什么名字?"

可见第一(领导者)和第二的差距有时简直就是"有"和"无"的差距。

因此,广告要有使自己品牌成为顾客的"初恋者"的定位能力。

②在消费者心里是不可动摇的领导者。

也就是说,领导者地位的确立,不仅要最先,而且要最大。要成为消费者心中真正的领导者。广告要善于将品牌的领导优势持续不断地向消费者灌输,以保持最初获得的领先地位。这些领导优势包括:

质地唯一性

如"只有可口可乐,才是真正的可乐",这种定位实际上暗含了一种假设,即可口可乐是衡量其它一切的标准,依此比照,其它的每一件事都是在模仿"真正的可乐"。

性能独有性

如"吃火锅没川崎怎么行",这一广告语曾一度在家家户户的火锅餐桌上成为一种口头禅。其实认真追求起来,川崎火锅调料本身的口味并没有什么了不起的独到之处,因为以辣椒为主要成分的调料,口味都大同小异,然而,一句广告词就足以使人们产生"火锅调料非川崎不可"、"没川崎就无法吃火锅"的定势联想。这则广告实际是通过特有的表达方式为一切火锅作了强势"定味",让川崎牌调料获得领导者的位置。

技术先进性

这是立足在消费者心中最重要的因素之一,特别是一些高技术领域的产品,以技术优势来定位就显得尤为突出。如航空公司和飞机制造业就一直有着技术定位的传统。下面是一些相应的竞争性的广告词:

创造工程之首　　　　　　　　(班的克斯航空公司广告词)
波音是世界上第一个喷气机家族(波音飞机制造公司广告词)
永远领先数年的航空科学　　　(洛克西德航空公司广告词)
最先飞越太平洋,最先飞跃大西洋,最先飞跃美洲

>   （泛美航空公司广告词）
> 我们永远能最先抵达目的地   （空中快车航空公司广告词）
> 在尘世和天堂之间，没有我们干不了的事
>   （美国宇航公司广告词）
> 我们开创了航空电子领域的新纪元
>   （休斯飞机制造公司广告词）
> 如果时间是最后一道难题，那么我们就能将它征服
>   （加利福尼亚航空公司广告词）

销售覆盖性

巨大的具有覆盖力的销售记录同样是领导者通常拥有的优势项目。如长虹彩电就是以压倒优势的销售来赢得领导者地位的，为此他们不惜大幅度降低价格，以便既获得广种薄收的低成本规模效应，又可继续保持销售额全国第一的领导者地位。又如在电信领域，服务的覆盖性也是"领导者们"竞相标谤的法码：

> 遍及全球的通迅网格   （西部电信联营公司广告词）
> 同一个体系服务于全球每一位用户 （贝尔电话公司广告词）
> 服务在地球的任何角落   （国际电信公司广告词）
> 三天内能将邮件送到世界的任何地方
>   （国际邮件快递中心广告词）
> 我们用甜美的声音赢得整个世界   （美国电话公司广告词）

2）竞争者定位策略：

当某一类产品的目标市场已经被领先者捷足先登后，大多数的公司都成了后来者，虽然它们已失去了优先权，但必须为生存展开竞争。在通常情况下，领先者永远只是少数，多数公司都要投入竞争者的行列，因为现实情况是，世界上没有一个地方在等着你的产品，要想推销产品，只有投入残酷的竞争。从定位角度而言，竞争有几种策略：

①冲击性定位。即强行冲击，试图打破领导者的垄断性。

在相当一段时期中，IBM 在个人计算机市场占有领导者的位置，这种现实逼使大部分竞争者只能盲目的模仿。后来史蒂文·约伯斯在西海岸创建了 Apple（苹果）计算机公司并终于发明

了完全不同于 IBM 的个人计算机——"麦肯他士"（Macintosh）。为了打破 IBM 的领导者地位，宣传具有革命性的新一代"麦肯他士"计算机，Apple 公司找了 C．D 广告公司著名的广告创作主任李·克洛等创作了一个 60 秒的电视广告。这是一个具有突破意义的电视广告，以这则内容怪异的广告为素材，乔治·奥威尔在 1984 年还专门写了一本书，介绍了"大独裁者"（指 IBM 公司），一个在国家或政府中最强有力的独裁主义者，一个用他那邪恶的国家控制的思想惊呆了一代孩子的人。

广告一开始时是一大群剃着光头，身着囚衣，看上去已经失去了独立思维能力的人走进一个圆形大剧场。僵尸般的行进者们入了座，默默地注意着巨大的屏幕。屏幕上的"大独裁者"告诫他们：他们是"一个人，具有统一的意志，统一的决心，一致的方向。"他那刺耳的声音在剧场中回荡。突然，出现了一个漂亮的女人，她上身穿件 T 恤衫，下身穿条短裤，脚上穿着旅游鞋，手里提着把大铁锤，顺着通道跑过来，她的身后紧跟着一群头戴防暴头盔的国家警察。

正当"大独裁者"大喊："我们必胜"时，这个妇女像掷铁饼似的快速旋转着铁锤，向屏幕砸去，屏幕被砸碎了，发出巨大的爆炸声，观众们被惊呆了。这时电视屏幕上出现了几行字幕，一个洪亮的声音朗读着："1 月 24 日，Apple 公司将推出'麦肯他士'个人计算机，你们将会明白为什么 1984 将不再像'1984'，见图 6-8。

②逆向定位。即打出与领导者完全相反的旗号。当明知某一品牌及其特性已经无法超越时，强行突破并不能取得实际的效果，聪明的办法便是寻找到与领导者品牌相反的特征和功能，这样就可轻易地获得与领先者品牌相映衬的地位。著名的非可乐运动就是在铺天盖地的可乐世界中为自己劈出了一块新天地，也为消费者在可乐之外留出了一块保留地。

③寻找空隙。这种方法一般并不是直接针对某一单个领导者品牌，而是面对一大批强势品牌相对垄断的市场，希望能从强势品牌的缝隙中为自己挤出一个位置。享誉广告界的金龟车广告创

图 6-8

意便是夹缝中求生存的好例。面对既小又短而且还有些丑陋的金龟车，如果用常规方法推销是无济于事的，因为任何夸大其辞的说法用在金龟子车上不但无效简单就是滑稽，难得的是，广告竟一反常态，着力宣传金龟车的"小"，广告语："想想还是小的好"，真正起到了峰回路转柳暗花明的效果。这种见缝插针式的奇巧定位既实在又可信，正好嵌入消费者心智的空隙中，使这则广告成了广告史上不可多得的经典之作（图6-9）。

图6-9

④依附性定位。即利用某一品牌已经形成了的社会形象，将自己的产品与之相类比或将自己产品的功能同化于另一超强品牌，以便轻易地分享强势品牌现有的形象资源和无形资产。

例如本世纪六七十年代，美国黑人化妆品市场一直是由佛雷化妆品公司控制的。乔治·约翰逊是佛雷化妆品公司的得力推销员，当他看到独家生产的、独家经营的佛雷化妆品公司轻而易举独霸了黑人化妆品市场时，毅然另立门户创建了仅有500美金、3名职工的约翰逊黑人化妆品公司。

约翰逊认为：如果生产与佛雷化妆品公司雷同的产品，是不会有出头之日的,必须独辟蹊径,开发新产品。经过几个月的努力,一种最适合黑人的新产品——粉质化妆品问世。新产品一问世,约翰逊便推出广告:"用过佛雷公司的化妆品后,再擦上一次约翰逊的粉质膏,您将会得到意想不到的效果。"约翰逊的同事对他这种依附式宣传有异议,说他替佛雷公司扬名,约翰逊解释说:"因为佛雷的名气大,我们才不得不这样做。我如果站在总统身边的话,全美国马上就可认识我约翰逊;在黑人社会中,佛雷公司的化妆品家喻户晓,如果我们的产品能和它的名字一同出现,明着捧佛雷公司,实际上抬高了我们的身份。"

果然约翰逊一炮打响,仅用了短短 4 年时间就一举打破了佛雷化妆品在美国黑人市场绝对垄断的局面。

现任美国总统克林顿的竞选创意策略倒是真正"站在总统边上的"的实例。1992 年美国总统竞选,面对年老的布什和富翁佩罗,克林顿竞选班子果断地将选民定位在对肯尼迪和肯尼迪时代抱有好感的美国人身上。其主要策略就是千方百计让人们对克林顿产生肯尼迪再世的幻觉,以便重温美国人心目中充满激情的英雄时代。

在这一总体定位策略的指导下,克林顿首先向竞选班子提出一个总要求:让美国人明白我是谁!于是,竞选班子为他设计了进入至关重要的民主党全国代表大会会场的开场白:"当我接受民主党的提名后,我将成为东山再起的孩子,"这句话隐藏着比喻关系,将克林顿暗喻为当年的美国总统、大英雄约翰·肯尼迪,抓住了选民对肯尼迪的普遍思念之情,一下子打动了选民的心。其次,竞选班子为他精心剪辑、制作了一部 14 分钟的电影,影片专门选择了克林顿 16 岁在白宫玫瑰园中受到肯尼迪总统接见并与之握手的珍贵历史镜头,以达到让选民知道"克林顿究竟是个什么样的人"的目的。

然后,克林顿在民主党提名大会上,又打破以往传统,在获提名之后回到会场大厅,向与会的多名女子代表致谢。此举是肯尼迪总统 1960 年时大受选民拥护的一个举动,如今克林顿有意重演了这一幕,使广大选民看到了一个朝气蓬勃而又能引起他们怀旧心理的美好形象。通过这种富有创意的巧妙定位，克林顿终于打开了通向权力宝座的大门。

(5) 定位策略的方法论意义

综上所述，可以看出，定位策略是一种具有很强实践性和普遍适用性的思想方法，它不仅对广告创意有着实际的指导意义，而且在人类活动的许多领域都有借鉴意义。不论是个人对自己前途的设计还是企业、国家的发展战略都有一个正确定位的问题，一旦定位错误将可能导致重大损失甚至灾难性的后果，王安电脑和 DEC 电脑公司便是一例。王安电脑公司的办公室自动化系统在 80 年代前期是全世界最先进的，这一软件系统使王安的事业如日中天，并一跃成为全美国十名首富之一。但是，当个人电脑崛起以后，王安的战略定位却发生了历史性错误，他固执地无视通用系统的兴盛和个人电脑的巨大市场，不肯相信个人电脑在未来世界的广阔前景，而是固守自己的专利系统，并且不愿与人分享。这就是他历史地错失了极为广阔的兼容性软件和个人电脑市场，从而一溃千里，仅仅 3 年时间，到 1988 年王安公司股票已从顶峰时期的 70 美元一股狂泻为 3 美元一股，公司也落到最不受尊敬的公司之末，王安本人也死于次年。一个帝国转瞬之间便由于定位错误而轰然倒塌。

具有讽刺意味的是，今天的电脑巨子盖茨在他的新著《未来之路》中认为：王安如不迷失方向导致战略错位，就没有今天的微软公司。他说："王安是一位眼光远大的工程师，他这种曾使他果断地抛弃计算机的眼光，本来可以使他在 80 年代个人计算机软件领域内取得成功的，而他偏偏在下一个工业发展的转折关头迷失了方向。尽管他研制出了伟大的软件，却过分受制于他的文字处理机。只要通用个人计算机问世，他的软件就必遭失败，因为这种计算机可以运行诸多的文字处理软件，例如 Wordstar、Wordperfect、Multi Mate（这种软件本来是王安软件的仿制品）。如果王安早些意识到兼容性应用软件的重要性，今天可能就没有什么微软公司了。我可能就在某个地方成了一位数学家，或一位律师，而我少年时代在个人计算机方面的迷恋可能只会成为我个人的某种遥远的回忆"。

DEC 电脑的盛极而衰也是同样的定位错误。DEC 电脑和王安电脑一样总部设在波士顿，总裁兼创办人奥尔森也是博士，和王安一样从科学家转为企业家，奥尔森的远见魄力即使在电脑发展史上亦足以称道。他的公司创办于 60 年代，成长于 IBM 等大公司未曾顾及的小型机市场。1988 年，DEC 的赢利达 13 亿美元，1990 年该公司排名在《幸福》杂志 500 家大企业中的第 27 位。但到了 1992 年，DEC 却亏损惨重，其单季亏损就达 17 亿美元，可谓创了纪录。DEC 的股票也从 200 美元一股跌到 20 多美元一股。在赶走奥尔森并裁掉三分之一的员工后，DEC 近年颇有起色。奥尔森犯了一系列错误，但其中最严重的莫过于在进行战略定位时忽视了个人计算机市场，执意不肯相信个人电脑的时代即将到来。这使他又一次重演了王安的悲剧，可见，正确的定位是如何地重要。

二、表现性创意策略

1. 情感策略

就一般意义而言，达到广告目的总体手段无非两条，即"晓之以理，动之以情"。晓之以理属于理性广告或者一个广告的理性部分，其主要功能是告知。动之以情则属于感性广告或者一个广告的感性部分，它的主要功能是打动消费者的内在心灵，使之心动，然后行动。因此可以说感性广告中的情感诉求是对理性诉求的重要补充，一个充满理性说服力量的广告若能以感人的形式表达出来，则将是一个真正既有严谨的科学性又有动人艺术性的现代广告，正如美国广告专家霍普金斯在《科学的广告》中说的："要用严肃的能激发感情的因素来充实广告的内容"。

（1）情感策略兴起的背景

情感广告古已有之，但情感广告作为一种策略被广泛的自觉地运用到广告创意过程中，则是当今时代的新现象。广告的情感策略被今天的广告实践所重视主要是因为：

一方面，现代工业文明和技术理性对人性的反叛逼使人们重新寻求感情关照。从本质上讲，人既是物的（如肉体）存在又是精神的存在，他既要和外部世界发生物质交换又要与他人进行精神交流，这是人类生存的两条永恒的前提，当第一个条件（物）相对满足之后，作为类的存在物的人就会转而寻求第二个生存条件——人类感情。但是，历史的真正悲剧在于，物的实现和精神的实现并不总是同步的，随着工业和技术理性不可逆转地展开，一方面它给人类带来了物质财富，另一方面强大的物质理性又对人类天性施以伤害。弗洛姆说："虽然人类创造出许多力量，征服了大自然，但却不能自己控制这些力量，人类运用智慧开创了许多科学发明，但另一方面却又无理智地受这些发明的苦。人类建造了世界，设立工厂、汽车，这是一个由自己双手建造起来的世界，却不由我们自己主宰了，而是使世界成了我们的主宰，任由其摆布"。也就是说，在世界被高度人化的同时，人也被高度的"物"化了。当人们感到自己是生活在一个物的丰富达到极限以致于感情也可以精确计量并无情交换的世界上时，他会产生一种严重的不安全感，那种与生俱来的经过千百年积淀所形成的人间感情被淹没在物物交换的冰水之中。现代技术既把人类日益结合为一个整体，又使人与人之间高度离散，人类对物的征服却又加剧了"物"对人的压迫。这样，人在"遭到威力庞大的超人力量——资本的威胁"后，便想寻求精神依托，寻求感情关照，因为"人不仅仅生活在物理世界中，更生活在精神世界中，人并不是根据他的直接需要和意愿而生活，而是生活在想象的激情中，生活在希望和恐惧、幻觉和醒悟、空想和梦境之中"（卡西尔语），或者说"使人困扰和惊骇的不是物，而是人对物有意见"（埃皮克蒂语）。事实上人更需要一种精神满足，需要那被过度机械的工业化和技术性阻断了的人类情感，需要从物质商品那冰冷的表层下发现温暖的精神价值。这种需要正应验了著名未来学家约翰·奈斯比特的预言："未来社会正向着高技术与情感平衡的方向发展"。

另一方面，随着生产的发展和人们生活水平的不断提高；随着生存需要逐步让位于发展需要；随着商业竞争所导致的恶性模仿使产品使用价值的差异日益缩小，人们开始对附加在商品上的文化价值产生了强大的历史需要，这就使包括广告在内的对产品的再加工成为必要，这种使商品的附加值增大的精神加工很大程度上是对商品进行情感投入。这种投入使产品的自然属性开始具有人性的力量，使人们在消费产品物质价值的同时也消费经由广告创造出来并溶化在产品中的精神价值，从而满足人类深藏于内心的对感情的终极关怀。因此，正如可口可乐公司的 $J\cdot W\cdot$ 乔戈斯说的："你不会发现一个成功的全球名牌，它不表达或不包括一种基本的人类感情"。

（2）情感在广告中的作用

一旦广告的作用由告知发展为说服，就必然要求广告由硬推销变成一种软推销，加大广告的情感力量，用情感去说服和打动消费者。

情感在广告中的作用主要表现在：

1) 信号作用：

社会心理学研究认为，人们在生活中，必须弄清哪些事物是所需要，对自己有利并应该趋向的；哪些事物是不需要，对自己不利，应当逃避的。在这反映过程中，除了识别和认知作用外，还有感情状态给人们提供的信号作用。

例如在幼年时期，个体去"分辨"客观事物的意义时，主要是依靠感情体验。体内缺水，口干舌燥，喝到了水，一阵愉快，个体会由此认为水是所需要的。表情同样也是判断事物意义的重要依据，母亲充满爱的表情是孩子作出反应的唯一依据，事实证明孩子具有先天的对人类表情的鉴别能力，这种能力甚至在一个成年人精神分裂以后仍然不会遗忘。这就间接解释了为什么在广告中，一个真正充满善意的表情比毫无表情的美人更能打动人。

2) 动力作用：

感情对行为具有推动作用。直接推动行为的是动机，但从感情应与需要满足的关系看，感情状态影响着行为动机的发动。行为动机的发动需要一定的感情状态作为基础和动力来源，如果感情状态积极、良好,人们会倾向于行动。正如消费者在清洁整齐、充满善意的信任和美妙音乐的超市里,比在环境恶劣的自由市场更容易掏钱购买可有可无的物品。布鲁斯·巴顿说:"耶稣是如何感动许多人的?广告的精髓就是圣经"。只有先引起人们的感动才能促使其付诸行动。假设有两则条件完全一样的招聘广告,不同的只是广告语:第一个广告语写"本部需聘××人员若干",第二个广告语为"让每一颗种子在我们这里发芽"。毫无疑问,第二个广告更能让人动心,因为它内含丰富的情感。正如狄德罗所说:"没有感情这个品质,任何笔调都不可能动人心"。的确,语言既可以扼杀,也可以是拯救。因此,在广告语中,应当更深地体会"只有感动,才有行动"的含义。

3) 移情作用:

这不是指文艺理论中的移情和感情投射,而是指受众主体在接受广告的过程中将被广告所激发出的情感迁移到所广告产品上去,从而导出对产品的好感,尽管产品本身并不具有直接的情感内容。如一则AT&T广告,其情节是:"两位白发苍苍的老伴在餐厅里用早餐,空荡荡的大厅显得冷清、孤寂。这时,电话铃响了,老太婆起身去接电话,过了好一阵,老太婆才回来,老头子惊讶地问:"这么早,谁来的电话?","女儿打来的","有什么事么?"老头子追问道。"没什么事,"老太太答道,慢慢低下了头。"没什么事?老远找电话过来?"老头子疑惑不解地嘀咕着,老太婆禁不住抬起头,眼泪夺眶而出,颤抖的手捂着脸哽咽道:"是的,女儿说她爱我们。"感人至深的情节唤起了人们内心的美好情感,虽然这情感并不是AT&A电话公司所特别具有的,但移情作用却使人将这美好的情感与所广告的产品联系了起来,使广告的目的得以实现。

(3) 情感的类型及表现策略

人类情感是非常复杂的,其表现形式也是极为丰富的,其中主要有两大类,即积极情感(如亲情、爱情、感激、幸福等)和消极情感(如厌恶、恐惧、痛苦、仇恨等)。本文主要从积极情感阐述其对广告的正面作用,这些情感包括:

1) 归宿感：

归宿感是人类一切情感中最本能的感觉。在无尽的风雨漂泊中能有一个安逸的避风港——家，是每个人最初也是最终的愿望。家也是人类许多美好情感的发源地和最后归宿，因此许多广告常常用家作情感诉求点。

80后代末，英国"固体燃料顾问公司"用"家"作为广告主题，成功地提高了消费者对家庭用煤取暖的好感，从而有力地促进了煤的家庭消费。

调查表明，消费者对燃煤取暖普遍持否定态度。在他们眼中，燃煤取暖一无是处，从买煤、搬煤、储煤，到生火、添煤、除煤渣，又脏、又累、又麻烦。从这一点来说，广告采用理性诉求显然是不合适的。调查还发现，虽然消费者认为家庭用煤一无是处，可每当提起壁炉，他们总是津津乐道、十分动情。在他们看来，煤火才是真火。煤火不仅能够散发一种不同于煤气、电器的热能，还能创造一种独特的气氛，煤火能将房屋变成家。如果壁炉没有生火，他们总感觉缺点什么，这一发现启示广告主，作为辅助燃料，家庭用煤还是有市场的。这个市场就是那些有房产、重传统、重家庭的中青年消费者，虽然他们的父辈已经封闭壁炉，转用电火，他们却重新打开壁炉，将其作为辅助取暖用具。由于消费者使用家庭用煤追求的是情趣、情感方面的满足，广告当然应该采用情感诉求。为了表现煤火"将房屋变成家"这一主题，他们以小狗、小猫和老鼠为主角创作了一则生动、有趣的电视广告。

广告是这样的：一只小狗走进房屋，被燃烧着的煤火所吸引，来到炉旁就坐；跟着进来一只小猫，看到煤火便在小狗旁边坐下；再跟着走进一只老鼠，也来到煤火前，并挨着小猫坐下，为了突出煤火的情感力量，即"将天敌变为朋友"，背景配上了"你明天是否仍爱我"的歌曲，广告还有表现小猫亲吻小狗、老鼠亲吻小猫的画面，最后，旁白说道："现在，您明白人们在真火中看到了什么"。广告中之所以使用"真火"而不使用"煤火"这个词，一是为了与电火、煤气火相区别，二是为了避免勾起消费者对燃煤的否定看法。

这则广告播出后,在消费者中引起极大轰动。表示愿意使用煤火的消费者增加了12%;将煤火与"脏"、"累"、"麻烦"联系在一起的消费者显著减少,而将煤火与"温暖"、"舒适"、"增强家庭气氛"、"使人们相聚在一起"等相联系的消费者提高了一倍。这则广告与中国的"孔府宴酒,叫我想家"一样通过家作诉求点,很好地激起了人们对"家"——这一灵魂和肉体的终极归宿感,从而促进了消费。

2)血缘亲情:

家在本质上不是一个物质概念,而是一种精神存在,是一种根源于血缘的人类亲情。广告如能真实地传达这一情感,其效果是不言自明的。MCT(美国微波通信公司)在面对世界电信业巨人AT&T公司时(前文已有论述),针锋相对地用了人间亲情这一情感诉求广告,起到了意想不到的好效果。

广告用60秒时间演绎了一则微型的电视剧,展现了人生的一个片断:

开始,是一个表现合法离婚程序的黑白镜头,接下去是一个彩色镜头,拍出在一间豪华的办公室中,一个男人的手神经质地用钢笔敲打着书桌,此人阴沉的声音说:"简(Jane)经常说我是与我的事业结了婚,而不是她。她和凯文(Kevin)在三月份搬走了。"摄影机将镜头移向一个男人和他的儿子,然后转向一个800号电话卡和一张半空的床。

同时,这个声音继续说:"为了他的生日,除一个飞机模拟器外,我送给他一张有我的MCI个人800号的电话卡。我告诉他可以在任何时候给我打电话,不管是白天还是黑夜。"

镜头很快切换到一对正处在幸福时光的夫妇的照片,"所以后来某一天,电话铃响了,是简,她说:'你用800号想干什么?'有个声音说:'你打这电话想干什么?'"这个声音又说:"我告诉她,也许人是可以改变的。她说:'也许'"。

摄影机渐渐转到MCI标志,它的下面出现了"个人800号。1—800—727—2878"字样。广告情节感人至深,许多电视观众激动得当场流下了眼泪。写《世界百家超级公司最新广告剖析》的著名广告学者林雷德·波普竟也动情地说:"我看过120min 赢得学院类的影片,它从来没有这么深地触动我"。

也许因为AT&T和MCT的情感广告做得太吸引人了,也许因为电信业互相之间并没有什么特别的品牌功能差异,所以后来许多电信公司也竞相用情感特别是人间亲情作广告诉求,有些也取得了很大的成功。如1995年底,李奥·贝纳泰国公司为亚洲电信公司制作的电视广告《爹地篇》,内容是讲述一位父亲在机场用未来型可视电话给自己临睡的孩子讲催眠故事的情形。广告荣登该年度媒介杂志亚洲创意广告佳作榜首,并获得一项戛纳银奖和一项芝加哥电影节奖。此外,贝尔系统的长途电话也有一则感人的图片广告(图6-10),画面是一个牙牙学语的婴儿在听电话,好奇的神情十分可爱,左下面的小画面是祖母亲切的表情,开心地哄着孙儿,一股温馨的人间亲情溢于纸上,同样十分动人。该广告也获得了消费者和广告界的广泛好评。

图 6-10

3) 怀旧之情:

这是深藏人心中的一种特殊的情怀,广告若能恰如其份地唤起这一情感,是十分美丽的。在 80 年代中,美国扬·罗必凯(Young & Rubicam)广告代理商为墨丘利(Mercury)牌汽车所做的广告就证明了这一点。

扬·罗必凯广告代理商的研究发现,在 22~44 年龄的目标消费者中,墨丘利牌汽车的知名度是很低的。其研究还发现,在该年龄段目标消费者中存在着一种对 60 年代音乐的强烈的情感纽带。由于认识到这些,扬·罗必凯广告代理商认为,与其用理性的事实和资料向其目标消费者大肆宣传墨丘利牌汽车的性能与特点,不如利用人们的怀旧情感在墨丘利牌汽车与消费者之间建立起一种感情纽带。为此,他们根据一部描写 60 年代大学同学、朋友重聚的电影,创作了一系列的电视广告,发起了一场广告战役。该战役以题为"重聚"的电视广告拉开帷幕。该电视广告的故事线索为朋友回母校聚会,背景音乐的题目为"高山并不高",描写的是朋友们从四面八方驾驶着墨丘利牌汽车向学校行驶。

研究发现,该广告在电视观众中产生了强烈的情感效果,许多观众赋予该电视广告各种积极美好的事物。观众们仿佛又回到他们的母校,重温美好的校园生活,畅谈朋友间的友谊,并将这美好的时刻归功于墨丘利汽车。其后的电视广告通过描写这些 60 年代大学生毕业后的美满婚姻、幸福家庭、工作成就等,将重点转向强化观众与墨丘利牌汽车的情感认同上。

由于将墨丘利汽车、墨丘利品牌与深受目标消费者喜爱的音乐及令人怀旧的场景联系在一起,广告的效果很好。墨丘利汽车的销售量自广告战役开展后持续增长,墨丘利汽车的市场占有率从 1983 年的 4.3% 增长到 1985 年的 5.1%。

为什么这个广告战役能获得如此效果呢?负责该广告的广告经理一语道出了其中的奥秘:该广告战役之所以成功,是因为它将目标受众的过去与现在的生活方式结合在一起。

4) 感激之情:

这也是人之常情。那些对别人的帮助心存感激的人,总能让人产生信认感。太阳神广告一句"对你我们充满感激"的广告语，虽只短短几个字，却仿佛后面有千言万语，公司的成长、利润的取得、一切的一切，最终都应归功于真正的衣食父母——消费者，因此，这种感激之情，使人觉得实实在在，并无哗众取宠之意。美国斯托弗化学公司的广告也很有创意。该公司是生产农业药剂的，其主要顾客是农场主和农业供给商，为了获得他们的好感，公司请有广告创意精神的鲍勃·辛格设计广告。这是一则双页的杂志广告（图6-11）：左边一页上面，拍摄出一双粗糙的劳动者的手，然后配上文字：就是这双美国农民的手供养了我们。他几乎种植了全世界谷物的一半，60%的大豆，差不多1/5的棉花。我们Stauffer化学公司的工作人员愿意与全世界一起感谢美国的农民，因为他们中的每一位都供养了我们79个人。

图 6-11

在右页的照片上则是一双细软的手，代表职员或管理人员型的手（暗示着农业供应商），再配上文字：这双农业供应商的手帮助了供养我们的那双手。他倾听，他理解，他支持。我们Stauffer的工作人员要感谢农业供应商帮助我们去帮助美国农民。因为假如没有他，我们就不能供养世界上那么多的人了。

广告极有说服力地赞扬了 2 个顾客——农民和供应商。不是直接赞扬他们为化学公司,而是赞扬他们为美国甚至是为全世界作贡献,这当然是讨好自己的顾客,只不过是用感激的方式来讨好,不仅是公司对顾客的感激,而且用这种感激为顾客改造形象,并要全美国甚至全世界都来感激这两双手,这种表达很容易肉麻,但由于举出数字非常具体,用词又精当,因此取得了较好的广告效果。

5) 理解之情:

在现代社会,人与人之间隔膜日深的背景下,"理解"二字变得非常崇高,理解也逐渐成为一种深刻的社会需要,反映人们需要的广告当然应表现这一主题。当然,理解并不一定是对误解和委曲设身处地的同情。有时,对一种心境细致和充满善意的了解同样是最高的理解。

台湾一则少女洗发精的广告,就一反此类广告的俗套,以诗一般的语言为人们祈祷好心情,理所当然地获得了人们的好感。

当他离我而去,
外面有太阳,
可是我心中在下雨,
Sea bird(海鸟),雨天的心情。

当我看着他的眼,
他给我温暖,
也给我一点点伤感,
Ses bird,多震的心情。

啊,心情,心情,
我用想象的心情,
想象我醉了,
使人有雨天的心情,雨天的心情。
啊,心情,心情,
我用伪装的心情,

　　　　假装你打电话给我，
　　　　使我有晴天的心情。

歌声结束，旁白声起：海鸟，让我的心情飞起来，海鸟洗发精，心情系列。

6）宗教感情：

宗教感情对于虔诚的教徒来说，是非常神圣的，宗教教义中的许多典故往往内含着极为深刻的人类感情。在历史上，宗教感情的神圣激发常常会演绎出可歌可泣的悲喜剧，因此，广告者若能恰如其份地激发这种情感，将是极为生动感人的。香港有一家保险公司寄给用户的广告是一则宗教题材的寓言故事：彼得梦见与上帝在一起散步，天际缓缓展示出一幅图景，再现了彼得一生的经历，他走过的每一段落，都有两双脚印，一双是他的，一双是上帝的。但当最后一幅图景展示在他的面前时，路面的脚印只剩下一双，那正是一生中最消沉悲哀的岁月。彼得问上帝："主啊！，你答应过我，只要我跟随你，你永远扶持我，可是在我最艰苦的时候，你却弃我而去。"上帝答道："孩子，当时我把你抱在怀中，所以，只有一双脚印。"

广告的最后一句话，道出了保险公司的广告主题："当你走上坎坷的人生之路时，本公司陪伴着你。当你遇到不测时，本公司助你渡过难关。"整篇广告感人至深。

总之，广告创作要善于用情感策略，善于抓住人的情感，不仅要抓住无时不在身边体现的情感，还要唤起受众尘封的、深藏在心底的那种动人的情感，达到心灵的交融，通过这种心与心的沟通，达到心灵的激发，调动人的情感，促进销售，这才是广告追求的至高境界。

2．名人策略

（1）名人策略的效应

利用名人做广告其效应究竟如何，可以从广告大师奥格威的感觉中得出结论。奥格威曾经成功地说服罗斯福总统夫人为奥美广告公司的"好运道人造奶油"做电视广告。为此，奥格威一直把它看着自己广告生涯中终身难忘的得意之事,可见,名人广告是如何地有魅力。事实上名人广告在整个世界广告业的发展过程中,始终是常盛不衰的,各种各样翻新的名人广告层出不穷。

在做名人广告方面几十年一贯地保持热情的是派克笔公司,他们总是在重要的历史事件中将名人与名笔(派克)联系起来,其中比较突出的是登载在美国《生活》周刊上的三张著名照片:

其一、美国艾森豪威尔将军满面笑容地手持"派克"金笔。这是他正用派克笔作为战胜国,对胜利签字的示众。时间:1945年5月7日德国战败投降。地点:法国。

其二、美国麦克阿瑟将军正用"派克51型"笔在日本投降书上签字。众将环立其后,麦克阿瑟将军神情严肃。时间:1945年9月2日。地点:在米苏里号战舰甲板上。

其三、美国副国务卿克里朵夫在签署文件:从伊朗释放52名美国人质。他用的也是派克笔。

当然最有影响的还是美国总统里根与苏联总统戈尔巴乔夫签署全面销毁中程导弹的场面。

利用总统做广告在美国是常有的事。70年代,美国男式西服业长期不景气,里根任总统后,美国时装同业公会每隔一段时间就颁发"全美最佳服装"给里根,声称他在任何场合都衣着讲究、整洁、美观、色彩协调,显得潇洒庄重,风度不凡。结果,美国和世界各地一些男士纷纷改穿西服,使美国男式西服业"咸鱼翻生"。

里根夫人南希当时年年被评为"美国十大时髦女人"之一,她穿的时装款式风行全国,不少美国妇女买时装,总是要问"这是南希款式吗?"南希的发型也成为时尚。她喜小苍兰、郁金香,结果种植及出售小苍兰和郁金香的花农花商都赚了大钱。

1983~1984年,美国时装同业公会选出英国太子妃戴安娜为"世界上对女性时装最有影响力的妇女。"结果,戴安娜怀孕时穿的孕服成了风行世界的时装,盛极一时。

百事可乐和可口可乐是美国两大饮料公司,当百事可乐刚刚起步迈向国外的时候,可口可乐公司从其海外销售中所得到的利润已占公司盈利总额的 80%。百事可乐在海外的业务,直到 1959 年才有一次大突破。他们利用在莫斯科举办美国博览会之机,打开了苏联市场的大门。在博览会上,百事可乐公司主席卡达尔利用与赫鲁晓夫见面的机会,在摄影师即将按下快门时,机敏地在镜头前将一瓶百事可乐递给赫鲁晓夫,请他鉴定口味。之后,他们对此幅照片大肆渲染,掀起了一股品尝百事可乐热潮。1972 年勃列日涅夫给予百事可乐在苏联独家专营权。自柏林围墙倒下后,虽然可口可乐想抢摊,但百事可乐已在苏联市场稳坐钓鱼船了。

不仅国外,国内广告有时也能不失时机地抓住名人效应。1984 年,里根总统来华访问,临别前他举行盛大的答谢宴会,按照惯例是要在人民大会堂举行的。但是,当时中国长城饭店刚营业不久,饭店总经理抓住机会,向有关部门提出要求:只要宴会在长城饭店举行,而且进行实况转播,转播场地的租用费可以打折。后来得到了同意。举行宴会那天晚上,随同里根访华的 500 多名外国记者进行了现场采访,宴会还没结束,一条条消息已通过各种传播媒介飞向世界各地:"今天×时×分,美国总统里根在北京长城饭店举行答谢宴会……",而电视的实况转播,更使亿万外国观众将长城饭店里里外外看个清楚。从此,全世界都晓得北京有一个能接待"国宾"的长城饭店,生意随之兴隆。

1989 年初,天津手表厂从《人民日报》上得知一则消息:美国新任总统乔治·布什应邀在中国驻美大使馆官邸作客时,指着腕上的手表说,这是中国制造的海鸥表,是一位中国友人送给我的,已经戴了 3 年,走时准确。他还说在他戴这块表去迈阿密海滩钓鱼时,曾经被海水打湿过,但走时丝毫没有受到影响。该厂王亚舟闻讯后,立即通过美国驻华大使馆转赠布什一对新型"海鸥"双历石英电子表,并向这对贵宾用户致意。不久,各家大报纷纷报道或转载这则消息,"海鸥"由此扬名四海,走入了一个广阔的市场。

在国外,不仅名人做广告,连名人的遗物也可以做广告。

1986年竟有一扇只有20年历史的窗户也登上了拍卖市场,最后像"文物"一样被一富翁高价买走。这扇窗户的"价值"在于,23年前那个在达拉斯市行刺美国总统约翰·肯尼迪的凶手,就是倚着这扇窗户开枪并打死肯尼迪的。23年时光竟使这扇窗户成了"稀世之宝"。富翁并非为了收藏才如此大度的,而是将买到手的"宝物"安装在自己的商店里,写明此窗户的历史,以此来招徕顾客。从此,这家商店顾客盈门,利润远远超出了购买窗户的价格。

除了政治名人做广告外,体育明星、影视明星等演艺明星做广告更是司空见惯。较早做体育明星广告的是德国阿迪达斯公司,1936年柏林奥运会时,阿迪达斯把刚发明的短跑运动鞋送给夺标有望的美国黑人欧文斯使用。结果,欧文斯一连夺取了4枚金牌。阿迪达斯的鞋也因此名声大振,畅销世界各地,1982年西班牙世界杯足球赛上,在24支参赛队中,有13支队身穿阿迪达斯球衣,8支队穿阿迪达斯足球鞋,决赛时,场上有3/4的人员(包括裁判员和巡边员)都穿阿迪达斯的产品,就连决赛时用的足球也是阿迪达斯公司制造的。阿迪达斯公司因这次比赛大出风头,在世界体坛广为人知,它的产品成了世界体坛时髦的抢手货。

阿迪达斯不但拿产品馈赠体坛明星,还拿出产品馈赠给各界人士,仅1985年一年,该公司馈赠的现金和产品总额就达3000万美元。他还在该公司总部别出心裁地设了一座世界上唯一的运动鞋博物馆,专门陈列体坛明星、能手穿过的阿迪达斯运动鞋,其中,有欧文斯穿过的针鞋,拳王阿里穿过的高统拳击鞋。当著名运动员来博物馆参观时,公司免费给予招待。这些名人为阿迪达斯带来了更大的名气。

名人广告之所以备受重视并被广泛运用于广告实践,是因为名人有着它特有的号召力。与其它广告相比,有名人参与的广告其特殊的效应主要表现在:

1) 关注效应:

也就是说,名人可以利用其在大众中的熟悉度而引起广泛的关注。广告大师詹姆斯·韦伯·扬曾指出：广告发挥作用的首要原则是广告要"为产品建立熟悉感"。人们总是首先对自己熟悉的人或事发生兴趣并作出反应。广告若能利用某种介质促使消费者对广告继而对所广告的产品发生兴趣，就无形中增加了产品的价值，就能有效地促进产品的销售。他提出了在广告中建立熟悉感的两条途径：①在广告中使用消费者熟悉的人物、环境、事件；②不要轻易改变广告中的形象。因此，名人广告的关注效应实际上是指利用名人的高熟悉度这一无形资产使消费者的关注点迅速集聚从而产生短期轰动效应，最终提高产品的知名度。因此，名人效应首先体现在可以使消费者在较短的时间内认知和熟悉产品，从而提高熟悉产品的时间效益比。

2) 晕轮效应：

心理学研究发现，人在观察和评价别人时，一些并无相关的特征会在观察和评价过程中被赋于相关意义。例如外表迷人与聪明并无相关，但是人们的观察常常产生偏差，总容易相信外表迷人的人会更聪明。特别是这种相关是以对某一特征的评价为基础时更是如此。如果一个人或物被赋予了一个肯定的或社会上喜欢的特征，那么他就很可能还被赋予许多其他特征。这种知觉上的偏差就称作"晕轮效应"。对于普通人而言，晕轮效应并无太大的影响，但对于明星人物，情况就不一样了，与普通人相比，名人的晕轮效应一是范围广，辐射面极其巨大，二是可能由于传媒的渲染而产生倍加的晕轮效应，甚至导致偶像崇拜，一旦产生偶像崇拜，则那些与名人相关的事物便都会被镀上金轮，与名人相关的产品当然也就被赋予了新的意义。从而导致"爱屋及乌"的错觉。

3) 新闻效应：

也就是说，名人不仅可以产生一般的广告效益，还可以产生额外的新闻效应。上例里根总统在长城饭店的事件就曾被新闻界大肆渲染，有人说当时500名记者就相当500家新闻媒体为饭店做了一次免费的全球广告。再加上广告界为这一明智的策略所作的评论和报道，更使长城饭店获得了连锁效应。又如1994年11

月 5 日杭州一份大报上登出寻人启事:"自 1990 年以来,楼云隐姓埋名,匿迹江湖,据可靠消息,楼云近期在杭州活动频繁,时常出没庆春西路一带。有知情者,即举报浙江巨鹰集团,并重赏 100 名先行举报者"。

杭州人为此"寻人启示"而广泛议论,使本来名不见经传的巨鹰集团一下子提高了知名度。

4)模仿效应:

华西列夫斯基曾说过:"仿效领袖(包括各种明星)是人对自己尊严感到不满足的一种补偿手段,希望使自己获得某种新的品质、新的评价。"正因为人有这种价值补偿心理,名人广告就有了模仿效应,而做名人广告便可直接促成销售。如日本东洋螺萦公司就曾利用美国影星泰勒做了一次闪电般的促销活动。泰勒曾主演过《黑色闪电》影片,所以观众对她的印象判断为黑色,公司决定制作适合她的雪衣,准备在泰勒赴日时让她穿,为此,东洋螺萦公司制订了这样的广告策略:

①此前两个月内,不断地在杂志、周刊上刊登"泰勒的黑色"是今年的时尚为主题的广告。

②泰勒到日本时,以"泰勒来了"、"泰勒穿的雪衣"为标题,刊登报纸广告。

③招待记者,并请记者拍摄泰勒穿上"黑色雪衣"的大照片,登在杂志、周刊上,在市民中激起泰勒的热潮。

④把泰勒的照片送百货店,雪衣售店作为焦点广告。

⑤在全国 61 家百货店,使用同泰勒真人一样高大的照片,开始进行大肆推销。

这样,原来长期积压的每年最多只能卖出七八十件的雪衣,这一年竟卖出 4 万件,还卖了一万条雪裤,这在追求服饰多样化的日本简直是个奇迹。

可见,名人模仿效应有时是非常强烈的。这一模仿心理的本质正如美学家博克所说:"人们心中总是想把所观察的对象拥有的那部分尊严和价值归于自身"。

5)信任效应:

就名人与普通陌生人相比较而言，人们总是把更多的信任给予前者，这是基于两个原因：

第一，名人是具有社会意义的熟人，虽然他并不认识你，但你已经通过各种途径早已认识了他，他就成了你单向的熟人。按一般常理，当一个熟人或你喜爱的人向你推荐一种东西时，你接受的可能性就大大增加了。你也会设想名人不会冒名誉扫地的风险去推销劣等产品，因此信任就产生了。当然，这种信任有时会被利用，如法国著名电视女主持人达尼埃尔·吉尔贝1990年在电视上做广告说："这是一种神奇的戒指。您看，它的光彩与众不同，多么迷人！它将会给每一个拥有它的人带来好运。"结果信任她的法国人一下子就买了46万枚，后来，吉尔贝遭到了起诉，罪名是她夸大了产品的功效。因为这种普普通通的戒指不可能给人带来好运。在法庭上，吉尔贝的律师竭力辩护，反复强调："这仅仅是一种广告手段而已"。但是法庭认为这是一场骗局，并且指出："如果没有吉尔凡和她拥有的得到公众信任的形象，就不会有这一骗局。"吉尔贝最终在格拉斯被判徒刑。

第二，名人从某种意义讲是一种权威，而权威常常能在心理上影响一个人的态度和行为。一项心理学调查发现，人们之间的沟通（交流），权威对非权威个体的影响是很大的，也就是说，沟通态度者的威望极大的影响着目标主体改变态度的程度。一般说来。沟通来源的威望越大，沟通目标中改变自己态度的人就越多。例如阿伦森·特纳和卡尔·史密斯进行过一次研究。他们列举了由不同的现代诗人撰写的几首诗的样本向被试征求意见。这些被试对其中的一个样本作出了否定性的评价以后，他们又告诉这些被试说，有人认为它相当好。他们对其中的一些被试说，作出这一肯定性评价的，是著名的英裔美国诗人T.S.艾略特；而对另一些被试说，作出这一判断的，是南方州立教师学院的一个学生阿格尼斯·斯泰恩女士。

然后，让所有的被试重新评价这首诗。不出所料，其中的一些被试改变了他们对这首诗的态度。但是，在改变最初判断的那些人当中，那些读过T.S.艾略特意见的被试要比读过阿格尼斯，斯泰恩的评价的人更多。因此说，威望高的沟通者比起威望低的人来说，其意见引起态度的变化要更大。

这样，我们可以看到，名人效应之所以巨大，是因为名人由于其特有的地位和传媒特征，就拥有了多方面的无形资源，有效地开发和利用这些资源，对某些广告来说是很有价值的。

（2）名人策略的适用度

虽然名人广告策略有其不可否认的优势，但是，名人策略的应用在广告的具体实践中仍需谨慎把握，要有一定的分寸，否则就可能既花了钱又造成适得其反的效果。事实上，在广告界，人们对名人作广告能否真的帮助促销一直是争论不休的。美国《广告时代》总编鲍勃·加菲尔德说："利用名人做广告纯粹是浪费钱。"美国一家广告专项研究公司在对5000条电视广告研究和调查后发现，名人并不能导致广告必然成功，如果广告中的名人对观众表达的是产品的特性，那么该广告的说服力就会增强。但是，如果换成其它非名人，以同样的方式推销产品，一样也可以达到目的。就促销而言，名人策略远比"证言式"和"产品示范"等效果差，至于许多消费者，他们不会因为喜欢某个名人，就去买他推销的产品。这就提醒我们，在做名人广告时，应当考虑如下因素：

1）不能喧宾夺主：

如果某一产品过于普通，却动用巨星为之拍片，就可能得不偿失，反而把观众的注意力引向了明星，而忽略了自身的产品，这种花钱为别人作嫁衣的事在中国的广告中并不少见。

2）名人广告并不一定总有模仿效果：

一般而言，在服装、女用化妆品、洗发精等产品上模仿效果强些，而在其它产品，比如食品上，就并非如此了，人们并不会因为某位名人喜欢吃这种面条而涌去买同样的面条。

造成模仿效果减低的另一原因是人们对名人隐蔽动机的认识。社会学家克特·W·巴克认为：如果有一种产品经过一位颇有魅力的人物宣传，那么这是否意味着，人人都会跑来购买它呢？事情并非如此，原因是沟通来源的"隐蔽的动机"已经被人们看到了。如果人们看到，某人的劝导是出于自己的私利，那么这一信息的说服力就减弱了。当穆罕默德·阿里到无线电广播电台宣传一种男用的香水的时候，听众也许会猜想，影响他这么做的，很可能是他得到的商业广告费，而不是出于他对于这一产品的赏识。因此，宣传者（沟通者）的潜隐动机对接受者（消费者）的影响有时会起很大的心理作用。

3）名人作广告的风险性：

用名人做广告有时难以避免意外或流言而影响公众形象。"人头马"有一年请了著名骑师摩加利拍了一辑电视广告片，描述他身手不凡，如何敏捷，骑术如何的精湛，这样的人喝的当然是"人头马"白兰地。谁知广告播映不久，摩加利从马上摔下来受了伤，使得广告商不得不撤回片子，存入仓底。而百事可乐则因迈克尔·杰克逊的同性恋事件被传媒披露而大大受损。因此，其中道德因素常常是影响观众信任度的重要依据。

4）短时效应：

不得不承认，名人广告的时间往往很短。这种短时的轰动性对一些急于想提高知名度的普通产品有一定的作用，但对品牌形象的长期塑造和维护并不一定有利，这是因为人们心理会对某一过于重复出现的信号（名人）产生感觉疲劳，有时甚至产生反感，除非不断地更新形象和更换名人（象P&G公司所做的那样），但这又将付出昂贵的代价，这同样是名人广告的不利因素。

正因为名人广告有着自身的某些局限性，这就要求在实施名人策略时，必须综合考虑这一策略的适用度，以便合理和经济地提高名人广告的效应，其中值得注意的是：

1）要与所广告商品性质相称：

选用的明星形象必须吻合广告商品自身的本质和特点，不能脱离商品特色而任意表现。例如化妆品一般都以端庄典雅或青春美貌的女青所作为诉求的形象，因为这样才能恰到好处地显示广告宣传商品的功能和作用，符合焕发青春和显示风采的主题。日本电影《追捕》中扮演精神病患者的横路敬二曾经成功地作为推销药品广告的明星演员,但如果把他选为推销化妆品广告的演员,那就一定是不伦不类,会使广告失败,因为他实在难以成为人们心目中美的偶象。

2) 要与定位群体的性质相符合:

也就是说,产品或劳务的诉求对象要与名人的崇拜群体相一致。如果产品劳务的诉求对象是中年知识分子,而选用的名人的崇拜群体大多是少男少女的中学生,这样,诉求对象就发生了错位,当然也就很难达到广告的效果。相反,如果定位准确,则可能产生倍加的效果。

日本著名广告公司在策划丰田汽车 CELICA 轿车的广告时,选中了美国著名的黑人喜剧演员,虽然这位大明星出场费要价竟高达 5.5 亿日元,但博报堂仍坚持认为这部电视广告片,最合适的人选非他莫属。这是因为"轿车的主色是黑色,从肤色上与演员相配,另外,这位大明星最偏爱是黑色汽车。他是滑稽演员,用他做广告可以有效地吸引日本 20 岁左右的青年一代的兴趣,而这一顾客层也正是轿车商推销的重点对象。这就是高价聘他的原因。

选人的正确,产生了良好的效果。当这个大明星亲自坐在汽车前盖上时,就情不自禁对汽车大加赞扬起来,其赞誉之词精确、生动、甚至超过了创作人的期望。

本来 CELICA 车在日本青年人中是很有市场的,后来在其它轿车的竞争下,就萎靡不振了。现在由于这位大明星的成功广告,又使这种黑色轿车挺拔起来,无论在信誉上和销售上都有了大幅度回升和增长。

3) 要适应广告主题的要求:

就是同类商品的广告,也有不同的广告主题要求,有的着重宣传商品价廉物美,有的凭借名人的声望来提高商品的身价。劳莱克斯(Rolex)是瑞士出产的高档商品,属世界名表。其商品广告主题定向是扬名。因此,明星的选择准则为:一是享有世界名望的名人大家,二是名人的职业属上层社会之流。劳莱克斯曾经启用高尔夫球名将寒弗里阿诺·巴利斯特罗斯在欧美市场做过一则成功的广告。巴利斯特9岁就便迷上高尔夫球,在英国举行的大赛中,多次荣获桂冠,成为风靡一时的年青的高尔夫球坛名将。他在那次广告中说道:"我的这块Rolex表真了不起,无论沙也好,水也好,都根本钻不进去,这是最适合我用的表"。高尔夫球在欧美素有"贵族运动"之誉,这和Rolex表的广告宣传主题定向一致,较为得体,因此效果亦佳。

4) 反映时代社会背景:

美国露华浓化妆品公司70年代推出的《采妮香水》广告,曾经成功地创造了一个深具魅力的名模形象,这是一个年轻、聪明和美丽,思想和生活方式上完全独立,女权运动拥护者的新女性。在电视广告中,这个女角亲自驾驶一辆豪华轿车,飞快地闯进一流的酒店餐厅,黑人琴师为她独来独往引吭高歌,宾客们纷纷向这美人投以赞美和钦佩的目光,而她则以潇洒飘逸的微笑回报大家的青睐和仰慕。由于采妮这个男性化的广告人物形象的塑造,吻合了当时美国社会对时代女郎的心态而大受欢迎,采妮香水一举成名,采妮广告模特儿也风靡美国,成为人们心目中三个"神勇娃娃"之一。然而这则电视广告在香港市场播出,并不成功,这是由于采妮形象不吻合亚洲东方社会极大多数女性崇尚贤妻良母心态的传统习惯,因此丧失了典型性的感染力。

5) 尽量避免名人的重复使用:

一方面,应绝对回避同一名人在同一类产品上重复拍片。如香港的叶丽仪拍"特醇轩尼诗"时,同时签约二年内不得拍同类广告。

另一方面,也应尽可能避开同一明星的出镜高峰。如国内有一明星同时为啤酒、药品、化妆品拍广告片,并且在同一时段内播出,这就大大稀释了广告的号召力,刺激了人们对其潜隐动机的猜想,从而导致信任度降低。

(3) 巧用名人策略

所谓创意就是要以非正常手段去获得意料之外的好效果,这在名人广告的策划上同样适用。

1) 巧用名人肖像权:

加拿大莫尔森啤酒公司在英国做广告使用了克林顿总统的大幅肖像。莫尔森公司在英国报纸上刊登了两个整版广告：其中一个版刊登克林顿的一幅肖像，他两手交叉，作沉思状。另一版写道："我今年知道的一件事是，有一种啤酒味道纯正，我的妻子比我爱喝啤酒，是第一个对莫尔森啤酒产生好感的人"。在广告的下端印着一行字，说明上述这段话出自伦敦一个名叫肖恩·珀塞尔的嗜好啤酒者之口。还有一行字清楚地写道，那张图片只不过是"克林顿的一张照片"而已。这则广告一登出，立即引起轰动，而莫尔森的啤酒销量迅速上升。当白宫的律师对此提出异议时，莫尔森公司则称，在英国这样做是有法律根据的，是合法的，作为一个公职人员，总统的肖像是可以使用的。在中国，广告是不能以国家领导人的名义出现的。然而1986年6月在太平洋的彼岸，美国人也曾巧借邓小平之名做了一个响亮的广告。美国太平洋电话公司在《华尔街日报》以邓小平及其业绩为主题，巧妙地打了个擦边球。

广告采用一个整版，主题画面是邓小平。主题词是："邓小平是一位成功的改革家，他的主要法宝就是鼓励分权，实行多种经营，在农村搞联产承包，在城市则给企业下放自主权"，并称邓小平是中国分散化经营总公司董事长。广告最后一句，道出刊登广告的单位是美国太平洋电话公司。

邓小平是举世闻名的大人物，他的名字在美国家喻户晓。太平洋电话公司巧借邓小平之名做广告，其效果不言而喻。

2）名人证言策略：

一般名人广告的最大缺憾就是消费者大都并不真正相信名人在食用或使用所广告的商品。因此，虽然名人具有不可替代的关注效益，但却普遍缺乏内在的"证言"力量，如果能将两者有机地结合起来，由消费者喜爱的名人亲自作证，则广告的效应将会发生质的变化。新凤霞为新"PSS"所作的现身说法即是一极为成功的事例。

1987年3月，青岛第三制药厂在北京举行新闻发布会，推广治疗心脑血管病的新药"PSS"。正当会进行到高潮时，著名评剧表演艺术家新凤霞突然奇迹般地出现在大厅里，引起了与会者一片欢呼，她登上台，语重心长地说："我是主动来介绍'PSS'的……。"原来，青岛第三制药厂与青岛海洋大学在1986年9月共同研制出了治疗心脑血管疾病的新药"藻酸双脂钠"简称"PSS"。之后，张锦福厂长得知新凤霞在文革中由于身心备受摧残，得了严重的脑血栓，虽经多方医治，至今仍瘫痪在床，就特地派了技术员李桂铃，拿了4瓶已通过国家医药鉴定的新药"PSS"，赴京探望新凤霞。新凤霞听了青岛人的自我介绍，心里十分感动，连说"谢谢你们了！"新凤霞由于长期医治无显著效果，显得很失望："我什么好药都吃过了，算了吧，再吃别的，也没多大的用了！"李桂铃坚持说："新大姐，这是从海藻里提取合成的新药，没有副作用，您还是试试吧！"新凤霞的丈夫，是著名戏剧家吴祖光，曾为妻子操持过百方千药，包括蛇、蝎、蜈蚣都给她吃过，针灸、按摩、气功也都一一试过，均不见大效，所以也显得信心不足，但感于青岛人的一片真情，还是把药收下了。今天她来到会场就是因为她试服了"PSS"后，病情大有好转，行动方便多了。她十分激动地说："我是主动来介绍PSS的，我希望通过你们所掌握的新闻媒介，把这种海洋新药尽快介绍出去，让那些患心脑血管病的人，早日康复，为国家作出自己应有的贡献！"报纸、电视，各种大大小小的新闻传媒都以显著的位置和篇幅报道了这一新闻，有的还登出大幅照片，青岛第三制药厂及其新药"PSS"，顿时名满神州，人们纷纷议论道：新凤霞推荐的药，当然是最好的，她自己的脑血栓都治好了嘛！于是，"PSS"一炮打响，到1991年，年产值已超亿元，利税达3000多万元，并先后荣获第15届国际博鉴会新发明金奖、国家技术开发优秀成果奖、全国首届百病克星大赛金牌等几十种奖励。

3）迂回表现策略：

大多数传统的名人广告，都是以强烈的正面表现甚至大吹大擂式的渲染为主。但国外广告界正在悄悄出现一种新的名人表现手法，这种手法（或表现理念）将名人置于一种新的视角，其展开方式关注的是接受者复杂而细微的心理活动。如日本广告界正在探索一种含蓄的名人表现方式。其中一例是日本三得利公司的酒类广告,做了一个隐姓埋名的,着重背影特写的电视广告。这是由女演员夏木真理、男演员织田裕二以及职业摔跤手前田日明这三个似乎不相干的明星联袂出现,而且在演出中不予介绍,不作公开亮相。乍一看来,令人困惑不解。真实意图何在呢?三得利公司广告人员解释说:"这样做的目的可能在演员刚出场时使人产生困惑。正因如此,广告才会激起大家好奇,然而,随着剧情进一步发展,人们就会逐步明白,掌握广告含义,最后达到恍然大悟,这显然不同于做传统的明星广告公开亮相、明白宣传商品的特点,这就是我们所要达到的效果。"此外,广告中选用不同明星联袂演出,正因为他们之间有不同的典型,通过同台演出,荟萃一堂,就可以大量吸引追随他们的各种不同类型的顾客,这就是广告所要求取到的聚集顾客的作用。

当然这种表现手法更适用于重播频率较高的电视广告,以便让观众有足够的时间弄明白究竟是哪位明星在做广告,以及广告所诱导的方向。而对夹在无数广告插面中的杂志或报纸广告来说,此种表现手法就不太适宜,因为它可能会和许多非名人广告一起被随意的一翻而过。

4) 经济策略:

由于做名人广告费用甚巨,有时名人的漫天要价使其收费甚至占广告总支出的50%以上,这在很大程度上影响了广告主和广告商的积极性,但却并不能影响广告人的智慧,许多非常经济的名人广告就应运而生了。

其一,用已故名人。其实名人并不一定要在世的,只要打破这个限定,名人的范围将大大拓宽。

《福尔摩斯》一书的作者柯南道尔可说是个大名人了,虽然柯南道尔已去世多年,但福尔摩斯这个大侦探形象的魅力如今犹在。福尔摩斯的住址"伦敦贝克街21—B"的女秘书至今还在为全球各地的人复信而忙碌不堪。伦敦贝克街一家公司想了一个绝妙的生财之道,就在此街上办起一个汽水厂,汽水的牌子就以

"21—B"命名,而商标上都有福尔摩斯侧象。汽水广告作得更为神奇,"21—B"牌汽水有奇妙的效应,经常饮用不仅消暑解渴,强胃健体,还能提高大脑智力。而当地人说,喝了"21—B"汽水觉得自己更机灵了。因此使得消费者对此汽水产生了很大的兴趣。

其二,用非真实名人。在人类文化发展史上,全世界各民族都曾用自己的智慧在文学、艺术、美术、宗教等领域塑造了无数人们所熟悉的甚至敬仰的名人。努力挖掘这一宝库,同样能起到名人的效应。如神功镇脑灵就用孙悟空这一中国人极为熟悉的名人作广告。又如日本味之素公司,竟把脑筋动到了名画上,他们把艺术大师达·芬奇笔下的《蒙娜丽莎》这幅名画,运用特技夸张手法使画中人变胖,然后绕有风趣地敬告消费者:"变成这样就危险了,不好看了。"而后,发福了的《蒙娜丽莎》开始食用味之素低卡路里糖,顿时又苗条如画中的样子了。这里巧妙地利用达·芬奇的名画,取得了差不多与名人效应相当的广告效果。

其三,用相似的名人。这是近年来西方较为常见的一种手法,如英国有一则电视广告曾引起过很大轰动,其画面是:傍晚,某珠宝店灯火通明,一位衣冠楚楚的老板站在门口,似乎在恭候哪位贵客的到来。一会儿,一辆豪华小轿车缓缓驶入画面,停车,老板急忙上前拉开车门,轻轻扶出一位仪态非凡的女人。

几乎所有观看电视的人这时都睁大眼睛,不由得一阵惊诧:这不是英国的绝代佳人戴安娜王妃吗?

电视里,情节在继续发展:路上行人一下子围拢过来,争睹芳容,更有少数勇敢者挤上前去吻了"王妃"的手,老板奋力分开众人,笑容可掬、毕恭毕敬地把"王妃"让进店内。售货员忙不迭地把一件件五光十色的珠宝项链、金银首饰送到"王妃"面前,"王妃"仔仔细细地挑选一番,然后带着选中的几款首饰在围观者的簇拥下满意离去。

画面最后映出珠宝店醒目的招牌。尽管这部短短的电视广告片从头到尾没有一句解说词,但戴安娜光顾珠宝店的消息却不胫而走,很快传遍全城,第二天,这家珠宝店立刻热闹起来。众多的好事者及戴安娜崇拜狂们纷纷拥到这里，争先购买"王妃"选中的东西，搞得售货员应接不暇，连老板也出来站了一天柜台，当天的营业额创下开业以来的最高纪录。如此热闹场面，很快惊动了英国皇室，有关部门经查阅王室成员的出行记录，发现戴安娜王妃根本没有去过那家珠宝店。王室一怒之下要追究，但王室的法律顾问却指出，人家的广告未置一词，不过是众人自作多情，将广告中的女模特误当成是王妃而已。无奈之下只好不了了之。

用长相酷似名人的人做广告，由于十分经济而效果又不错，有时甚至还会引出新闻和法律争议等引申的"广告价值"。因此许多商家乐此不疲，以至于竟有专门经营酷似名人模特的公司，美国人让·史密斯公司已收罗到 20 多个"名人"模特，英国也办了一家"相似"公司做广告经纪。当然，用相似的名人做广告只能是一种支流，一旦形成风气，则可能会产生许多消极的影响。

5) 名人 + 美人复合型表现策略：

在广告中，美人有着特殊的审美和心理联想魅力，而名人又有着强大的感召力，虽然这二种特质分别都能产生较好的广告效应，但是，如果能将二者结合起来，则可能产生更为强烈的广告效果。

百事可乐一则广告可称为这种强强结合的经典之作，这是一部以世界著名模特桑迪·克劳夫（Cindy Crawfora）为主角的精彩的 30 秒的电视广告（图 6-12）。美国专业广告评论家弗雷德·波普极为赞赏地描述了这一广告：

任何人选中活泼可爱的桑迪·克劳夫在这一重要节目中担任角色，都应受到大大提高工资的奖励。在"两个小孩"面前，一辆十分昂贵的红色进口轿车驶向"Halfway 咖啡馆"，后面掀起一阵尘土。车中走出美丽动人的桑迪，她穿着牛仔短裤和紧身白背心，正向户外的百事可乐销售机走去。她真的是非常美！

当她步履轻盈地来到百事可乐销售机前并取出一罐百事可乐时，她那迷人的黑眉毛象倒置的"括弧"焕发着激情，那柔软光润的长发披在肩上。当她拉开易拉罐时，优美悦耳的背景音乐"仅看一眼"随之飘荡，两位长着大眼睛、张着嘴的年轻男孩在

图 6-12

栅栏后出神地看着。一个小孩说:"那就是新式百事可乐罐,是吗?"屏幕后,话外音响起:"向您介绍一种识别百事可乐和健怡百事的全新方法"。随后,摄像机转回到另一位男孩,他眯缝着双眼，出神而望，并发出赞叹声："太漂亮了"。两个新式百事可乐罐下的字幕显示，"崭新的面貌，熟悉的美味"。

这广告足以使你永远放弃可口可乐。

广告将美与名人效应高度融合为一体，将内在的熟悉和外在的面貌完美地统一于唯美主义和经验主义的表现之中，确实是极富创意的佳作。

3．幽默策略

非常可惜的是，自从广告通过现代媒体介入人类的生活以来，一直没有得到类似文学、艺术、新闻等信号那样的大众认可程度。也许是因为广告过分的进攻性，也许是因为广告难以遮掩的功利性，总之，广告并没有成为人们积极索取的对象，或者说广告更多地是以人们接受情绪的对立面出现在媒体上的，表现为一种信息强加。对广告，人们更倾向于回避而不是主动选择。

只有一种情况是例外，那就是广告携带的幽默，以它自身的戏剧价值而不是所广告的品牌的价值去娱乐观众。因为对于毫无准备的观众来说，只有广告中的幽默才真正是他们想要的东西，才是唯一具有观赏价值的东西。这也正如一位广告专家所诚恳指出的："我们知道广告等于一种侵扰，读者并不一定喜欢广告，为了回报读者所花费的时间和精力，为了赔偿你在他买的杂志上耗去他的时间，你必须带给消费者乐趣，才是对他们的一种报酬"。

消费者对幽默的积极认可是因为幽默满足了人们的心理需要。

幽默是人们的一种潜在本能，是人们对外在秩序的一种内在反抗，是对强加在生命之上的机械力量的嘲笑；幽默是一种社会功利，是人对一切压迫形式的冲决，是用幻觉对高于自己的社会力量的破坏，是通过这种破坏来获取一种心理上的优越感；幽默也是一种理解，是幸灾乐祸之后对对象失误的同情和对自己过去失误的一种诀别和超越。

正因为人们对幽默有这种心理需求，因此，能满足这种需求的广告便具有了特殊的价值。也就是说，幽默不仅仅具有观众所认可的欣赏价值，并且从广告主角度看，上述欣赏价值倒给产品的推销带来了功利和价值。广告大师奥格威开始并不承认这种价值，说："人们不会向小丑买东西"。但后来他改变了看法，并不得不承认："最新的因素分析揭示幽默也能卖东西"。

80年代以来，幽默广告越来越引起人们的广泛注意，各种媒体形式都出现了大量的幽默广告。对此，麦克柯伦·施皮曼研究机构专门对500个电视广告进行了调查，在一系列的广告效益测试中，发现逗人发笑的幽默广告确实胜过另外两种流行的广告形式，即所谓"名流"和"平民"。一般而言，幽默广告比这两种广告更易记忆，更有说服力。

80年代后期，美国广告中的幽默广告所占的比例已达15%～42%（据两个不同的调查），随着人们对大众传播娱乐性要求的提高，幽默更成为美国广告界吸引和打动消费大众的重要手段。一个有趣的情况是，近年来国际广告大奖CLIO中的获奖作品大都是运用了幽默手法的，其它的广告评奖获奖作品中也有近三分之一是运用了幽默手法。这除了因为评委们大都是从艺术欣赏角度而不是从广告主和实际购买者角度出发之外，多少也反映了一种普遍的心理需要。这种需要使幽默广告具有了一种商业功能上的优越性。

(1) 幽默策略的功能

幽默策略之所以被广告界推崇主要还在于它对广告本体性功能的发挥有着不可忽视的作用，这些作用（或功能）主要表现在：

1) 吸引注意力：

由于幽默广告具有特殊的戏剧性效果，这就比一般广告更多了一层趣味性，也就更能引起受众的注意。美国501牛仔裤曾在英国做了一个真正具有英美海岛民族情趣的广告：

一位西服革履的绅士带着一位漂亮的小姐驾车出游，但不幸半途抛锚。无奈之际，一辆车停了下来，一个着一身牛仔服的年轻小伙子主动上前帮助，检查一番，发现是水箱没水了，可此地周围一片荒沙，点水皆无。这时年轻小伙子开始解开自己的裤带,往下脱外面的长裤,绅士大概以为小伙子是想以尿代水吧,便竭力用身体挡住小姐的视线以免太尴尬。实则虚惊一场——小伙子只是用自己的牛仔裤把两辆汽车拴在了一起。一个裤腿拴一辆车。车又开始向前走了,年轻的小姐自然是跟小伙子一起坐在前面的车上,绅士独自坐在后面的车上被拖着走。特写镜头盯住拴在两车中间的牛仔裤,任凭拖拽,稳如钢缆。突然,前面汽车的后保险杠被拽掉了,而牛仔裤依然安然无恙。前面的车毫不知晓地继续开走了,后面车上的绅士无奈地高举双手大喊大叫,眼睁睁看着姑娘和前面的车远去……字幕映出大字:501牛仔裤。

　　广告用强烈的戏剧情节和极富智慧的两次突变式的意义转换,直到把傻乎乎的绅士丢弃,终于使人忍不住笑出声来。这样的广告也许比一般的电视剧更能吸引人。

　　不仅电视,其它形式的广告也一样,只要有幽默,就能吸引人注意。如美国一家海味餐馆设计了一个与众不同的广告牌。广告牌上仅竖起一只巨型立体大对虾,虽然广告牌上一字也不标明,但人们一看就明白这家餐馆的经营内容。广告最吸引人处还是老板对这只大虾的一番精心打扮,他给虾戴上了一顶牛仔帽,系了一条丝巾,还给它安上两只手,双手紧握着一支左轮大手枪,这只滑稽的"牛仔大对虾"的颜色鲜艳,十分显眼,路过此地的人远远就会摄入眼中,不少顾客出于好奇,往往上前观望一番,该餐馆生意也就日益兴隆。

　　2) 提高记忆力:

　　幽默广告生动风趣地表达广告主题,以一种愉悦的方式缩短与消费者的距离,消除消费者的戒备心理,有效地传递广告信息,提高了人们对广告的记忆度。因为消费者能在一种轻松、愉快和满足的情绪下缩短与广告的心理距离,从而有助于接受并记住广告的内容。

　　如福特汽车公司早期的一幅路牌广告,画面上是两只狗,和一辆远去的汽车背景。一只蹲坐着的狗对另一只站起来欲追赶汽车的狗说:"没用,麦克,它是福特V.8"。意思当然很明白,你不用去追了,它开得快,追不上的。这种用狗来拟人的方法使人在忍俊不禁中深深地记住了"V.8"汽车。

美国一网球广告也别有情趣。为了证明他们的网球质量上乘，四个人一起来到摩天大楼（至少有80层）依次把球垂直抛下，黄色的小球呼啸而下，挟着巨大的冲力撞击到地面，又高高弹起。球的质量确实不凡，每一个球都弹起到规定的高度（在电视画面上可清晰地看到墙上画的一条红线，球都弹到红线之上）。镜头又回到楼顶，试验的四个人也都很满意，其中两人似乎余兴未尽，突然抓住站在他俩之间的那个人，把他头朝下也扔了下去……

这当然不会是真的，但有了这个出人意外的惊险之尾，相信观众记住这个广告的可能要比没有这个尾巴增加一倍以上。这个卓别林式的结尾至少给这则广告增添了戏剧性、幽默性、创造性，可说是貂尾续狗，所以它才能在1988年的CLIO国际电视广告大奖赛上获得了一致的好评，作为样板在发奖大会上播放。

有时，一点小小的情趣也会将广告的效果放大，使人过目不忘。如美国一家眼镜厂以三个英文字母"OIC"作为商标广告，经过技术放大了的这三个字母，一眼望去，结构酷似一副眼镜，更凑巧的是如果把这三个字连读起来，又正好是"Oh I See"，（英文"啊！我看见啦！"）恰恰道出了一副好眼镜对视力的重要。

3）加强说服力：

由于幽默广告巧妙地隐蔽了直接的功利目的，冲淡了广告的商业味，使自己看起来更象是一则轻喜剧，这就比较容易激起消费者的好感，在消费者被吸引的情况下无意间消除了对广告的怀疑和抗拒心理，然后在一种轻松、愉快的气氛中不知不觉地接受广告的意见。

西德一家啤酒厂为了挤进美国市场，决定做广告让美国人知道自己的啤酒比美国人现在正在饮用的其它德国啤酒更好，它们并没有按通常的做法进行直接对比和标榜，而是以一句幽默的广告词告诉美国人：

"您品尝过了在美国最有名气的德国啤酒，现在请尝尝在德国最有名的德国啤酒"。

这就十分巧妙地向美国人暗示了自己的啤酒才是真正最好的德国啤酒，而不是美国市场上现有的德国啤酒。

另一则宣传法国克隆堡啤酒的广告也颇有意趣，其中写道："法国的阿尔萨斯（啤酒产地）人十分婉惜地宣告，珍贵的克隆堡啤酒正在源源不断地流向美国"，"阿尔萨斯人诚恳地要求美国人不要喝完我们的克隆堡啤酒"，"阿尔萨斯人真舍不得让克隆堡啤酒离开他们"，这则广告符合了美国人的欣赏趣味，因而比较容易为美国人所接受。相似的说服性幽默广告还有：

如果"佩利纳"还不能使你的鸡下蛋，那它们一定是公鸡。（佩利纳饲料公司广告）

若是"沃尔芙"也无法改变你的形象，他还是什么也别穿就上街吧。（沃尔芙服装公司广告）

画面上有一小狗拉着带篷的儿童车，广告词："只有这种车卖得比福特篷车多"（福特车公司广告）

素以幽默趣味著称的美国《读者文摘》为自己做过这样一个广告：

每月5万多个笑话，多得使你想哭！

每个月，我们的读者寄给我们的5万个笑话。但是，唉！我们只能刊出一则到75则笑话，一定是其中最精彩的笑话，有关人性弱点的温暖笑话，这难道不是《读者文摘》成为世界最畅销的杂志的最小原因？

无独有偶，美国《时代》周刊更演绎了一则幽默的广播剧，以增强幽默效果，使人在嘻笑之余，接受广告的劝说：

…对不起，先生，半夜三更您在这儿干什么？

…看见你太高兴了，警官先生。

…我问你在这儿干什么！

…我住得不远，那边，第四栋楼……门口正在修路。

…先生，别废话了，请回答我你在这儿干什么！

…哎，别提了。我本来已经上床睡觉了，可是突然想起来白天忘了买张"时代"看看。

…你穿的这是什么？

…衣服?睡衣呀!哎哟,走的时候太慌张了。我老婆的睡衣。很可笑吧?(嘿嘿)

…上车吧,我送你回去。

…不行,没有"时代"周刊我睡不着觉,躺在床上看看"电影评论","现代生活掠影",这些栏目……

…好了,好了!快点吧,先生!

…我试着看过其它杂志,都不合胃口,您知道"时代"发行情况一直在上升吗!

…不知道,我知道罪案发生的情况。(汽车发动声)

…像我这样的"时代"读者多得很,比如温斯顿、邱吉尔,你呢?快快,不好了,快停车,你总不能看我穿着我老婆的睡衣就把我送到警察局去吧?

…你到家了!下车吧。(停车声)

(旁白):"时代"周刊,轶闻趣谈。

　　　　买一本,度过良宵。

　　　　看一遍,安然入眠。

4) 艺术感染力:

独特的个性与娱乐价值给我们美的享受,巧妙地再现喜剧的特征,把需要肯定的事物无限地延伸到漫画程度,造成一种充满情趣,引人发笑又耐人寻味的幽默境地,以别具一格的方式,发挥艺术的感染力的作用。

台湾联广广告公司为 SONY 彩电做广告。荧屏上出现一个鲜红的胡萝卜,鲜脆欲滴,简直呼之欲出。而在画面下方却蹲着一只雪白晶莹的小兔子,圆睁着两只红红的眼睛紧紧盯着屏幕上的胡萝卜。最绝的是一句广告词:

　　　　对不起,我们不是故意的。

　　　SONY 彩电

使整个广告真正具有了幽默艺术的特点,既滑稽可笑,又不动声色。

一则法国香水广告也颇富创意。广告奇思妙想地虚构了一个饶有风趣的情节,一个年青女孩正悄悄地推开门准备偷偷拿走放在洗手间台上的香水瓶,那小心翼翼左顾右盼的神情和可笑的动作使人忍俊不禁地要笑出声来,这种幽默的表现含蓄地暗示了商品诱人的魅力,连孩子们也受到了感染(图6-13)。

图 6-13

又如丰田汽车广告,画面人物诙谐、动作滑稽,一部崭新的刚上市的丰田小型面包车在超级市场门口迎接三个采购了许多物品的年青人,匆匆忙忙而购物又太多,弄得物品都掉在地上,连站在一边的交通警察都惊讶这些人竟买了这么多东西出来,幸亏骤然而至的汽车,而且是这种容量挺大的面包车为他们救了急。广告在生动幽默的气氛中巧妙地表达了丰田汽车的功能(图6-14)。

DEL MONTE 番茄酱的招贴广告也情趣盎然地将工作人员一丝不苟地排放番茄酱罐头和一小孩急不可耐地抽取罐头的场面

图 6-14

有机地融为一体,给人一种静中有动,认真与天真、得意与危险虽暂时统一但又一触即发的幽默感(图 6-15)。

(2) 幽默广告的表现手法

幽默是一种笑的艺术,在美学上被理解为一种喜剧。人之所以会产生笑的情感,在理论上一般有三种说法:

一是"鄙夷说"。其主要指倡者是英国经验派哲学家霍布斯。他认为大家习以为常的事,平淡无奇,不能引人发笑。凡是令人发笑的必定是新奇的、不期然而然的。笑的原因是由于发笑者突然感到自己的能干和优越。他说:"笑的情感不过是发现旁人的或自己过去的弱点,突然想到自己的某种优越时所感到的那种突然的荣耀感。人们偶然想起自己过去的蠢事也往往发笑,只要那些蠢事现在不足为耻。人们都不喜欢受人嘲笑,因为受嘲笑就是受轻视。"

二是"乖讹说"。其主要代表是康德和叔本华。这种观点认为笑是人们紧张期待的突然消失,或者说正常逻辑预感失却,使预感失望。康德在《判断力批判》中指出:"笑是一种从紧张的

图 6-15

期待突然转化虚无感情。正是这一对于悟性绝不愉快的转化却间接地在瞬间极活跃地引起欢快之感。"

三是"生命机械化说"。代表人物是哲学家柏格森,他认为笑有三大特点:

第一,笑的对象只限于人事,自然景物可笑是姿态、动作与人类似;第二,笑和感情无关,完全是一种理智的活动;第三,笑要有反应,须有一定的社会中附和者才能发生。据此,柏格森提出引起笑的原因是"生命的机械化"。比如一个人在街上跑,被一块石头绊了脚,摔了一跤,就会使行人发笑。但是,如果他是自动坐下来休息,就不会有人笑了。这就是因为摔倒的人缺乏灵活性,在情况要求有所改变时仍然僵硬、笨拙地继续进行原来的活动,也就是由于"生命机械化"。生命的机械化不仅表现于人的形体、姿态和动作,也表现于人的处境、言语、性格、精神等方面。从日常生活中笨拙的姿态、行为,到杂技团中的小丑、木偶戏中的木偶,以至高级喜剧中的喜剧人物如堂·吉诃德等,它们引人发笑的共同特点就是"把机械的东西镶嵌在有生命的东西上面"。笑就是人们对于生活中显得是机械的有生命的东西的一种反应。为什么"生命机械化"会引起人的笑呢?柏格森认为,这是因为笑具有社会的功利目的。生活与社会要求我们的身体和精神具有紧张和弹力两种力量,缺乏这两种力量,在身体、精神、性格方面就会出毛病。因此,就必须防止生命的机械化。而笑就是用一种社会姿态,通过它所引起的畏惧心理来纠正生命的机械化。由此,柏格森得出结论说:"社会要进一步消除这种身体、精神和性格的僵硬,使社会成员能有更大限度的弹性,最高限度的弹性"。

无论从何种角度理解,有一点应是共同的,即在形式上要达到喜剧效果,就必须打破原有的平衡,并造成一种强烈的反差。仅就广告而言,幽默广告的表现手法主要有夸张、比喻、对比、自嘲、反向思考等。

1) 夸张:即对广告商品的品质或特征的某些方面进行明显的夸大,以加深或扩大消费者对这些特征的认识,以获得更深的印象与理解的效果。有一则新西兰广告是这样的:

画面上,一块砖头被架在那里,一个肌肉发达、身穿功夫服的人正凝神敛气,面向砖头骑马蹲裆式而站,一会儿,只见他缓缓地举起了右手,举过了头顶,接着,猛地向砖头砍下去……这是在表演功夫,力断砖头吗?就在你正这样想的时候,手已经劈在了砖头上,可是奇迹发生了,砖头没有像大家习以为常的那样应声而断,相反,劈砖的人突然凝固了,然后像一个瓷人一样突然破裂开来,裂成了一块块的,坍塌了下去……砖头依然巍然不动地呆在那里。

原来是建筑材料广告,它用思路的突然转换将结果引向另一方面,并且用极度的夸张把砖块的坚硬特征表露无遗,虽然夸张过度但仍在艺术情理之中,这则广告理所当然地摘取了CLIO大奖。

2) 比喻:选择两个本质上各不相同但在某些外在属性上有一定的相似性的事物,以此物喻彼物,借以突出广告商品的品质和特性。

美国安德逊咨询公司批准一个极具创意的幽默广告案,画面上是一只捕鼠器正夹着一只计算机的鼠标,尾巴是一根无限延伸的电线,整个画面一目了然,但又独出心裁,让人产生会心的微笑,特别是最后一句广告语既解释了画面,又有自己的双关意义:"因为现在一个公司的成功可能取决于让一只老鼠嚎叫"(英语中老鼠和计算机的鼠标是同一个词)。见图6-16。

图 6-16

3) 对比:将所表现的事物放在鲜明的对照之中,借彼显此,互比互衬,更鲜明的强调或揭示产品的性能与特点,给人以深刻的印象。

图6-17的冰淇淋广告,犹如一幅喜剧场景,一对穿着运动

衣的胖子黑人夫妇对比性的表演，妻子因减肥有效果，正在兴高采烈地给朋友打电话大谈运动减肥之事，为了表示自己减肥有效竟情不自禁用手扯开裤腰。而丈夫却趁她不注意拉开冰箱偷偷地取出冰淇淋来吃，明明是胖子想方设法在减肥，可仍然抵挡不住使人容易发胖的美味食品的诱惑，在矛盾的冲突中巧妙地提升了广告的劝导力与说服力。

图 6-17

4）自嘲：这是一种具有很强的幽默效果的表现形式。它反映了一种很高的人生智慧，它看似自贬自损却含着极高的人生自信。

有一则表面看来还是很严肃的广告词，但一看到它们的公司商标或名字才突然峰回路转露出幽默情趣：

"自从 1720 年以来，我们的家族就一直在建造最坚固的帆船。

——C.P 里克父子造船公司"

里克（Leek）恰恰是"漏水"或"漏洞"的意思，也许人们会问，假如里克父子更聪明一些，为什么还要用家族的姓氏来为公司命名呢。弗莱特轮胎公司也是这样，其广告词是：

"无数弗莱特的轮胎正在世界各地飞驰——弗莱特轮胎公司"，而弗莱特（Flat）却是"走了气"和"瘪了的"的意思。这条广告等于在说："无数瘪了的轮胎正在世界各地飞驰"。

当然我们无法确切地知道这些广告的制作者动机究竟如何，但事实上这两条广告以其尖锐的幽默更深刻地印入了消费者的头脑并大大地刺激了他们的购买欲望。由此看来，在广告中"自嘲"有其特殊的价值，自嘲的幽默即使走得再远，也依然有可能绕回它们的原先所设定的目标，因为人们总是更喜欢那些"批评自己"的人。

正如亚特兰大奥运会闭幕式上，美国人用他们特有的自嘲性幽默向全世界赔礼，当然能平息人们对其先期组织工作的混乱而引起的怨言，赢得人们的谅解。

(3) 幽默广告应当注意的问题

幽默作为一种有效的广告表现策略已经越来越受到广告业的重视和欢迎，但幽默广告的设计制作要求很高，它要求创意人员具备幽默与广告两方面的才能。幽默广告创作成功的范例很多，但有缺憾甚至失败也不少，这就要求广告人在创作幽默广告时，需要特别注意如下问题：

1) 切忌喧宾夺主。　幽默只是广告的手段，商品或服务才是广告目的。幽默广告应以广告为主，幽默为辅，喧宾夺主就会弄巧成拙。中央电视台曾多次播出一则药品幽默广告：快镜头动作的父子俩争抢着上厕所，提着裤子一进一出，焦急地在门口等。但广告的幽默动作却没有带来预期的广告效果——观众"一笑了之"，却忘了品牌"泻痢停"和厂家"哈尔滨第六制药厂"。这是广告主所不愿看到的。因此，幽默中要清楚地交待关于商品的一切必要的信息。

2) 别拿产品开玩笑。　产品是广告中的英雄和明星，任何幽默方式都可采用，但不能开产品的玩笑。谈天说地，评古论今，即兴笑料，自我打趣，惊人见解，荒诞情节，你都可运用。

如香烟广告:"你喜欢我的烟装饰你男子汉的风度,我喜欢你的钱装满我羞涩的钱包。"主客均为解嘲对象,但却没有打趣正面角色——烟。

3)切忌"病态幽默"。古希腊哲学家苏格拉底因其主张被城邦判处极刑,令其饮毒酒自尽。美国彼莱尔矿泉水广告中,苏格拉底拿着毒酒说:"味道不错,可惜不是彼莱尔矿泉水。"这种"病态幽默"让人不快,定不会受人欢迎,广告幽默应是善意的,任何涉嫌死亡、残疾、中伤、讥讽等人或事的广告,都不运用。

4)幽默应因产品而异。如用熊猫推销照相机,则可;如用它推销食品,则不可。因为熊猫推销食品,令人联想到动物饲料。所以幽默中的情感特征、情节格调应与商品的性能用途巧妙配合,协调统一。

5)幽默应耐人寻味。不可重复欣赏的幽默不适宜于广告,由结局出乎意外造成的幽默感的故事最好不要用于广告;引人轰堂大笑的幽默也不耐用。只有含蓄而清新的幽默才值得推荐。

6)要研究广告的目标对象。一般而言,开放的社会容易接受幽默,年龄、受教育程度也是理解幽默的重要条件。据一份资料显示,美国134家广告公司的副总裁认为,适宜采用幽默化策略的受众是年轻、受过高等教育、处于上层社会的男性及专业人员。这些人理解力强,本身有幽默感,心胸宽,因此能理解、领会、欣赏生活和广告中的幽默,并引起共鸣。

7)不宜媚俗,应使广告具有一定的品位。有时稍不注意,笑话说过头,就会将高雅扭曲为庸俗,产生污染生活的副作用,令消费者厌恶或使消费者变得猥琐粗俗。国外有一幅介绍裙裤的广告摄影,摄影师为了搞笑,故意用超广角靠近女模特的屁股拍摄,结果大幅度扩大的屁股虽然好笑,却扼杀了消费者的纯净感情,反倒引起消费者的反感。

8)追求简洁性。幽默广告不能构思太复杂,内容太凌乱,否则弄巧成拙反而会影响幽默效果,因为消费者也不可能有耐心认真琢磨你的创意,最好是老老实实,简单一点,明快一点。美国幽默专家赫伯特曾提出一个叫"KISS(Keep It Super Simple)"

的幽默创意公式,意为"力求简单"。

总之,有幽默感,又有表现能力的广告创意人,不妨多制作一些幽默广告,给人们的生活增添些趣味。

第七章　广告创意人的素质

就产业化而言,广告是一个刚崛起的新兴产业,与其它行业相比,广告业有着自己综合的特点:

广告的服务对象存在着巨大的行业跨度;广告所涉及产品的专业范围极其广泛;广告创意性劳动具有不可重复性;广告任务的接受和完成往往具有突发性和集中性;广告业直接牵涉到从媒体到法律直至精神文化建设的一切领域;广告产品的成功与否,由于受到广告主和消费者的双重影响而具有极大的随机性。所有这一切,都需要广告人作出全面的平衡把握,这就必然对广告人,特别是广告创意人不仅在知识结构和创意能力上,而且在意志和人格上都提出了更高的要求。因此,罗斯福一句戏言:"不当总统,就当广告人",对真正的广告人来说,并不值得自慰,相反,当视为对广告人素质的一种提醒。广告创意人应当具有什么样的素质呢?一些资深的广告人纷纷提出了自己的看法:

世界公认的广告界泰斗詹姆斯·韦伯·杨在他那著名的《怎样成为广告人》一书中说:"就我所知,每一位真正有好创意的广告人士,常具有两种显著的特性;第一,天底下任何话题都很难使他不感兴趣;第二,他广泛浏览各学问的一切书籍"。

韦伯·杨还对广告人应当具备的知识作了系统的归纳,这些知识包括:

（1）陈述主张（proposition）的知识；

（2）市场知识；

（3）讯息知识；

（4）讯息运送工具知识；

（5）交易通路知识；

(6) 怎样知道广告发生功效的知识;
(7) 特定情况知识。

著名广告大师大卫·奥格威在他的《一个广告人的自白》一书中认为,下面归纳的这些素质正符合他对广告创意人的观察:

"有创造力的人都特别敏感于观察,他们比别人更重视准确、能说明真理的观察。"

"他们对事物的看法和感受与常人相同,也异于常人。他们天生头脑发达,他们有更多的能力同时抓住许多概念,能对它们进行比较——从而能作出更丰富的综合。他们禀赋异常,活力充沛,身心健康。他们的内心世界绚丽多彩,过着更加多样化的生活。他们比常人更能接触潜意识生活(幻想、梦幻、想象世界)"。

台湾广告人赖东明先生,在他55岁生日的时候,就广告人是什么作了回答,与此同时,他还对自己作为一个行销人、传播人、提出了自我勉励守则:

"必须是社会风气的领先者;

必须是理论观念的实践者;

必须是诚实的助人说服者;

必须是创意组合的革新者;

必须是团体互助的合作者;

必须是智慧见解的提供者;

必须是自律控己的苦行者;

必须是感恩领情的报答者"。

日本广告策划高手高桥宪行则认为,能不断引发创意的人,一般必须具备以下11种条件:

(1 动作要快,须有即刻反应的能力;

(2) 须有卓越的"图形感受";

(3) 须有丰富的情报量,其中包含相关的情报,应能从中综合出更多的信息;

(4) 要有思路清晰的"系统概念";

(5) 须有"战略构造",对未来或各种利益结构有强烈的控

制力量;

（6）须有"概念"，能将所有的相关信息归纳成完整概念，同时能综合象征性概念；

（7）须有敏锐的"关联性"反应，对人、产品、市场的关系要感觉灵敏，要有把它们综合起来的能力；

（8）须有丰富的"想象力"，可随时想象事业或策划进行时的状况。

（9）须有丰富的"感性"；

（10）须有多角度的思考，才能采取系统概念和战略构造；

（11）须能"同时进行多种工作"，主线、支线同时并进，即使在错综复杂的环境中也能妥善地处理工作。

创新思维的研究者弗兰克·巴伦（Frank Barron）则更具体地对一切创意人的素质进行了归纳，提出了创意人应当具备的十二个特征：

（1）他们是更善于观察的；

（2）他们仅仅表达了部分真理；

（3）除了看到别人也看到的事物，还看到别人看不到的事物；

（4）他们具有独立的认识能力，并对此给予非常高的评价；

（5）他们受自身才能和自身评价的激励；

（6）他们更能够很快就把握住许多思想，并对更多的思想加以对照比较从而形成更丰富的综合；

（7）他们具有更多的性驱力，更加健壮，并且更敏感；

（8）他们有着更为复杂的生活，能看到更复杂的普遍性；

（9）他们更加能够意识到无意识的动机和幻想；

（10）他们有着更强的自我，从而能使他们回归倒退，也能使他们恢复正常；

（11）他们能在一定的时间内使主客观的差别消失掉，就像处在恋爱状态与神秘的玄想状态；

（12）他们的机体处于最大限度的客观自由状态，他们的创造力就是这种客观自由的功能。

综合以上的论述，可以看出，他们只是在不同的侧面提出了对广告人的素质要求。事实上，一旦将广告作为事业来追求时，对广告创意人的素质要求将是全面的，有时甚至是苛刻的。要想胜任这一特殊的富有挑战性的工作，广告人必须在知识、智能和人格上具有综合素养，如图7-1所示广告人应当是三交叉的复合型人才。

图 7-1

一、知 识 结 构

如果说一个数学家仅仅懂一门数学，一个植物学家仅仅懂得生物学原理，就可以勉强安身立命的话，那么，广告创意人却无论如何不能将自己的知识限定在某一精深的范围。广告创意人的知识结构从某种意义上说，不是以专为主，而是以博见长。"优秀的广告创意人必须掌握尽可能多的知识"这几乎是所有著名广告人的一致看法，这种看法可以从大卫·奥格威的有趣的比喻中获得印象，他说："我有一次问国王乔治五世的御医 Sir Hugh Rigby：'一个成功的外科医师要有哪些条件？'他回答道：'外科医生开刀的手法是没有什么好比较的，成功的外科医生和别人的不同之处，就在于他比别人懂得多'对广告人来说也是如此。优秀的人是懂得较多的人。"

"我问一位对工作并不热衷的撰文者，他最近读了那些有关广告的书，他的答案竟然是'一本都没有'，他比较信赖自己的直觉的知识。我问他：'如果你今天晚上要动胆囊切除手术，你会找一位研究过解剖学，知道胆囊在哪儿的外科医生，还是一位靠直觉判断的医生？为什么我们的客户要对你的直觉下好几百万的赌注。'"

广告创意的成功不仅要靠非凡的直觉，更要靠酝酿和萌发出直觉的深厚的知识土壤。因为知识或信息量的增加会产生倍加的信息组合，从而激发出新创意。日本学者山上定也曾研究过二者的关系：

甲知道 A 和 B 二个词汇，那么就有四组变化：

①A,　　　　　②B,
③A，B,　　　　④B，A

而乙如果知道 A，B，C 三个词汇，将会有 15 组变化。

①A,　　　　　②B,
③C,　　　　　④A，B,
⑤A，C,　　　　⑥B，A,
⑦B，C,　　　　⑧C，A,
⑨C，B,　　　　⑩A，B，C,
⑪A，C，B,　　　⑫B，A，C,
⑬B，C，A,　　　⑭C，A，B,
⑮C，B，A

可见，知识量的增加会导致知识组合呈几何级数甚至指数增长。因此就这一意义而言，知识应当是创造之母。一个好的创意人，至少应该具备以下三方面的知识：

1. **专业知识**

广告人的专业知识涉及面比较宽，其中较为重要的有：

(1) 广告学专业理论知识，其中包括中外广告史知识、广告传播学知识、现代广告表现知识、现代广告设计知识、现代广告媒体知识、现代广告定位知识、现代广告策划知识、现代广告战略设计知识和广告后期评估知识。

(2) 广告学基础理论知识，包括：广告心理学知识、广告美学知识、广告文案知识、广告公关知识、广告文化学知识、广告管理知识和广告法律知识。

(3) 市场知识，包括经济学基本知识、市场学知识、营销学知识、消费心理学知识、市场调查知识、成本核算知识。

2. 人文、社会知识

曾经有人问一位优秀的广告人："广告人最应具有的特征是什么？"回答是："太阳底下的事都感兴趣"。也就是说除了本专业知识之外，广告创意人还必须了解和熟悉一切与广告有关的边缘学科知识和社会生活中的信息。其中与广告创意关系较为密切的有：

(1) 学科知识，包括：

文学（文学史、文学理论以及诗、词、歌、赋、对联、散文、小说等文学样式）；

艺术（中外艺术史、艺术理论以及音乐艺术、表演艺术、绘画艺术的基本常识）；

历史（中外通史、近代史、现代史）；

哲学（马克思哲学原理、中国哲学史、西方哲学史、现代西方哲学）；

宗教（佛教、伊斯兰教、基督教、其它具有民族特色的如道教、禅宗等重要典故）；

自然科学（各学科的基本常识以及当今科学前沿的最新成果）；

其它学科（社会学、社会心理学、创造学、政治学、新闻学、美学民俗学、文化学）。

一般的广告人对上述学科的了解并不要求过于精深，因为这实际上是做不到的，但作为一个广告创意工作者，对上述知识系统有一个轮廓上的把握和对基本内容以及突出事例的大致了解将是极为有利的。

(2) 社会知识，包括：

文化习俗，即对本民族以至本地区的民俗民风、审美趣味、语言习惯、价值追求等有较为直接的了解。

社会新潮，即对正在形成中的最新的社会文化要素进行跟踪研究，其中包括最新的消费动向、最新的审美导向、最新的口语新潮、最新的社会热点以及暂时还处于潜伏状态的可能被激发出来的新要素、新时尚。

社会问题，即对全球、全国及地区范围内的新闻和社会热点问题有着敏锐的把握，对老百姓的喜怒乐有着深刻的体会，对政策和法律有准确的理解。

3. 操作知识

狭义的操作指广告的设计和制作，广告的操作指广告设计制作过程中的全部要素，其中主要有以下几方面：

(1) 对所广告的对象（如某新产品或某一观念）建立档案的技术。有能力以最高的效率在最短的时间内收集所广告对象的一切资料，并归纳整理从而抽象出该对象的市场特性和定位原则。收集有助于对该对象进行广告创意的一切有意义的素材。这是广告创意进入操作阶段的前提性工作，这一工作涉及到信息的收集与检索、整合与提升、市场调查与分析的技术性知识。

(2) 与广告有关的新工艺、新材料方面的知识。一方面，广告创意人员应当对最新的广告制作工艺和所用材料有全面的了解，以便有的放矢地将创意内容和表现材料相统一。另一方面，借助于对现行的工艺和材料的熟悉，还将有助于创制出新的工艺和广告载体。

特别值得一提的是，创意人员对材料和工艺的熟悉也将大大加强创意人员的成本意识。实际上任何真正的创意都离不开"成本效益比"，只有那些低成本、高效果的广告，才能真正体现出创意的本质。

(3) 创意制作技术。一个好的创意,必须有一个从思想到实践,从 idea 到物化的过程(包括图象、音响等),与这个过程相适应,广告创意人员应当具有从绘画、摄影、摄像一直到电脑设计和制作的各方面的经验知识。对未来的广告创意工作者来说,电脑操作技术知识将具有实质性意义。

二、智能结构

就人类的创造性而言,广博的知识是必要的,但知识并不等于智慧,知识是创造的源泉,智慧却是创造的动力,是文明进化的活的灵魂。

被恩格斯称为希腊哲学家中第一个百科全书式的巨人亚里斯多德也曾说过:智慧不仅仅存在于知识之中,而且还存在于运用知识的能力之中。因此,从某种意义上讲,中世纪神学哲学家帕斯卡尔的判断:"智慧胜于知识"是有道理的。

对一个广告创意人来说,不仅要有强大的知识基础,还应该具有创造性地运用这些知识的能力。这一能力不是单一的,它在整体上表现为一种智能结构,其中包括:

1. 认知力

这是一种内在的获取信息的能力,包括感觉能力、知觉能力和综合观察能力。这三种能力有一种依次递进的关系,见图7-2。

图 7-2

感觉对刺激的接受是无组织、无界限的,但却是具体直观的。

知觉对信号的接受比感觉阶段更深入,是有组织有界限的,表现为选择性、整体性和恒常性。

观察则表现为更强的主动性,是进入创造性思考的关键环节。一个人创造力的强弱在很大程度上表现为观察力,只有当一个人具备了职业观察能力时,他才能真正做到"制心一处",并产生一种特有的职业意识和感觉,这种高度的职业敏感常常能将随机观察演变为一种实质性的创意。

日本"M电机"的部长有一次去参观"三井不动产"高级公寓样板房间,本来住宅业和电机业并没有什么特别的联系,住宅的设计也没有能引起"M电机"的特别注意之处。但在三井样板房中,"M电机"的部长却无意间发现了一个情况,即房间里空调不是装在墙壁上,而是装在一个三尺见方的盒子里。盒子的门涂成白色,并装有百叶窗,空调机在里面工作时,冷气或暖气就从百叶窗的缝隙吹进房间。因为盒子四周有三尺的空隙,大型的电热水器也可以一起放在里面。因房间开有天窗,所以当冷气或暖气吹进来时,谁也不知道是不是空调机在工作。

造房子的主人所以这样,就是不想让人看到那种木纹调子的空调机。在这个白色基调的房间整体装饰中,如果让那木纹格调的空调机露出脸来,房间的整体就会遭到破坏,结果只得将其隐蔽起来。

然而,作为空调机的生产单位怎么样呢?他们还在不辞辛苦地生产这种茶色木纹调的机器,并且就担心表面上留下一丝一毫的伤痕。他们哪里知道,用户岂止是不注意它的伤痕,因为颜色不协调,人家干脆把它藏在木箱里。有些青年人为了使房间的格调整体一致,甚至在茶色木纹空调机上涂上一层白色的油漆。这时,如果有一种白色基调的空调机,那该多好啊!屋内装饰人员也不必那么煞费苦心了。

确实,为了节约能源,提高能源效率的技术性开发,固然很有必要使家用电器尽量地向微型、薄型化发展的技术性努力,也属必不可少。但仅仅这些还很不够,仅仅把着眼点放在空调机上也是不够的。应该注意观察当时的影象的一代、信息的一代人,他们究竟希望建造一些什么样的住宅,推测一下他们对这种住宅的内部色彩格调,有些什么要求等。这样才能生产出与房间格调协调的空调机,才能掌握如何计划畅销商品的窍门。要想做到这些,就必须善于观察,注意那些乍看起来似乎毫无关系的信息,从而开阔自己的视野。

"M电机"就因为这一次小小的意外,观察到了一个从未想到过的问题,于是在策略上迅速作了重大调整,开始生产一种白色的空调机,一下子占据了很大的市场份额,并导致松下等许多公司也转而生产白色空调机,以至于在全世界范围内使空调机有了一个基本的颜色定位。而这一切都源于一次偶然的观察,只是因为这一观察带有一种强烈的职业敏感。

2. 记忆力

这是一种储存和检索信息的能力。记忆力虽然不是创造力,却是创造力赖以爆发的前提。思维在创新过程中所加工重组的一切信号都必须首先储存在大脑中,只有足够多的信息储存,才可能瞬息万变地组合成新的信号。因为创造在本质上是对原有知识的重新组合和嫁接,而"一切知识都不过是记忆"。

对于广告人而言,通过记忆储存足够多的信息是十分必要的。这些信息不仅包括了前述知识结构的内容,还应包括最鲜活的广告实例。比较苛刻的要求应该是,一个专事创意的广告人,要仔细看过至少一万个广告(包括电视、广播、报刊、户外广告等),其中至少有一千个广告应能完整地保留在记忆中,在此基础上,至少应当对其中一百个自认为最具创意性的广告(特别是国际、国内公认的优秀广告)有深刻的领悟,对每一广告的创意本质及其表现手法烂熟于心,只有这样,才有可能熟能生巧地产生新的创意。

3. 求同与求异思维能力

这是创造性思维的基本方法之一。创新(解决问题)既然是指用旧有的知识来处理新情境,那么,只要能对新情境作适当的归类,也就是把新情境概括到已处理过的某类情境中去,就能拿处理该类旧情境的方法来处理新情境，问题即可解决。可见在新情境中找出其与旧情境的共同点是解决问题的第一步。

（1）思维中的求同：概括就是求同，也就是说，要善于从不同的东西中找出共同点来。

求同思维在广告创意中有着广泛的运用，国外有一则获奖电视广告是这样的：一个颇有法力的巫师在众目睽睽之下，用同一种频率念着单调乏味的咒语，时间一分一分地过去，人们对这种类似放大了的蚊子的嗡嗡声越来越不能容忍，无论用什么法子都不能使他停止。这时，突然出现了一罐喷剂朝巫师一喷，声音即刻停了，这时人们才看清，原来是一罐"杀蚊喷剂"。巧妙而幽默的构思将巫师的咒语和蚊子的叫声天衣无缝地联系起来了。

美国格鲁曼公司也用求同思维中的相似原则制了一个获得很大声誉的广告。格鲁曼公司（Grumman）是一家老牌生产飞机机架的制造商，为了彻底改变自己的公众形象，树立出色、可靠、辉煌的新形象，他们请 Lord Dentsu 广告公司为自己设计了一幅简洁而有力的广告，并且选择了 1989 年庆祝美国登月成功 20 周年时向全世界发布，如图 7-3。

最具有神奇效果的是画面下的两句解说词：

  20 年前，美国将所有的鸡蛋放在一个篮子里。

  我们生产了这种篮子。

  格鲁曼公司

  在系统综合技术领域达到新的高度。

广告将登月舱的脚手架与一则古老的将鸡蛋装进同一个篮子的抗风险童话联系了起来，两件看似风马牛不相及的事物，只要善于发掘，仍然能找出它们之间的微妙的同构关系。

（2）思维中的求异：就是从多维角度去进行分析概括，打破原来的惯性思路，寻找不同的或者相反的解决方法。心理学家 Adamson 曾设计了一个实验，来证明不注意求异思维可能造成的结果。

有三个小纸盒子，一个装火柴，一个装图钉，一个装小蜡烛。要求大学生把蜡烛点燃置于木屏上。按说这个问题很简单，

图 7-3

只要先用图钉把小纸盒钉在木屏上作"小台子",然后将蜡烛点燃,把它粘在"小台子"上就行了。但实际情况并不这么简单。当把火柴、图钉、蜡烛分别装在各自的纸盒子里时,多数大学生会束手无策。只有把火柴、图钉、蜡烛都从纸盒内拿出来,把空盒子放在桌上,这时多数大学生才会想出上述那个办法来。

为什么会这样呢?因为纸盒子装了东西后,会给人以暗示:这是容器。从而使大学生一下子(单维度地)把纸盒概括成容器。当对纸盒子作这样一种概括后,就使自己的思路受到束缚,即局限在一个框框里,而不再对纸盒从别的维度去进行概括了。

如果纸盒子空着时，对人的思路就没有这种局限。此时他们的思路比较开阔，可以进行多维度的概括。所以，在纸盒子装东西时，能解决这个问题的大学生只是极少数；而当纸盒空着时，能解决这个问题的大学生就达到大多数。这是一个有名的实验。它说明，从单维度上概括，往往使人形成一种定势，束缚思路；从多维度上概括，则没有这种束缚。这就是运用和不运用求异思维所造成的两种结果。

求异思维运用得当，常常能达到出乎意料的广告效果。如过去一些酒店卖出的酒经常是掺过量的水，人们越来越不相信，结果许多酒店纷纷挂出"本店卖酒决不掺水"广告，但人们仍然不太相信这种说法，因此生意并不见好。唯有一个酒店，竟一反常态，写了一则广告："本店素来出售的是掺水一成的陈年佳酿，如有不愿掺水者请预先声明，但饮后醉倒与本店无关"。既然人们都已不相信自己的承诺，不如反其道而行之，干脆明白告之，倒也不失机智。

又如某户人家的狗一下子生下了 11 只小狗，主人束手无措，只好登出广告："11 只漂亮、可爱的小狗，愿送给善良的家庭"。然而，对此感兴趣的人很少。两星期后，仍有 7 只小狗没人要，情急之下主人改变思路，又登出一则广告："1 只非常丑陋和 6 只非常漂亮的小狗，愿送给善良的家庭"。广告一登出，电话铃就开始响起——都是来打听那只可怜的"丑陋"的小狗是否还在。这样，不到一天，7 只小狗就被人当作那只"丑陋"的小狗领走了。

4．综合创新能力

观察能力和记忆能力归根到底都要服务于创新能力。创新能力是衡量广告人最主要的条件之一，创新能力也是一切精神劳动者最本质的力量。然而创新能力并不等于智力，现代心理测量的研究发现，目前已有的许多智力量表所测得的分数，与创造性成果相关度很低。尤其是就智商在 120 以上的人来看，他们的智商与创造性成果几乎没有相关。这似乎表明当智商达到一定的水平后，创造性的高低就与一般的智力量表所测量到的东西无关，而要取决于创造主体另外的能力和条件了。这另外的能力和条件可以从许多角度去描述，国外学者罗加茨把富有创造力的人所必需具备的主体条件归纳为下面三个方面：

（1）排斥防卫的排它的态度，能广泛地接受各种经验，抱有自由和灵活的态度。

（2）好奇心强，愿意多实践、多思考。

（3）活动的结果合适与否，有很明确的评价标准。

罗加茨很有启发性地谈到了创造主体的一些条件，但还不是更全面的条件，笔者认为以下一些条件同样是富有创造性的人应当具备的思想条件：

（1）对专业领域内的一切新思想、新工艺、新发现抱有极大的关注。

（2）对人类活动中萌发出的一切富含智慧的事件和想法抱有持久的好感。

（3）对生活中不断涌现的新鲜事物有着敏锐的感受力。

（4）以稳定、持久的专业眼光看待周围的变化，并具有以此眼光选择和储存一切相关信息的能力。

（5）极为丰富的想象力和对想象中的事物的现实价值作出判断的能力。

（6）强烈的对现存秩序和思想的颠覆感。

（7）对问题的思考要象尼采说的有"深入到社会大前提的背后，用小刀去解剖社会胸膛"的勇气和能力。

（8）对幻想的超功利的爱好和适时的理智把握能力。

（9）对事物的本质一针见血的洞察力。

（10）对两种几乎相同的思想和价值能找出最实质的差异并迅速作出抉择的能力。

（11）激发自身的一切相关潜能集中于某一目标的能力。

（12）将抽象的概念、判断和理论还原成最简单的经验事实并进行思考的能力。

（13）准确、生动地以日常语言表达深刻理念的能力。

（14）对兴趣范围内的知识和事件有极高的悟性和直觉。

(15) 对头脑中闪现的转瞬即逝的思想萌芽进行专业鉴别的能力。

(16) 知道在什么样的情况下必须暂时停止思考或者彻底放弃。

(17) 以各种轻松的活动方式引渡自己走出思考的危机。

(18) 对上述所例项目有自己更为独特的理解。

虽然所有这些能力和素质很难完美地全部体现在某一个人身上,但尽可能多地接近和拥有这些能力,往往会在很大程度上影响一个人的创造力。以上所列的项目,有些是先天的,有些却可以通过后天意志努力而学到,关键在于个人对自己的终极要求。

三、人 格 因 素

一个人是否具有强大而且持久的创造力,除了需要广博的知识内存和充满活力的智力要素外,还必须有许多非知识和非智力因素。这其中,人格是最为重要的非智力因素。如果说知识和智力属于硬件系统的话,那么人格因素就应当属于软件,它对一个人创造力的深度开掘和持续发展有着举足轻重的影响。

事实上,在人类创造力工程中,比较引人注目的因素往往是创新的思维方式和表达方式,而常常忽视了创新的态度。日本学者恩田彰认为,所谓创新的态度就是创新的人格因素。这一因素有时在整个创新过程中甚至起着决定性作用。相传,吉第翁是古代以色列军的司令,当他准备率志愿兵去同密执安人打仗时,发现兵员太多,需要缩减。这个聪颖的将军想借此只留下素质较好的兵员。于是,他采用了虽属粗疏但却合理的双重测试法:一是他如实诉诸战争的残酷,伤亡的危险,劝导胆怯的人不如及早却步,这使得志愿兵中有 2/3 的人改变初衷返回了家园;二是他命令剩下的士兵去附近的小河中喝水。那些用手舀水喝的人被他选中留下,而其他弯腰跪在河边用嘴直接饮水的人则被进一步淘汰。因为很显然,警觉是士兵的天职,用手舀水喝的士兵正是符合了这种随时提防敌人的警戒要求的。

吉第翁对兵员的筛选法，采用的是人格和能力的双重测试。他首先从是否能勇敢作战、不怕牺牲的人格要素上选留兵员，其次才是关注有无战场技巧的能力素质，这是很有见地的。

对一个广告创意人而言，其工作性质同样需要非智力的人格因素参于，这些因素主要有：

1. 坚韧不拔的意志

许多统计表明，决定一个人最终成功的最重要的因素不是智商，不是机会，也不是优越的知识背景，而是意志，是一种万死不辞的对既定目标的追求。莎士比亚说："千百万人的失败，都是失败在做事不彻底，往往做到离成功尚差一步就终止不做了"。而这最后的一步所需要的恰恰是意志。一种不达到目的誓不罢休的强者的意志，"真正的强者不是压倒一切，而是不被一切所压倒"。所以马克思才说："只有在那崎岖小路的攀登上不畏劳苦的人，才有希望达到光辉的顶点。"这也正如撒旦在诱惑神之子的时候无意间说出的一个真理："伟大的作为，要有伟大的进取精神"。

对于广告创意人来说，特殊的行业性质决定了他生活的极度震荡性，几乎时时刻刻都在欢乐与痛苦、成功与失败、失望与绝望间求生，当最后交稿的死期降临仍然毫无创意时，当兴致勃勃的创意被客户突然枪毙时，更需要一种置之死地而后生的坚强的意志力。正是这种意志才会激发出一种绝处逢生的大智大慧，美国的一位聪明的苹果主杨格的经历颇能给我们以深刻的启迪。他的苹果园处于新墨西哥州高原地区。一次，一场特大冰雹的袭击把浑圆硕实的大红苹果打得遍身鳞伤。杨格已订出9000多吨货，该怎样走出这已注定是"惨重损失"的"绝境"呢？杨格是一位很有创新经营头脑的人，往年，他将上好的苹果装箱发往各地时，登载的广告就与众不同："如果您对收到的苹果有不满之处，请函告本人。苹果不必退还，货款照退不误。"这种绝无仅有广告语言，具有巨大的吸引力，每年都招徕大批买主。高原苹果味道佳美，少有污染，很受顾客青睐。今天，难道可以面对这疤痕累累、创伤严重的满园苹果坐以待毙么？杨格没有像常人那样地一下子就陷入绝望,而是镇静地苦思冥想着从危机状态下逃逸的出路。他随手拿起一个苹果品尝起来,发现被冰雹打击后苹果肉变得分外地清香扑鼻,汁浓爽口。一天夜里,一个绝妙的主意终于萌生了,他翻身下床,决定连夜把苹果照旧发运出去,只是他在每一箱里都附上了这样一张纸片,上面写着:"这批货个个带伤,但请看好,这是冰雹打出的疤痕,是高原地区出产的苹果特有标记。这种苹果果紧肉实,具有妙不可言的果糖味道。"买主半信半疑地品尝后,发现味道真棒,真是"高原特有的味道",就接受了下来。从此,人们甚至还专门要求杨格提供带疤痕的苹果呢。

可能有人会说,这是由于杨格所特有的经营信誉使然,还有人也许会说,这是杨格利用了"化害为利"的创造性技巧。这些看法自然都有一些道理,但都未能触及问题的根本。问题的根本性关键在于,杨格在常人认定的"厄运"、注定的"无望"、肯定的"惨败"面前,也没有失去意志。他不是从"绝望"中走向绝望,而是力求从"绝望"中走向希望,于是,他不是以束手待毙的心态,去"判处"遭受重创的苹果的"死刑",而是能从品尝带疤苹果的过程中发现其"内在的丽质",从而使他紧紧地把握住并转化为挽救危局的曙光。

可见,意志才是生存的"第一智慧"。

2. 忘我的敬业精神

广告创意作为一种精神性劳动有着自己的行业特点,它既不同于大多数物质劳动那么多的机械化,又不同于某些精神劳动(如艺术、文学、科学、哲学)所具有的那种开放性和自由度。限时限刻交出"产品"和面对"产品"(创意作品)的商家单方面的苛刻要求,往往使广告创意人陷入周期性的困境,没有一种超人的智慧和意志、过人的体力和精力将难以走出困境,甚至可能在恶性循环中崩溃。因此,对广告人而言,就特别需要一种真正的敬业精神,来对付接踵而来的各种压力和挑战。这种压力和挑战可以用英国广告人埃里克·克拉克的一句话来概括:"广告是一个危险的职业,当你步入 40 岁时,你所剩下的时间也许只有

10年了。"美国知名文案作者乔治·葛里宾也深有体会地讲到撰写文案工作"是一种最恶劣的、有训练的、苦恼的工作。你耗尽心思才能想出来的东西,而再把这些东西正确的在纸上写出来也是累得筋疲力竭,甚至比想出更为艰苦。这一切,当客户联络人兴高采烈地徘徊在身边,无力地口嚼浆果,随便地提供建议的时候,客户来了电话询问:"为什么还没做完?他必须写点东西出来了!"此刻,广告人才真正陷入了焦头烂额的境地。

因此,一旦投入于广告事业,你就得有心理准备,你就要象迎接战争一样去迎接各种恶梦般的折磨,象赢得战争那样去战胜外在的压力和内在的隋性。对这种不为外人所熟悉的广告业的"内幕",香港知名广告人纪文凤也曾深有感触地说:"其实广告人绚烂的生活背后,蕴含着不少心机和血汗,个中的辛劳和精神压力,不足为外人道。就以摄制广告片为例,由于每格底片都应至臻至善,认真工作的态度就近乎吹毛求疵,一个镜头可以重拍几十次,一开工可以夜以继日36小时不休息,体力差一点的已告不支,而休息2~3小时后,又要聚精会神上班开会绞脑汁,简直媲美"铁人",对广告行业兴趣缺乏的人,早就挂冠而去,逃之夭夭了!"因此,她才会说:"个人认为要做一个成功的广告人,最要紧的就是信念与投入(conviction and dedication)。你一定要对广告有浓厚兴趣,才能全心全意投入,发挥出任劳任怨,勇于负责的精神。"

特别值得指出的是,广告工作并不是一种容易扬名的工作,在许多情况下,即使是最伟大的创意也不可能象文学艺术那样获得相应的社会赞扬,而只能默默无闻。这也是广告业的又一重要特点,恰恰是这一点,就更需要广告人有一种忘我的敬业精神。正如詹姆斯·韦伯·杨在《怎样成为广告人》里所说:"第一,我们一定要承认,广告人自始就能忍受象罗斯福总统曾描述过的"有热爱匿名的精神"。在这种意义下,我们可说广告人完全是没有个人地位的。汤普生所给我的第一教诲是"在你的客户面前,永远不要登台"。这在过去与现在都是广告人正确的立身处世之道。

3. 豁达的人生态度

一方面，广告人应有友好的协作精神。信息时代的到来，极大地改变了人类的生活方式和工作方式，即由过去农业时代"鸡犬之声相闻，老死不相往来"变为全社会和全球范围的广泛联系，由过去一家一户的小生产向社会化大生产过渡，不仅物质生产方式，精神生产方式也开始变化。例如在科学研究领域，那种小作坊式的闭门造车（如牛顿、爱因斯坦天马行空，独来独往创造体系的方式）已经逐渐被集体研究甚至全球范围的超大规模协作研究方式所取代。广告的作业方式也许比一般的科学研究和文艺创作更需要集体协作精神，不论是创意过程中的头脑风暴法，还是整个广告作业过程中创意与设计、制作、发布等各环节的联系，以及广告商与广告主、媒体、市场调查对象等的联系，都需要一种友好的协作精神贯穿其中。积极的协作意识和友好的人生态度，不仅可以使许多意外的非秩序性矛盾得以化解，更能使人在一种宽松、和谐的氛围中获得良好的创作灵感。

另一方面，广告人应保存一份天真和超功利的处事态度。与别的精神劳动（如哲学、科学、文学、艺术等）相比较，广告业特别是纯商业广告，已经先天地烙上了无可辩驳的商业印记。

由于广告业已经深入地介入了社会经济过程，广告事实上已成为"流通——生产——流通"过程的重要组成部分，这种内在的经济性质是不言自明的。然而，作为广告创意人，其劳动又带着人类精神劳动的一切品性，它的艺术性和科学性同样是人们所追求的，这就历史地要求广告人不仅应当具有现实的经济头脑，还应该保存人类精神创造的伟大天性，过多的功利思想会有损这种天性，并最终将影响创作灵感。因此，适当的超越现实功利将会给创意带来一丝宁静和自由。

第三，广告人应当具有公心和爱心。广告是影响心灵的艺术，要想真正打动别人的心灵，就应当拥有爱心、出于公心。只有发自心灵才能进入心灵，台湾著名的公益广告创意人王念慈即为一例。广为流行的"好东西要和好朋友分享"广告就是王念慈的杰作，她的创作信念是"要打动人心，广告才有意义，在这一信念的支持下,她积极地投入了公益广告的创意。她的第一个公益广告,是血荒时期为"捐血协会"招募捐血人,为此她看了许多"捐血一袋,获救一命"的资料,王念慈深深体会到:捐血这件事没有"利害关系人",接受帮助的人不会知道用了谁的血,而捐血的人只会收到一张用血通知单,证明确实有人用了捐血。这种对陌生人救命不求回报、不计结果的事例,每每都让王念慈相信"人性里是有神性的"。她流着泪写下了"我不认识你,但是我谢谢你"这句感人肺腑的广告语,使无数人为之动容、动心,继而出现了一个覆盖全台湾的捐血高潮。正因为王念慈是在"用心"去创作,所以短短一年,她便创作了11条好广告:和青少年沟通的"夜深了,打个电话回家,让家人知道你在哪里"、"孩子,如果我肯听你好好说,你也听我一下好吗?"、拒烟广告"我17岁,我不抽烟"、"人生可以不是这样"的志愿服务队等广告。每一个广告都是先有"感动"与"相信",才能做出好成绩,使别人也"感动"和"相信"。

最后,广告人要有幽默感。幽默是生命的润滑剂,也是智慧的激素。它是一种高级人生态度的通俗表达方式,是深刻智慧的令人喜闻乐见的表现形式,因为它是以亲切和悦的面孔在宣示真理,它"是对一个真理的迅速而生动的启迪"(格雷戈里语),是对那些"生来就懂但无法表达的哲学真理"的"成熟的表达"方式。因此,正是幽默在驱逐真理和艺术表达方式上的浅薄,正是幽默有能力承担修补对真理以至艺术表达上的缺陷。所以,真正的、具有真才实学的、令人信服的杰出人物,无一不是在那种使人愿意亲近的幽默氛围中生活,并以特有的幽默方式解决各类棘手的难题,从而使智慧得到最有效的渲泄和提升。对于广告人而言,幽默不仅可以使他紧张的生活和工作节奏得以调节和缓解,也可以使创作智慧得以喘息和重新爆发,更可以使广告作品本身内含一种令人会心的人生趣味。

总而言之,广告业对广告创意人的素质要求是全面的,但并不意味着广告业一定要造就百科全书式的人才,事实上,最具有独创性的人往往是最有特点的人,因而也常常是带有某种偏见和缺陷的人。因此,广告创意人最主要的条件不是知识,而是对知识的把握方法;不是智慧,而是智慧的激发和运用方式;不是创作本身,而是一种创作态度和生存态度。

参考书目

李中华. 中国文化概论. 北京：中国文化书院，1987
[美] 弗·杰姆逊. 后现代主义与文化理论. 西安：陕西师范大学出版社，1986
张祖述，沈德立. 基础心理学. 北京：教育科学出版社，1987
[日] 八卷俊雄. 广告创意. 台北：朝阳堂文化事业股份有限公司，1995
刘建顺. 现代广告概论. 台北：朝阳堂文化事业股份有限公司 1995
金马. 创意智慧论. 北京：北京师范大学出版社，1993
李旭. 广告点子库. 天津：天津人民出版社，1995
[美] 大卫·奥格威. 一个广告人的自由. 北京：中国友谊出版公司，1991
聂仁忠. 广告语言艺术. 山东东营：石油大学出版社，1989
马谋超. 广告心理学基础. 北京：北京师范大学出版社，1992
陶伯华，朱亚燕. 灵感与引论. 沈阳：辽宁人民出版社，1987
郭廉夫，张继华. 色彩美学. 西安：陕西人民美术出版社，1992
纪文凤. 进入广告天地. 台北：天下文化出版有限公司，1995
[美] 弗雷德·波普. 世界百家超级公司最新广告剖析. 大连：大连出版社，1994
许水富. 现代广告策略，创意基础设计. 香港：香港得利书局，1993
[美] 克特·W·巴克. 社会心理学. 天津：南开大学出版社，1984
许小平. 设计家. 杭州：浙江人民美术出版社，1996

后　记

　　最初，是镶嵌在广告中的智慧吸引了我并促使我写作本书，可是到了快要完稿时，我又重新认识了广告，就像顽童一开始是因为一个奇巧的玩偶而被魔鬼诱拐的，等他进了魔鬼的宫殿，并生活一段时间之后，他又发现了自己以前从未感受到或者从未试图感受的东西。

　　我想进一步弄清楚广告究竟在多大程度上影响着人类文明的进程，广告在把世界包装起来的同时，又把一个我们曾经熟悉的世界掩盖了。当工业流水线在肆无忌惮地消灭商品的个性时，广告通过形象化的塑造又使商品恢复了个性和人性。然而，这种用现代技术和观念神话般地塑造起来的形象，又使我们一步一步地远离现实，它把物质世界变成符号的世界，让人们在疑似环境中实现对世界的乌托邦式的征服。广告仿佛使人类文明在一点一点地从深层回到表层，从本质回到现象，从内容回到外观。广告确实在进行一场静悄悄的革命，当它把物质的世界偷换成精神的形象的世界后，下一步想干什么呢？我对此发生了兴趣，而这只能通过另一本书去探摸了。

　　在本书的写作过程中，参阅了国内外大量的著作、杂志、报纸、电视及户外广告作品，每每为人类的智慧所惊叹，也为由于篇幅所限而不能全部列出作者的姓名而遗憾，只能在此深表谢意。

在整个写作过程中，一直受到吴东明教授实质性的指导和帮助，对此，除了感谢，唯有深深的敬意。

特别值得一提的是，我的下岗妻子尤海霞，为了本书尽快完成，竟奇迹般地自己摸索电脑打字，硬是一个字一个字地打出了全部稿子。我写稿，她打字，当时的家就象一个小作坊，不禁令人回想起当年在江西插队时一起劳动的情景。

图书在版编目（CIP）数据

广告创意/王健编著.—北京：中国建筑工业出版
社，1997
 （高等学校广告学专业教学丛书）
高级培训教材
 ISBN 978-7-112-03394-2

Ⅰ.广… Ⅱ.王… Ⅲ.广告－设计－高等学校－教材
Ⅳ＿J 524.3

中国版本图书馆 CIP 数据核字（97）第 18283 号

高等学校广告学专业教学丛书暨高级培训教材
广　告　创　意
王　健　编著

中国建筑工业出版社出版、发行（北京西郊百万庄）
各地新华书店、建筑书店经销
北京建筑工业印刷厂印刷
开本：850×1168 毫米　1/32　印张：9¾　插页：4　字数：260 千字
1998 年 5 月第一版　2007 年 8 月第四次印刷
印数：4,901—5,900 册　　定价：27.00 元
ISBN 978-7-112-03394-2
　　　（8553）

版权所有　翻印必究
如有印装质量问题，可寄本社退换
（邮政编码 100037）

彩图 1

彩图 2

彩图 3

彩图 4

彩图 5

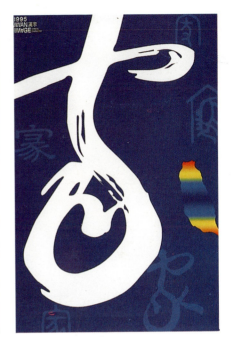

彩图 6

彩图 7　配合名画原作，趣味化地表达公益广告布局

彩图8 利用名画和商品给予趣味化的组合

彩图9　善用名画资源,可以把产品衬托的更具美感

彩图10 罗丹的名作加上产品的配搭，使画面具有幽默感

彩图11 从西洋美术名画中可以找到可利用的设计资源

彩图 12

彩图 13